孤独の本質 つながりの力

見過ごされてきた「健康課題」を解き明かす

第19代・21代アメリカ公衆衛生局長官
ヴィヴェック・H・マーシー
Vivek H. Murthy, MD
樋口武志
［訳］

Together

The Healing Power of Human Connection in a Sometimes Lonely World

英治出版

これ以上を望めないほど最高の友人である、妻のアリスへ。
愛するということがいかに素晴らしいことか毎日思い出させてくれる子供たち、
テイジャスとシャンティへ。
私にすべてを与えてくれた恩人である母、父、ラシュミへ。

Together
The Healing Power of Human Connection in a Sometimes Lonely World
by
Vivek Murthy

序文

本書は、人と人のつながりの大切さ、孤独が健康に与える隠れた影響、そしてコミュニティが持つ力を伝えるものである。医師として、私はこれらの問題に向き合わねばならないと感じていた。ここ数十年あちこちで目にしてきた社会的孤立によって、肉体的・精神的な苦痛が増してきているからだ。しかし、この本の出版を準備していた時期に、世界中のコミュニティが未曾有《みぞう》の試練に直面することになろうとは想像もつかなかった。

2020年の最初の数週間で、COVID-19パンデミックは人間同士の身体的な接触を、死の危険をはらむ行為に変えた。新型コロナウイルスは見えないハンターのようにあちこちに漂い、私たち人間は誰もが保菌者となる可能性を持つこととなった。ほとんど一夜にして、息がかかるほどの距離に近寄ることは危険と同義になった。公衆衛生の面で、やるべきことは明らかだった。命を守るためには、人間同士の距離を劇的に遠ざける必要があった。

パンデミックのただなかでは、医療従事者たちがリスクを負いながら働き、病院設備が不足し、コロナウイルスによる死亡率が日に日に上昇し、世界中の政府が「ソーシャルディスタンシング（社会的距離の確保）」を要請し、休校や休業が数多く実施され、エッセンシャルワーカー以外の人たちにはステイホームが命じられた。救急隊員、医療従事者、食料供給に関わる人々など、私たちを守るために仕事を続けなければならない人たちは、命をかけて働いていた。その姿からは、人間がどれほど支え合って生きる存在であるかがあらためて実感させられた。

　そんな状況を受けて、妻のアリスや私のような親たちは、子供たちの遊びの予定をキャンセルし、介護施設はコロナウイルスによるリスクが最も高い高齢者たちへの訪問を禁じ、婚約していたカップルたちは長らく準備してきた結婚式の延期を余儀なくされた。当たり前だと思っていたあらゆる社会的な交流――コンサート、球技、映画、友人との食事、職場での気さくな会話、集団での礼拝――が突如として中断されてしまった。

　はじめのうち、この危機は物理的な孤立だけでなく社会的な孤立も生むことは避けられないだろうと思われた。会えないのに、どうやって人とつながれるというのだろう？　同じ場を共有できないのに、どうやって助け合えるというのだろう？　触れ合えないのに、どうやって愛せるというのだろう？　「ソーシャルディスタンシング」という言葉さえ、私たちを孤独へと追いやっているように感じられた。

　それから、「信頼」をめぐる問題もあった。感染への不安や経済への影響を懸念したパニックから、政府の指示を無視して緊急物資を買いだめする人たちもいた。世界経済の後退という暗い見通しが高まるなか、社会的な後退《ソーシャルリセッション》――人間同士が交流できない状況が長引くほどコミュニティにおける絆のほころびがより深刻になる――という不安な展望もあった。

　しかしパンデミックが続いていくうちに、「ソーシャルディスタンシング」という言葉遣いは適切でないことが明らかになっていった。たしかに、ＣＯＶＩＤ－19の感染拡大を食い止めるには「フィジカルディスタンシング（物理的距離の確保）」は必要だが、社会的には、この危機を脱して友人や家族との距離をこれまで以上に縮めることができる可能性が生まれていた。

私たちがこの危機に力を合わせて立ち向かっていたなかで、各コミュニティ独自の対応策が日々新しく報告された。被害が深刻だったイタリアでは、近隣住民たちがそれぞれの家から窓を開けて一緒に歌うことで互いの心を慰め合っていた。中国では、隔離施設にいる患者たちが回復期間中にスクエアダンスを踊ることで自分たちを元気づけた。そして世界各地で、家族や友人や他人同士による厚意の行動がおこなわれてきた――病人や高齢者のために食料品を届けたり、リスクがありそうな隣人の様子を確認するために電話をかけたり、食料品店の営業時間からトイレットペーパーの在庫まで、あらゆる地元の情報を共有したりしていた（パンデミックにおいてトイレットペーパーがあれほど注目される商品になるなんて！）。

さいわい現代はテクノロジーのおかげで、離れていても人とのつながりを強化できる機会が準備されている。このパンデミックはオンラインの創造的な活用を促す契機となり、アーティストたちが自宅からの中継で一緒に踊ったり歌ったりするようになった。家族はビデオ通話で誕生日を祝った。視聴者はネット中継でオペラを楽しみ、幼稚園児から博士課程の学生にいたるまで、オンラインで授業を受けていた。バーチャルでの遊び方、働き方、協力の仕方を学んでいくことで、私たちは互いに支え合いながら孤独を回避することができ、逆境でも折れずに適応していくためには互いの存在が欠かせないことを再認識していった。

この本を執筆する過程で学んだ教訓の多くが、危機のさなかにも活用できるものだと痛感した。

社会的なつながりを強化することによって、私たちはコミュニティを強固なものにし、互いを守っていくことができる。今回の危機に役立っただけでなく、これから将来にわたって社会を癒やしていくために活かせる4つの主な戦略を紹介する。

1. 毎日、愛する人と時間を過ごす。これは身内に限った話ではない。自分にとって不可欠な人たちに電話で、可能ならビデオ通話で連絡して、相手の声を聞き、顔を見よう。毎日少なくとも15分は大切な人とのつながりに時間を割こう。

2. お互い、目の前の相手に集中しよう。人と接するときは、気が散るものを排除するようにしよう。「マルチタスク」などは忘れて、相手に全神経を注ぎ、アイコンタクトをして、可能であれば心から耳を傾けよう。

3. ひとりの状態を受け入れよう。他者とのより強いつながりを築くための第一歩は、自分自身とのつながりを強めることだ。ひとりでいる状態は、自分の感情や思考をチェックし、自分の創造性を追求し、自然環境とつながる機会を与えてくれる。瞑想、祈り、芸術、音楽、外で過ごす時間は、どれもひとりで味わうやすらぎや喜びの源泉となる。

4. 助け、助けられる。奉仕は人のつながりの一形態であり、自分の価値や人生における目的を思い出させてくれる。与えること。受け取ること。そのどちらも、社会的な絆を強化してくれる——隣人の様子を確認したり、アドバイスを求めたり、もしくは数メートル先の見知らぬ人に微笑みかけたり。そのどれもが私たちを強くする。

医師としてかつて私を指導してくれた人は、患者の部屋に入る前に立ち止まって深呼吸し、その数秒間を使って、人の回復を手助けする機会が得られたことへの感謝を思い出していた。そのような機会を、パンデミックのさなかで私たち全員が体験したといえる。世界が回復するためには、ワクチンや人工呼吸器と同じくらい、健全な人間関係も欠かせない。

人間の社会的なつながりが試されるのは、このパンデミックが最初でも最後でもないだろうが、あれほど大きな難題に世界全体が同時に直面するのは珍しいことだ。私たちのあいだにはあらゆる違いがあるがゆえに、このような共通体験こそが絆となる。私たちはみな、この記憶を生涯共有することになる。危機を耐えた体験から学んだより良くつながるすべを活かせば、私たちはこの先も栄えていくだろう。

目次

第2章 孤独の進化史 62

第3章　つながりの文化　99

第4章　なぜ、いま？　158

第5章　孤独の仮面を剥がす　233

第8章　ひとつの大家族 356

孤独の本質
つながりの力

見過ごされてきた
「健康課題」を解き明かす

Together

The Healing Power of Human Connection
in a Sometimes Lonely World

【編集部注】

- 各章内の見出しは、原著者の了解のもと、原文の内容を踏まえつつ日本版として追加している箇所がある。
- 未邦訳の書名は本文中に原題を併記した。
- 原書の序文が書かれたのはCOVID-19の感染拡大が特に深刻化したタイミングだったが、以降の状況を鑑み、一部修正を施した。

はじめに

2014年12月15日、第19代アメリカ公衆衛生局長官としての任期が始まった。「国家の医者」として私が中心的に取り組んでいくことになるのは、肥満、喫煙関連疾患、メンタルヘルス、ワクチンで予防可能な疾患といった問題になるだろうと考えていた。10ヶ月ほど前に開かれた上院での公聴会でもそのように答えたうえ、それらが注力すべき重要な問題であることを示すデータも豊富にあった。しかし公衆衛生局長官という職は、国民の健康を守り、促進し、増進するために連邦政府で働く、軍服を着た6000人以上の公衆衛生局士官部隊を統括するものであり、寄せられる期待は大きい。1世紀以上にわたって、当局で働く医師たちは黄熱病やインフルエンザの流行からハリケーンやトルネードの被害、そして9・11のテロ攻撃にいたるまで、国民のあらゆる健康危機に対処してきた。ここ数十年は、喫煙やHIV／AIDSといった公衆衛生問題について、その発言がアメリカでも有数の信頼を寄せられる存在ともなっている。そのため、中心的に取り組んでいく問題を決めるにしても、自分だけでなく私が仕える国民にとっても非常に重要な問題を選ぶことが大切だった。

私は世間の注目を浴びて育ったわけでも、政治と深く関わりながら育ったわけでもない。私は医学に関心を持つ子供だった。若いころは、両親がいる診療所で大半の時間を過ごした。父は開業医で、母はその診療所の運営を一手に引き受けていた。姉と私は、学校から帰ると書類仕事を手伝ったり、カルテのファイリングをしたり、診療所の掃除をしたり、出入りする患者たちに挨拶をして過ごした。そうして過ごすうちに、私も医学を志すようになった。不安な顔をして訪れた患者たちが、穏やかな安心した表情で帰っていく。両親はそんな患者たちの回復のパートナーだった。両親にとって医療とは何より「関係性」に他ならず、患者に耳を傾けることでつながりを築いていた。診療時間枠である15分以上の時間を使うことに保険会社は抗議するだろうが、真に耳を傾けるなら、どれだけ時間がかかろうと、症状だけでなく精神的にも相手に寄り添う必要があることを両親は理解していたのだった。

そういう医療を私も実践したかった。そういうリーダーに私もなりたかった。そこで長官に就いた私は、取り組む課題を定めて計画を立てる前に、まず耳を傾けることにした。そのためには時間をかけることになる。そして、アメリカの人々の暮らしを見てまわることになる。「国民のもとに話しに出かけ、何が必要とされているかを探ろう」、発足したチームに私はそう告げた。

それから数ヶ月間、アメリカ各地で話を聞いてまわった。アラバマ、ノースカロライナ、カリフォルニア、インディアナなど、あらゆるコミュニティに出迎えられた。小さなグループミーティングでも大きな市民ホールでも、子を持つ親や、教師、牧師、中小企業経営者、慈善家、そしてコミュニティのリーダーなどと時間を過ごした。

行き先がどこであれ、次のシンプルな問いを投げかけた。「私たちに、どんな手助けができますか？」。その問いに対しては、オピオイドのまん延、肥満率の上昇、糖尿病、そして心臓病など、予想どおり大きな問題が答えとして返ってくることもあった。しかし、驚くような答えもあった。たとえばワシントン州の教師たちは、生徒が授業中に電子タバコを吸うのだと教えてくれた。授業中にガムを噛んだりタバコを吸ったりすることは禁じられているが、電子タバコの使用を禁止するルールが定められていないのだという。学校は地方政府からの指示を待っていて、地方政府は連邦政府からの指示を待っているのだった。

こうした会話に導かれて、在任期間中やそれ以降に取り組むべき課題が定まっていった。おかげで私は公衆衛生局長官として初めて依存症危機についての報告をまとめ、オピオイドのまん延に対処する全国キャンペーンを立ち上げることとなった。そして2016年には、話を聞いた教師、保護者、科学者、政治家などの意見をもとに、若者の電子タバコの使用に関する初めての連邦報告書を発表した。

しかし話によく出てくるトピックのなかでひとつ、他と異なるものがあった。それは真っ先に問題としてあげられるようなものではなかった。直接健康に関連する病気とすら考えられていないものだった。人々が私に訴えた目に見える問題、たとえば依存症や、暴力や、不安や、うつといった問題の多くを黒い糸のようにつないでいたのが「孤独」だった。私が出会った教師や学校運営者や保護者は、子供たちが――電子機器やソーシャルメディアに多くの時間を費やしているにもかかわらず、あるいは、そうやって時間を費やしているからこそ――どんどん孤立していくことへの懸念が増していると訴えていた。孤独は、愛する人がオピオイドの依存症に苦しんでいる家族の苦痛も増幅させていた。

健康問題と孤独の関係に気づいた最初のきっかけのひとつは、肌寒い朝にオクラホマシティでサムとシーラという夫婦に会ったことだった。ふたりは悲しいことに息子のジェイソンをオピオイド過剰摂取で亡くしていた。私たちはふたりの地元の治療施設で、ジェイソンの死から1年以上が過ぎたころに会った。夫婦が抱えた苦しみは、その疲れきった表情から伝わってきた。息子について話しだすと、たちまち涙があふれた。傷はまだ生々しかった。ジェイソンを失ったことは想像を絶する痛みだった。しかし事態をさらに悪化させていたのは、最も必要としていたときに、長年頼りにしてきた人々がそばにいないことだった。

シーラは言う。「それまでは、私たち一家に何か悪いことが起きたとき、近所の人たちが顔を出して何かを手伝ってくれたり、サポートを申し出たりしてくれた。でも息子が死んだときは、誰も来なかった。恥ずべきものだとされるような病気で息子が死んだことで、私たちは恥を感じているだろうと思っていたみたい。私たちはすごく孤独だった」。

「孤独を感じている」という点では、サムとシーラは孤立した例外的な存在というわけではなかった。フェニックス、アンカレッジ、ボルチモア、その他多くの都市で聞いた話では、アルコールや薬物依存において「家族や友人たちに匙《さじ》を投げられた」と感じたときの深い孤独感こそ、何より苦しいものだったという。こうした孤独感を抱くがゆえに、治療や回復の道にとどまることがさらに難しくなっているのだった。SUD（物質使用障害）と向き合うのは簡単なことではない、と彼らは言う。「誰もがなんらかのサポートを必要としている」。

ミシガン州フリントで話した人々も同様に孤独を感じていたが、その理由はさまざまだった。

私が訪問したのはフリントが水汚染問題に揺れている真っ最中の時期であり、汚染された水道水のせいで娘たちの体内に害を及ぼすほど鉛が蓄積してしまった夫婦から話を聞いた。夫婦によれば、娘たちを守れなかったという感情だけでもつらかったが、水道水供給の改善について何も決まらないまま数週間が過ぎていったため、自分たちは国や政府から忘れ去られていると感じたという。これは、見捨てられるという形の孤独だった。社会から取り残され、打ち捨てられ、存在しないものとされる感覚だ。

孤独が健康に問題を引き起こしているケースもあった。それから、病気や困難の結果として孤独を感じるケースもあった。簡単に因果関係をひも解けるようなものではなかったが、明らかに周りとの関係の断絶が当事者の生活を悪化させていた。

孤独のまん延をほとほと実感した一方で、人間同士のつながりが持つ癒やしの力も大いに学んだ。たとえばオクラホマで会ったネイティブ・アメリカンのティーンエイジャー・グループは、アイデンティティを見失ったような感覚や、周りの世界から忘れ去られているような感覚を抱いていたため、「アイ・アム・インディアン」プログラムを立ち上げた。自分たちの文化や帰属への意識を強化し、アルコールや薬物に対する依存リスクを減らすことを目指すものだ。ニューヨークでは、依存症に苦しむ子供を持つ親たちが形成したサポートネットワークに、人間同士のつながりが持つ力を見た。自分の境遇を深く理解してくれる親同士のコミュニティを持つことで、子供が再発したり、いまの状況に陥《おちい》ったのは自分のせいだと責めてしまったりするようなときに、対処がしやすくなったという。肥満率と慢性疾患が増加していたアラバマ州バーミンガムでは、一緒に集まって走ったり、歩いたり、泳いだりするコミュニティと出会った。友人たちも参加しているおかげで、ひとりではエクササイズが恥ずかしくて気が進まない人でさえ外に出てきていた。フリントでも人のつながりが事態の解決に一役買っていて、コミュニティのメンバーが近隣住民のもとを一軒ずつ訪ね、水道に正しくフィルターを設置し、鉛を摂取しないようにする方法を教えてまわっていた。

　これらの他にも実にさまざまな場面で、難しい境遇にある個人や家族やコミュニティに対して社会的なつながりが大きな役割を果たす様子を目にしてきた。孤独感は深い悲しみやさらなる孤立を生む一方で、人とつながり合うこと《トゥギャザネス》は気持ちを前向きにし、創造性を高める。互いが互いのためにいると感じているとき、人生はより盤石に、より豊かに、より活き活きしたものになる。

　しかしながら、現代の文化を支配しているのは、確固たる個人主義者の物語や自己決定の追求を称揚するような価値観だ。それらの価値観は、人は自分ひとりで運命を決めるものだと告げてくる。こうした価値観があるがゆえに、私が目にしてきたような孤独という反作用を生んでいるのではないだろうか。ボルチモアで、ある夫婦は幼い子供たちを持つ喜びを語りながらも、育児に時間をとられるあまり、友人たちとの関係が切れてしまったように感じると打ち明けてくれた。ロサンゼルスで成功をおさめる病院幹部は、誕生日を家でひとりで過ごしたばかりだと、言いにくそうに教えてくれた。多忙のあまり、友人たちとの関係が断たれてしまっていたのだ。こうした話を、人は簡単には明かしてくれなかった。多くの人は孤独を感じていると認めることを恥じらっていた。この種の恥じらいは、特に法曹や医療など、独立独歩を美徳とするような職業の人々に顕著だった。

　ボストン、ナッシュビル、そしてマイアミで出会った献身的な医師や看護師や医学生たちは、働くうちに精神的な孤立を感じながらも、同僚や患者からの反応を恐れて誰にも打ち明けられなかったそうだ。精神的な問題を抱えていることを少しでも認めると、免許を交付する医事委員会から医師としての適性を疑問視されるのではないかと心配する人さえいた。しかしその人たちは、自身の孤独が燃え尽きや精神的消耗の要因であることを理解していた。ただ、対処の方法が分かっていないだけだった。

　自分が感じているのが「孤独」であると理解していない人もいた。しかし集会で誰かひとりが先陣を切って「孤独」という言葉を出すと、次々に手があがり、孤独にまつわるさまざまなエピソードが共有される様子を目にしてきた。男性も、女性も、子供たちも。高度な訓練を受けた専門職の人々も。商売人も。最低賃金で働く人々も。学歴や収入や成功の度合いには関係なく、どんなグループも孤独感に例外はないようだった。

　多くの人は、その感覚を「帰属する場所のなさ」だと表現した。彼らは、その感覚になんとか対処しようと試みていた。なんらかの社会活動に参加したり、引越しをしたり。オープンオフィス・スタイルで仕事をしてみたり、ハッピーアワーに飲みにいったり。しかし「ここが家だ《アットホーム》」という感覚は得られないままだった。彼らに欠けていたのは、そうした家の基礎となる人間同士の真のつながりだった。

ここが家だという感覚とは、自分が周りから理解されているという感覚だ。ありのままの自分で愛されるということだ。共通の基盤、共通の関心、そしてこだわりや価値観を、本当に自分を大切に思ってくれる相手と共有する感覚のことだ。どのコミュニティに行っても、屋根の下で暮らしていながらも「自分には家がない」と感じている孤独な人たちと出会った。

市民ホールや地域の集まりをあちこち巡った日は、深夜にホテルの部屋で座りながら、こうしたエピソードを好奇心と懸念の入り混じった気持ちで振り返った。私も孤独とは無縁ではなかった。小学校低学年のころは、毎朝学校の前で親の車から降りると、心が深く沈んでいくのを感じた。登校初日の緊張のようなものが、一年を通して毎日続いた。テストや宿題を恐れているのではなかった。私が恐れていたのは孤独を感じることだった。しかし恥ずかしくて親には孤独だと伝えることができなかった。孤独だと認めることはつまり、友達がいないということ以上の意味を持ってしまうからだった。自分は好かれていない人間であるとか、愛される価値のない人間であると認めることのように感じられたのだ。孤独を恥ずかしく思う気持ちは、孤独の痛みを何年も強めていくばかりだったが、やがて私は高校で心から自分の場所だと感じられる友人たちと出会うことができた。

自分にも孤独な時期があったにもかかわらず、このテーマが公衆衛生問題における優先事項になりうると考えたことがなかった。もちろん1年足らず前の上院での公聴会でも、自分が取り組むテーマとしてあげていなかった。しかし突如として、このテーマがとても大きく迫ってきた。

問題は、どう対処するかだった。出会った人の多くは、私が何十億ドルもの資金や何万人ものスタッフを動かせると考えていたが、そんな桁外れな力はないと何度も指摘せねばならなかった。しかし私が得たこの新しい役職は、孤独について国民の認識を高め、主な利害関係者たちと会話を持ち、孤独についての研究や政策、そしてインフラや各人のライフスタイルにいたるまで、あらゆる面での変化を訴える場を与えてくれるものだった。

孤独とつながりの相関関係を調べれば調べるほど、人とのつながりが持つ力の大きさに対する確信は深まっていった。依存症や暴力、職場や学校での意欲の低下、政治的分極化など、私たちが社会で直面している問題の実に多くが、孤独やつながりの欠如によって悪化する。よりつながり合った世界にすることは、こうした問題や、現在私たちが個人または社会として抱えている他の多くの問題を解決するためのカギとなる。

社会的なつながりは、自分を見てもらいたいとか認められたいと願う会社員や、社員と関係を築きたいCEOにとって大切だ。幼い子供を育てていて、もっと友人たちからのサポートを必要としているのに助けを求める方法が分からない親たちにも必要だ。コミュニティをより良くする方法が見えているのに、声をあげたら関心を持ってくれる人がいるのか悩んでいる市民にも必要だ。そしてもちろん、患者の回復を手助けしたいのに、その人たちの孤独を（あるいは自分自身の孤独を）癒やす方法が分からない医者にも。

驚いたことに、心のウェルビーイングというトピック、そして特に孤独という問題には、私が公衆衛生局長官として取り組んだ課題のなかで国民からいちばん大きな反応があった。とても保守的な議員であれリベラルな議員であれ、若者であれ老人であれ、都市部の住民であれ地方の住民であれ、誰もがこれほど熱烈な関心を抱く問題は珍しかった。世界各地の市長や、医学会や、ビジネスリーダーに講演をしたあとで、話題にあがるのは孤独についてだった。おそらくその理由は、かなり多くの人が孤独を経験したり、孤独な人を見たりした経験があるからだろう。孤独とは普遍的なものであり、直接あるいは愛する人を通して私たちに影響を与えている。

皮肉なことに、孤独への対抗手段である「人とのつながり」も普遍的なものだ。私たちにはつながり合う性質がある――私たちは何か共通の目的や危機があるたび互いにつながり合う。2018年に南フロリダのパークランドにある高校で銃乱射事件が起きて17人の命が奪われたあと、同校の生徒たちがとった行動はその一例だ。ともにつながるという本能は、世界各地で大きなハリケーン、竜巻、地震などが起きたあとにボランティアによる援助やサポートが殺到するという場面にも見られる。

悲劇を受けて生まれるコミュニティというものを何より鮮明に体現していたのが、2001年9月11日だ。あのニューヨークの壮絶な朝、世界貿易センタービルのツインタワーが崩壊したとき、ロウアー・マンハッタンにいた大勢の人々は、背後に広がりゆく地獄から逃れるため南に向かった。その人々はハドソン川にたどり着くと、川を渡る手段がないことが分かり、パニックが高まった。アメリカ沿岸警備隊は自分たちだけでこれほど多くの人々を早急に救助するのは不可能だと判断し、前代未聞の決断を下した。無線で民間の船に援助を求めたのだ。

反応はすばやいものだった。いくつもの船が埃《ほこり》と瓦礫《がれき》の霧を破り、煤《すす》まみれで怯える乗客を安全な場所へと運んだ。9時間のうちに50万人近くが救助され、船による救助として史上最大のものとなった——第二次世界大戦におけるダンケルクからの撤退よりも多い数だった。

あの朝、援助の要請を受けたアンバージャック号の船長ヴィンセント・アルドリーノは、船をマンハッタンへと向かわせようとすると、妻に正気かと疑われたという。しかし彼に行かないという選択肢はなかった。「ああすればよかったと後悔するような人生は送ってないんだ」、救助に向かう決断を振り返ってアルドリーノは言った。[1]

コミュニティとしての本能は、いまもしっかりと私たちのなかに残っている。共通の目的を分かち合っているとき、共通の危機を感じているとき、対応可能な救助の呼びかけが聞こえてきたとき、多くの人は立ち上がり、一丸となる。

こうした呼びかけに応えたいという私自身の思いは、公衆衛生局長官の任期を終えたあとも続いている。また、出会った人々や専門家たちから伝えられた孤独についても考えつづけている。いったい何が原因でコミュニティ内の人間関係が希薄になり、これほど孤独感が高まっているのか。他にどんな健康面や社会面での影響があるだろうか。どうすれば孤独は恥だという認識を塗り替え、誰にでも弱い部分があることを受け入れていけるだろうか。どうすれば人生やコミュニティにおいて、より強く、より持続的で、思いやりのあるつながりを築き、社会全体において共通の基盤を持つことができるだろうか。どうすれば、不安ではなく愛に突き動かされた人生へと移行できるだろうか。

これらは、本書を執筆するきっかけとなった問いの一部にすぎない。孤独とつながりが私たちの生活のあらゆる部分で果たしている重要な役割についての研究を追っていくにつれ、さらに多くの問いが持ち上がってきた。本書では事実やデータに加えて、たくさんの人々――科学者、哲学者、医師、文化の革新者、コミュニティ活動家など、あらゆる職業の人たち――が紹介されている。その人たちの物語は、つながり合うほうがより良く生きられるのだということを、常に心から思い出させてくれる。

第1部では、孤独と社会的つながりの根幹に焦点を当てている――高度に社会的な種族である人類に孤独というものが生まれていった理由、そして、人とのつながりや共同体への帰属意識を構築するための取り組みを、さまざまな文化的要素が後押ししたり妨げたりする様子について語る。第2部では、各個人が人生において向き合うことになるつながりのプロセスを取り上げる。自分自身とのつながりから始まり、家族や友人という自分以外の存在とのつながり、そして最終的には、次世代に向けたよりつながりのある世界の構築について語る。本書に紹介されている数々の物語を読むことで、社会における自分の位置づけへの認識が深まること、そして互いの人生に自分が重要な役割を果たしているのだと再認識して周りに手を差し伸べていくきっかけや後押しになることを願う。これから見ていくように、人間同士のつながりが強まると、私たちはより健康になり、レジリエンスが高まり、生産性が向上し、より活き活きとした創造が可能になり、充実感も高まっていく。

現在の私たちが個人としても社会としても抱えている重大な問題の多くに対処していくにあたり、社会的なつながりという要素はほとんど認識も評価もされていないことを、本書の執筆を通して思い知った。孤独を乗り越え、よりつながりのある未来を築くことは、私たちがともに取り組むことができ、ともに取り組まねばならない喫緊の任務である。

第1部

孤独を理解する

Making Sense of Loneliness

第1章　目の前にあるのに気づかないもの

これまで生きてきてはっきりと分かったのは、孤独とは滅多にない物珍しい現象などでも、私や少数の寂しい男たちに特有のものでもなく、人間という存在の核心にある動かしがたい事実だということだ。

——「God's Lonely Man」トマス・ウルフ

さわやかな六月の朝。ボストンのブリガム・アンド・ウィメンズ病院の入り口をくぐり、医師として最初の一日が始まった。私はとっておきのシャツとネクタイの上に、プレスされた白衣をまとっていた。警備員や行き交うスタッフに微笑みかける。その人たちにとっては都市部のせわしない病院のいつもの一日だったろうが、私にとっては生涯忘れることのない一日であった。

頭のなかは、医学部で学んだデータや知識でいっぱいだった。ポケットのなかは、聴診器、検眼鏡、音叉、打腱器といった器具や、持ち運べる備忘録『ポケットレファランス』、黒のボールペン3つ、患者の情報を記入するための白紙のインデックスカードの束、病院内の主な連絡先リスト、そして心肺蘇生法から糖尿病性ケトアシドーシスの処置の仕方まであらゆる手順が記された何枚ものラミネートカードでぎっしりだった。しかし、こうしたカードやマニュアルには、患者たちのあいだで最もよく見かけることになる症例は記載されていなかった。

初勤務以降の日々では、研修医や上級医と回診に行くときも、正確に診断して適切な処方や処置や検査をすることに必死だった。押しつぶされそうなときもあったが、数ヶ月が経つにつれ、糖尿病やがんなどの一般的な病気だけでなく、教科書でしか読んだことがなかったような病気の対処にも慣れていった。徐々にではありながらもたくさんのことが身についていくにつれ、担当する患者たちの病気以外の側面にも目が向くようになった。患者たちの社会生活——あるいはその欠如も、そうした側面のひとつだ。

ある患者たちには、病院という慣れない環境で付き添うためにいつも誰かが病室を訪ねてきていた。病状が悪化したり死期が迫ってきたりしたら、近所からも遠方からも家族や友人たちが集まってきて、その患者が彼らにとってどれほど大切か、医師や病院スタッフに語るのだった。しかし別の患者たちには、何日も、ときには何週間も、訪問者もいなければ電話もなく、外の世界から患者の様子を尋ねてくる人は誰もいなかった。私と病院の同僚たちしか看取る人がいない患者もいた。

私が気づいたのは友人や家族が見舞いにくるかどうかだけではなかった。入院してくる患者の実に多くが、明らかに人付き合いに飢えていたのだ。多くの患者は早く退院して生活を再開したいと願っていたが、少なくない数の患者たちが、久しくいなかった「話の聞き役」として病院スタッフを頼っていた。自分の存在を認識してくれる人であれば誰であれ、長々と自分のことを話すのだった。私はそうした患者たちのそばにいたいけれども、他にも待っている患者がたくさんいるため、引き裂かれるような思いをすることもよくあった。

医師というものは、医療の提供に専念すればよいのだと思っていた。社会的な側面は病気と同じくらい苦しいことではあるけれども、治療の領域外のことだと思っていた。それがどれほどの勘違いであったかを教えてくれたのは、ジェームスという名の患者だった。

ジェームスと会ったのは一度きりだ。ある日の午後、糖尿病と高血圧の治療にやってきたのだが、この中年の紳士はその日、孤独やつながりについて深く忘れがたい教訓を与えてくれた。

ジェームスはがっしりした体型で、髪はブラウン、そして荒れた赤い肌はニューイングランドでいくつもの冬を過ごしてきたことを示していた。彼の不安でいら立たしげな表情は、カルテに書かれていた健康問題が原因だろうと思っていた。

「こんにちは、どうなさいましたか?」

彼は糖尿病、高血圧、自身の体重、それらにともなうストレスとの付き合いがいかに大変であるかを語った。語っている彼は疲弊しているように見えた。身振りは物憂げだった。人生に打ちひしがれているようだった。

すると突然、彼は当時の私にとってはなんの脈絡もなく思える話を始めた。「宝くじに当たったことは、私の人生で最悪の出来事のひとつだった」と彼は言う。

「ええ?」。きっと戸惑いが声に表れていたことだろう。「どうしてですか?」。

この言葉がきっかけとなって、ジェームスは自身の物語を打ち明けだした。彼が言っているのはまさに文字どおりの意味だった。実際に宝くじに当選していたのだ。宝くじが当たるまではパン屋を営んでいたという。それは彼が得意とする仕事であり、客も彼の才能を評価していた。仕事は楽しく、自分の作った食べ物で幸せや喜びを提供できることに満足していた。独身ではあったが、好きな人たちが集まるコミュニティもあった。パン屋でともに働く仲間でもあったため、孤独を感じることはなかった。しかし宝くじが当たって、すべてが変わった。

突然「リッチ」になった彼は、暮らしをアップグレードさせようと考えた。テレビや映画や広告などの文化メディアから吸収したメッセージに従い、贅沢《ぜいたく》と余暇の世界に足を踏み入れることにしたのだ。そのほうがキッチンで身を粉にして働くよりも幸せになれると考えていた。それはまるで、この新たな経済状況が、彼に新たな人間へ変わるよう迫っているかのようだった。

ジェームスは仕事を辞め、海岸沿いの高級住宅地へと引越した。そこでの生活は、必要なものはなんでも揃い、絶えずお金も入ってきて、まさに絵に描いたような夢の暮らしだった。しかし金持ちの勲章をいくつも手にしたにもかかわらず、この夢の暮らしは悪夢のように感じられた。満ち足りるどころか、気がふさぎ憂鬱だった。以前は人のいいユーモアにあふれた社交的な人間だったジェームスが、どんどん内にこもり、周囲から孤立し、怒りっぽくなっていった。体重も増えていき、やがて糖尿病と高血圧と診断され、こうして病院に通っているのだった。かつてパン屋の同僚や常連客と過ごしていた彼が、いまは通院するか、そうでなければ家でひとりで過ごしていた。

宝くじが当たったらすべきだと思っていたことを、自分の心をよく見つめないまま実行に移したのは大きな間違いだったと気づいたが、それはあまりにも遅かった。「友人や愛する仕事を売り払って、だだっ広い家に閉じこもる人たちが暮らす地域に引越したってわけさ。孤独なものだね」。

ジェームスの経験は、現代社会で最も価値が置かれているように見えるもの――地位、富、功績、名声――が、かならずしも幸せを約束するものではないことを示す例だった。いま以上の資金があれば、より多くの私的自由を手に入れることができ、閑静な住宅街で暮らすことができ、自家用船や自家用機で旅をすることだってできる。こうした特権はどれも魅力的だが、見えない代償を払うことになる可能性がある。注意していないと、こうした成功は周りの人たちとの距離を広げ、孤独感を高めるかもしれないのだ。

そのきらびやかな檻《おり》のような生活から抜け出す方法を見つけ、人とのつながりを強めれば、彼の健康状態は劇的に改善するのではないかと思った。もっと活動的で、積極的で、幸せで、もっと自分らしくいられるだろう。宝くじが当たるまでは、コミュニティも人とのつながりもあったのだから。しかしそのためには、自分のなかにある「成功像」を改め、金銭面よりも社会面での目標を再設定しなければならない。彼もそのことは分かっていたようだが、健康に危険が迫っているいま、自分を変えていくのはかなり大変な課題だった。担当医として、どうすれば彼の手助けができるだろう?

この問診時間内に、なんとかジェームスの力になれるよう最大限の努力をした。よく話を聞き、たくさん質問をした。より健康的な数値になるよう、糖尿病と血圧の薬の量を調節することも勧めた。それから、どこかのコミュニティとつながる手助けをしてくれるかもしれないからと、私たちの病院のソーシャルワーカーを紹介すると提案した。けれども正直に言って、彼の健康状態の悪化の要因だと思われる孤独について、これ以上どう対処したらいいか分からなかった。おのれの非力さを振り返るといまでも悲しくなるが、駆け出しの医師として、このテーマについてはこちらが提供するよりもはるかに多くのことをジェームスから教えられた。

私が受けてきた医学教育では、社会とのつながりが健康に与える影響を理解することはできず、孤独であることに苦しんでいる患者を支援する方法を学ぶこともできなかった。ほぼすべてのトレーニングが身体についてのものだった。心についての議論があったとしても、それは主にうつ病のような精神疾患への対処や、患者がわだかまりなく治療に進んでいくための医師との信頼構築に関するものだった。

こうした教育だけでは、たとえば私が担当した、ドラッグの静脈注射が原因で心臓弁に細菌が繁殖してしまった若い女性患者と向き合うには、率直に言って不十分だった。今後ふたたびドラッグを静脈に打つことの危険性や、これから必要になる注意事項を伝えることはできる。治療の複雑な過程や、抗生物質の投与方法や、経過観察の画像診断のタイミングなどをどう説明すればいいかも分かっていた。重い病気にかかるストレスや精神的負荷も理解できたし、彼女やその家族が口にする不安にも耳を傾けることができた。どれも大切なことではあるが、「より健全なつながりを得る」という最重要課題に対処できるものではなかった。彼女の人間関係、あるいはそうした関係の欠如は、そもそも依存症の引き金になったという点においても、ドラッグの再使用を左右するという点においても大事な要素だった。孤独の診断法や対処法について訓練を受けてこなかった私は、実際に孤独を目の前にしながらも、何から手をつけたらいいか分からなかった。

「1」は最も孤独な数字とは限らない

そもそも、孤独とはなんだろう？　簡単な問いに見えるが、よくよく考えてみると思いのほか答えるのは難しい。

多くの人は「loneliness《ロンリネス》（孤独）」とは「isolation《アイソレーション》（孤立すること）」だと考えているが、この2つの言葉の違いは大きい。孤独とは、「自分が欲する社会とのつながりが欠けている」という主観的な感情のことだ。周りに人がいたとしても、取り残されたような感覚や、見捨てられたような感覚や、自分が属する人たちから切り離されているような感覚を抱くことだってありうる。孤独を感じる際に欠けているのは、親密さや信頼の感覚、そして心からの友人や、愛する人や、コミュニティの愛情だ。

研究者たちは、孤独を感じる場合にどのようなタイプの関係が欠けているのか分析する過程で、孤独には「3つの領域」があることを明らかにしてきた。[1~3]「親密圏の孤独（感情的孤独）」は、愛と信頼の絆で深く結ばれた親友や親しいパートナーを欲している状態を指す。「関係圏の孤独

（社会的孤独）」は、良質な交友関係や社会的なつながりとサポートを求めている状態だ。「集団圏の孤独」は、目的意識や関心を分かち合える人的ネットワークやコミュニティに飢えている状態を指している。これら3つの領域が満たされることで、活き活きと生きるために必要な質の高い社会的つながりが生じる。どれかが欠けると孤独を感じる可能性があり、そう考えると、たとえば結婚生活に不満はないものの友人やコミュニティを恋しく思う、といった状況にも説明がつく。

社会的なつながりをどれほど求めているかは人によって異なるため、「孤独を防ぐには何人の友達を作るべきだ」などと語ることはできない。つながりを求める度合いは人生の段階によっても変わるし、性格によっても変わる。外向的な性格なら、人との触れ合いや社会活動を強く求める傾向にあり、初めての人と出会うことを通して活力がみなぎる。内向的な性格なら、外向的な人よりもひとりの時間を必要とし、他人とのやりとりが多すぎると疲弊し、比較的小さいグループや一対一での社交を好む傾向にある。しかしどちらも孤独を感じることはあるし、自分の居場所があるとしっかり感じるためには強いつながりが必要になる。たいてい大事なのは社会との接点の量や頻度ではなく、人とのつながりの質や、その関係性に対する自分の感情のほうである。

「loneliness（孤独）」という主観的な感覚と違い、「isolation（孤立）」とは客観的・物理的にひとりきりで周りとの交信がない状態を指す。孤立が孤独につながるリスク要因とみなされているのは、単純にほとんど人と交わらないでいるほうが孤独を感じる可能性が高くなるからだ。しかし物理的にひとりだからといって孤独な気持ちを抱くとは限らない。仕事や創造的な作業に没頭しているときは孤独など感じず、多くの人が長い時間をひとりで過ごす。一方で、いくら人に囲まれていても、孤独を感じたり、気持ちのうえではひとりきりだと思ったりすることもありうる。孤独かどうかを決めるのは、心の安らかさの度合いだ。

この点こそが「loneliness（孤独）」と「solitude《ソリチュード》（単独であること）」を分ける。孤独を感じる場合は、現状に満足しておらず、心の苦しみから逃れることを求めている。一方で「solitude（単独）」とは、心穏やかにひとりでいる状態や、みずから進んで周りから離れている状態を指す。それは内省をしたり、邪魔されることなく集中して自分と向き合ったりする機会となる。個人としての成長が促され、創造性が高められ、心が健やかになり、自分を見つめ直し、取り戻し、ふたたび力を満たすことができる。何千年も、あらゆる流派の僧侶や修道士たちは、ひとりになることで内省し、自分が信じるものとのつながりを新たにしてきた。「loneliness（孤独）」と違い、「solitude（単独）」を恥じて苦しむことはない。恥じるよりむしろ、神聖ともいえる状態だ。

「solitude（単独）」は、なかなか大変で、恐ろしいことであったりもする。ポジティブなものだけでなく、ネガティブな思考や感情を引き起こす可能性もあるからだ。自分の嫌なところと向き合うなど誰もが進んでやるとは限らないが、そうして向き合うことによって問題が解決し、自分の気持ちがよりはっきりして、安らかに自分らしくいられる。だから、ひとりの時間を持って心を安らかにすることは、自分自身とのつながりを強め、ひいては他者とのつながりを可能にするために不可欠な要素だ。「solitude（単独）」という状態を通して、逆説的に「loneliness（孤独）」から身を守ることになる。

孤独にまつわる調査

ヘンリー・J・カイザー・ファミリー財団が出した2018年の報告書によれば、アメリカの全成人のうち22パーセントが、ときおり、あるいは常に孤独や社会的な孤立を感じているという。[4]数にすると5500万人以上ということになる——成人喫煙者数よりもはるかに多く、糖尿病患者数の倍に近い。しっかりと検証された「UCLA孤独感尺度」を用いたAARP（全米退職者協会）の2018年の調査によると、アメリカの45歳以上の3人に1人が孤独であると判定された。[5]そして医療保険会社シグナがアメリカ全土でおこなった2018年の調査では、回答者の5分の1が周りとの親密なつながりをほとんど、あるいはまったく感じないと答えている。[6]

他の国々の調査でも同様の結果が出ている。カナダでは中年および高年層のうち、約5分の1の男性と約4分の1の女性が週に1回かそれ以上孤独を感じると回答している。[7]オーストラリアでも、成人の4分の1が孤独を感じている。[8]イギリスでは20万人以上の高齢者が「自分の子供や家族や友人たちと会ったり電話で話したりする頻度が週に1回より少ない」という。[9]イタリアでも、成人の13パーセントが助けを求める相手がいないと回答している。[10]さらに日本では、政府が定義する「ひきこもり」という社会的撤退状況に該当する成人が100万人以上いる。[11][12]

いったい何が、なんらかの会に参加したり、新しい友人を作ったり、家族や旧友とふたたびつながりを持つことを妨げているのだろう？　それは、孤独が原因だともいえる。

すでに孤独を感じている状態だと、他の人が誰かと楽しそうにしているところや、人といて満ち足りている様子を目にしても、そのグループに近づいていくどころか近寄らないようにする傾向がある。人は「社会でのけ者になっている人間」というラベルを貼られてしまうのを恐れているからだ（学校の昼食の時間や校庭で遊ぶときのことを想像すれば理解できるだろう）。だから、こちらとのつながりを持ってくれるかもしれない相手に対しても本当の気持ちを隠してしまう。こうして恥じる気持ちと恐れが絡まり合い、孤独から抜け出せなくなっていく。自信を失っていき、それゆえに自尊心が低下して、助けを求めることに尻込みするようになる。やがて、この負のサイクルが進んでいくと、自分は誰にとっても大切な存在ではないとか愛情を受けるに値しないと考え、さらに内に閉じこもり、何より必要としている人間関係から遠ざかってしまうことになる。

この負のスパイラルは、孤独に対する悪いイメージとも関係している。人は孤独であることを隠して否定する傾向にあるため、手助けできる立場にある人たち——友人や、家族や、医師たち——も、「心の問題はセンシティブであろうから」と深く探りを入れるのをためらってしまう。そうして、自己破壊的な行動を起こすリスクが高まっていく。多くの人はドラッグやアルコールや暴食やセックスで孤独のつらさを紛らわそうとする。こんなふうに孤独と悪いイメージが絡まり合って、個人の健康や生産性だけでなく、連鎖的に社会全体の健全性にも影響を与えることになる。

こうした孤独のサイクルは手に負えないものに感じるかもしれないが、食い止める手段はある。孤独のシグナルを早期に察知し対処する方法を学べば、日常的に孤独を感じるようになる前に介入し、つながりを構築する手助けができる。最初のステップは、社会とのつながりという誰もが持っている重要な欲求の存在を認めることだ。

シンプルに言えば、人間関係とは、私たちの健やかな暮らしにとって食べ物や水のように不可欠なものである。身体が飢えや渇きを通して栄養補給や水分が必要だと伝えてくるのと同じように、孤独は人とのつながりが必要だと伝えてくる自然なシグナルだ。それを恥じる理由などない。しかし飢えや渇きの感覚に比べると、孤独感は察知しても認めにくく、人にも話しづらい。こうした話しづらさに対処するためには、孤独と社会的なつながりや身体的・精神的健康の関係について、もっと深く理解する必要がある。それを理解すれば、孤独に対する悪いイメージの源となっている汚名や非難や批判を払拭《ふっしょく》することができる。

このアプローチは、たとえばうつ病のような症例で効果を発揮してきた。長らく、うつは悪いものとされていたため、多くの人は気持ちの落ち込みを周りに認めるのではなく、静かに苦しんできた。しかし現在は、オリンピックで23個の金メダルを獲得したマイケル・フェルプス[13]のようなプロのアスリートや、レディー・ガガ[14]、ドウェイン・「ザ・ロック」・ジョンソン[15]、J・K・ローリング[16]といった文化人が、自身のうつ病の経験を公表している。学校や職場も、これが社会に広がる問題であることを認識しはじめ、当事者が支援を得られる制度が作られつつある。依存症への認識についても同様の前進が見られる。うつ病や各種依存症の人が自身の病気を恥じたり差別を受けたりするのを防ぐにはまだ為すべきことがたくさんあるとはいえ、かなりの前進が見られている。孤独についても、オープンに語り、孤独は人間にとってほとんど普遍的な経験なのだと理解できれば、悪いイメージが減るだろうと信じる根拠は十分にあるのだ。

生死に関わる問題

ジュリアン・ホルト・ランスタッド博士は、ミネソタ州セントポールで生まれ育つなかで社会的なつながりが持つ力を学んだ。子供6人のうち4番目に生まれた彼女の家は、勤勉と絆の強さを誇りにしていた。父の4人の兄弟姉妹もそれぞれ大家族を作っていたため、いとこ、おば、おじがたくさんいて、毎年1週間を全員で過ごすのが習慣となっていた。この習慣は、家族の大切さを強く信じている彼女の祖父母が推奨したものだった。

「子供のころは、いつも周りに家族がいたし、だいたい家族がいちばんの友人だった」とジュリアンは語った。こうした社会的なつながりの力は、彼女のキャリアを導くことにもなった。ユタ州の大学を卒業したあと、メンタルヘルスに影響を及ぼす生物学的要因に関心を膨《ふく》らませていた彼女は、健康・社会心理学の博士課程へと進み、行動から細胞機能にいたるまで、人間関係があらゆるものに与える影響について研究に取り組みはじめた。

ブリガムヤング大学の教授となるころには人間関係と健康の関連性を示すデータが十分にあったが、彼女は学問の世界もその外側の人たちも多くがまだこの分野に対して懐疑的であると感じていた。本当かどうかあやふやな主張だと思われていたのだ。ジュリアンは、そういう人々の意識を変えたかった。そこで彼女と共同研究者たちは1年以上をかけて148もの研究を丹念に分析した。それらの研究の被験者数は、累計で世界各地30万人以上にも及ぶ[17]。

チームは研究を細部まで読み込み、分析ソフトウェアに無数のコードを書き込んだ――すべては、ひとつのシンプルでありながら深い問いに答えを与えるためだった。「社会とのつながりは、早く死ぬリスクを減らすのだろうか？」。

２００９年の夏、ついにジュリアンは答えを導き出した。待ちわびた分析結果がパソコンにまとめられると、彼女は信じられない思いでその成果を見つめ、「これはすごいことになる」とつぶやいた。彼女がそう考えるのも、もっともなことだった。

ジュリアンの研究では、社会とのつながりが強い人は、弱い人より早死にする確率が50パーセントも低いことが明らかになった。さらに驚くべきことに、社会とのつながりの欠如は、１日にタバコを15本吸うのと同じくらい寿命を縮める影響があり、肥満やアルコールの過剰摂取や運動不足よりも大きなリスクであることが示された。要するにジュリアンは、社会とのつながりの弱さが健康に対する大きなリスクになりうることを明らかにしたのだった。

そう聞くだけでは信じられないかもしれない。心臓病や早死ににつながる真の問題は肥満や貧困であり、それらに該当する人がたまたま孤独だったという可能性はないのか？　統計学的な言葉を使うなら、孤独は交絡因子にすぎず、主因ではないのでは？　もちろんジュリアンは、それらの可能性についても検討した。彼女の研究では、何が健康に影響を与えているか明確にするべく、たとえば年齢、性別、初期の健康状態、死因など被験者たちのリスクファクターも多岐にわたって考慮して分析している。こうした要素を踏まえてもなお、社会とのつながりが命を守り、孤独が早死にに影響を与えることが確かめられた。

ジュリアンの研究に対する世間の反応はすばやかった。新聞記者たちは彼女の興味深い発見について の記事を書きはじめた。テレビやラジオのプロデューサーたちは彼女をスタジオに呼び、喫煙と同じほどのリスクを持つのにこれまで見過ごされてきた孤独について話してもらった。イギリスやオーストラリアの機関は、自国の孤独問題に対処するプランを立てるため、彼女に相談を持ちかけた。

5年後、ジュリアンはまた別の膨大なデータの分析結果を発表し、孤独であるほうが早死にする可能性が高いことを裏付けた。[18] そのころには、冠状動脈性心疾患、高血圧、脳卒中、認知症、うつ、不安などにとって、孤独な場合のほうがリスクが大きいと主張する論文がたくさん出てきていた。そうした研究はさらに、孤独感を抱く人は相対的に睡眠の質が低く、免疫システムに障害が起きる可能性が高く、衝動的な行動をしがちで、判断力が低くなることも示唆していた。[19]

彼女には世界中の大手メディアや組織からお呼びがかかることがますます多くなった。みな、聞きたいことはひとつだった。「どうして孤独は、そんなに健康に悪いのだろう?」。

欠けていたピース

このころには、多くの医師が患者の抱える孤独感を認識して**い**た。2013年におこなわれた調査では、イギリスの一般開業医の75パーセントが、孤独感を主因とする患者が毎日1人から

5人はいると回答した。[20]

そうした医師のひとりであるヘレン・ストークス＝ランパードは、イギリスのバーミンガムから20マイルほど離れたリッチフィールドでプライマリ・ケアを担当していた。ヘレンは、医学部を卒業したばかりのような熱意とやる気で患者と向き合っている。彼女のオフィスで会ったとき、ヘレンは私を温かく迎え、話をしながら紅茶を入れてくれた。ヘレンには取り繕《つくろ》うようなところがなかった。思いやりがあり、聡明で、落ち着いていた。

しかしヘレンは開業医であるだけでなく、イギリス最大規模の医師会のひとつ「英国家庭医学会」の会長でもあり、国内およそ5万3000の家庭医の代表を務めている。トップに立った彼女は、驚いたことに就任演説で患者が抱える孤独の苦しみについて言及した。30年以上前から、さまざまな研究で孤独とイギリスの医療サービスの利用率には関連性が認められていたにもかかわらず、医師会は孤独への対処にほとんど力を注いでこなかった。その状況を変えるべく、ヘレンは孤独を英国家庭医学会の優先事項のひとつにしたいと考えていたのだった。

彼女は演説で、晩年に夫を亡くして深い孤独感を抱いているイーニッドという患者を取り上げた。ヘレンは、ただ抗うつ剤を処方して次の患者に向かうこともできた。しかしそうする代わりに、高度に制度化された現代の医療ではますます難しくなってきていることを実践した。イーニッドにしっかりと耳を傾け、語りたいように語ってもらったのだ。

ヘレンは演説で次のように述べている。

私はルールに従いませんでした。彼女とおしゃべりをし、話を聞いたのです。私はすべての優れた家庭医がおこなっていることを実行しました——診察でともに過ごす貴重な数分間、イーニッドの目を通して世界を眺めたのです。私はガイドラインよりもイーニッドが何を望んでいるかを優先しました……健康やウェルビーイングに役立つかもしれない団体やグループや慈善機関などを、彼女に合いそうだと思ったら紹介することもありました。

最終的にイーニッドは地元の小学校とのつながりを持ちました。その小学校は、高齢の女性たちを家族と遠く離れて暮らしている若い母親たちと結びつけているのでした。それはまさしくイーニッドが求めていたものでした。週2日、数時間、そのあいだ彼女は目的を持つことができ、他者から必要とされ、感謝されるのです。そこでは自分の人生経験を活かして他者を助けることができます。

イーニッドはもう、以前のように定期的には診察の予約をとりません——本当は必要のない人工股関節置換術をしてわざわざ入院したりもしません。抗うつ剤も飲んでいないどころか、薬自体ほとんど必要としていません……彼女がふたたび化粧をしだしたことにも気づきました。ブライアンが亡くなってから初めて、髪もきちんと整えていました。患者の健康やウェルビーイングへの影響という点で、社会的孤立や孤独は長期にわたる慢性疾患に匹敵します……患者中心のアプローチを目指すのであれば、こうした問題にも対処していかねばなりません。

国の主たる医療組織で「孤独」について語るのは異例のことだった。「でも反応は驚くべきものだった」とヘレンは教えてくれた。「聴衆の誰もが、孤独に苦しむ自分の患者のことが頭に浮かんだみたい」。

こうした医師たちが向き合いはじめていたのは、患者の身体的な健康と、社会・感情的な健康の関連性だった。孤独は放置すると健康に長期的な影響を与える可能性があるが、薬や手術で治せる病状ではない。孤独は、愛や、思いやりや、仲間との関わりが不足していると知らせる人間的な症状なのだ。

イーニッドに対するヘレンのアプローチは「社会的処方（social prescribing）」と呼ばれている。患者が健全な社会的つながりを構築するための社会資源やコミュニティ活動を紹介する（処方する）ことを指す。このアプローチは、孤独が健康に影響を及ぼすこと、そして人は一般的につながりを求めるものだという認識に基づいている。

社会的処方

サチン・ジェイン医師も同様の結論に至り、ヘレンと同じように社会とのつながりという観点から、アメリカの患者たちに熱心に向き合ってきた。サチンはケアモア社のCEOを務めており、主に高齢者や貧困層に向けて医療を提供している。2017年、サチンが率いるチームは孤独を抱えた患者を特定してサポートする「トゥギャザネス・プログラム」を立ち上げた。患者たちの家庭への訪問や、毎週の電話、コミュニティ内の社会プログラムへの紹介などをおこなうプログラムに、短期間で600人もの患者から登録があった。そこにいた患者のひとりが、50代後半のヴァータという女性だった。

私が2019年にカリフォルニア州ダウニーのケアモア・ケアセンターで初めてヴァータと会ったとき、外出するのも多大なエネルギーを要したであろうことが伝わってきた。糖尿病の影響で身体が弱り、一日の多くの時間を車椅子で過ごしていた。神経障害により、足には耐えがたい痛みもあった。しかしヴァータは将来に対して前向きなようだった。自分はいま、人生の大きな転換点にいるのだと教えてくれた。

メンフィス出身のヴァータの両親は、彼女が赤ん坊のころにカリフォルニア州ロングビーチに移ったという。ヴァータは高校を卒業後、さまざまな小さな仕事を渡り歩いたあと、ロングビーチ港の警備員の職に就いた。彼女はその仕事を楽しみ、15年間勤務を続けた。

会ったばかりの私でも、若いころのヴァータは快活で人を惹きつける性格で、そんな性格に見合うにぎやかで社交的なライフスタイルだったであろうことが想像できた。「健康だったころの私は、活発すぎてなかなか捕まらなかったはず」と彼女は言う。しかし食生活といえばファストフードや砂糖の入った炭酸飲料で、やがて糖尿病を発症し、その合併症により歩行が困難となり、慢性的な痛みを抱えることとなった。ほどなく働くこともできなくなり、家にこもるようになった。それがすべてを変えた。

「すごく孤独になってしまったの。体調が悪くて外にも出られないし、家に人も呼べなかった」。成人した娘とアパートをシェアしていたものの、ほとんど関わることがなかったうえ、関わったとしてもケンカが始まるばかりだった。そして娘以外の家族にも、ヴァータと会話をしようという姿勢は見られなかった。活力の源だった人間関係を維持できず、ヴァータは希望を失いはじめていた。

彼女は、ケアモアがトゥギャザネス・プログラムというサービスを提供していると書かれたハガキが届いた日のことを鮮明に覚えているという。そのプログラムにはカウンセリング、エクササイズ、社会参加活動、ヘルスケアなどのサービスが含まれていた。交通手段まで手配してくれるようだった。「そのハガキを読んで涙が出てきた」と彼女は言う。「まるで自分に語りかけてくるようだったから」。

ヴァータがプログラムに登録すると、数日後にサービスの一環として「フォンパル（電話友達）」から電話がかかってきた。彼はアルマンドと名乗り、ヴァータがどう過ごしているか様子をうかがおうと思って電話したのだと言った。

「彼はただ私の話を聞いてくれた」とヴァータは言う。彼女にとってアルマンドの声は心休まるものに感じられた。彼は翌週も電話をすると約束し、それ以降も継続してかかってくるようになった。ときにはアルマンドも、自分の子供たちの忙しさや、前日の娘のサッカーの試合などについて話した。すぐに彼女はアルマンドからの電話を楽しみにするようになった。

しかし働けないのに生活費はかかりつづけるため、ヴァータは家賃が払えなくなってしまった。そうして家を失い、公園の駐車場に停めた自分の車で生活をするようになった。公園は夜になると怖い場所だった。足も痛み、身体もどんどん弱っていった。

ケアモアはヴァータの担当にルビーというソーシャルワークのインターン生をつけていた。ルビーはなんとかサポートをしようと必死だったが、カリフォルニア南部の家賃は低所得者にとって恐ろしいほど高いものだった。そんなある日、ルビーは情報交換サイト「クレイグズリスト(Craigslist)」を見ていると、イン・ロウ・スイート(親用の離れ)が光熱費込みで月700ドルという、賃貸市場では破格の条件を見つけた。ヴァータは言う。「見にいくならシャワーを浴びてからにしたかったんだけど、ルビーが『そんなことといいから、早く行こう!』って」。

家主のソーニャとアーネストは、ヴァータが来るのを待ち受けてくれていた。あらかじめルビーはヴァータの状況や体調について伝えており、家主夫婦もなんとか力になりたいと考えていた。唯一確認するべきは、「プロテクター」と名付けられた飼い犬のピット・ブル・テリアとヴァータの反りが合うかどうかだった。大きな口とたくましい胸をしたその犬は、飛び上がってヴァータの顔を舐めた。「その後ソーニャから承諾の電話がかかってきたときは、涙があふれた」。

ソーニャとアーネストはヴァータを家族のように受け入れた。その交流のおかげで、ヴァータは心を開き、ふたたび他者とつながりを持とうとするようになった。アルマンドも毎週電話をかけつづけ、健康のためにどんなことをしているかを繰り返し尋ねた。彼は家の外に出るようヴァータを後押しした。

ときどき、ヴァータはアルマンドの時間をとりすぎているのではないかと心配になった。そこで彼をがっかりさせまいと、もっと良いところを見せるべく努力した。「アルマンドが電話をしてくると、『掃除をした』とか『今日はメイクをした』と答えるようになった」。そうして体重まで減りだした。

そうした変化を生み出していたのは、人とのつながりだった。電話でのつながりだったとはいえ、ヴァータはアルマンドに対して気兼ねなくオープンになり、弱い部分を見せることができた。それはアルマンドがこちらを否定することなく耳を傾けてくれたからであり、より良い暮らしを心から願ってくれているように思えたからだった。トゥギャザネス・プログラムのホリデーパーティで初めて彼と対面したヴァータは、アルマンドが想像していたような中年の男性ではなく、30代前半であったことに驚いた。「お兄さん、あなたがアルマンドなの？」。驚きを隠せないヴァータは尋ねた。「電話だとすごく落ち着いた大人に感じる」。

私がヴァータと会ったとき、アルマンドとの電話はまだ続いていて、彼女は18キロほど痩せたのだと誇らしげに教えてくれた。「アルマンドの電話がなかったら、こんなふうにはできなかったと思う」。

ヴァータは、静かで安全で、しかも新しい友人たちが近くにいる家に暮らせることに感謝していた。まだまだ健康については取り組んでいかねばならないし、ときどき、特に夜間は大きな孤独感に襲われたりもする。しかし彼女は健康を取り戻すための努力を続け、より充実した人生を送っていこうと心に決めていた。そして彼女の人生を変えた「つながりの力」を伝えていきたいと考えているという。

「孤独な人は本当にたくさんいるから、自分のような人を手助けしていきたい」

死にゆく患者の願いを叶える病院

ヴァータの言うことは正しい。孤独感を抱いている人は実にたくさんいる。そして病気にかかっている人のなかでは、医療システムが孤独感を悪化させていることも多い。特に病院では、患者が希望や、切実な思いや、強い不安や、なんとかして慰めを得たいという大きな欲求を抱えた人間としてではなく、診断し処置すべき問題として扱われ、病名として見られていると感じる場合がある。こうしたつらい経験は、患者の愛する人々にまで及ぶこともある。

ミシェルは夫の人生最後の年の大半を、ロナルド・レーガンＵＣＬＡメディカルセンターで過ごした。夫のヴィンセントは骨髄異形成症候群（ＭＤＳ）だった。生きるのに必要な血液細胞が骨髄から作られなくなってしまう病気だ。化学療法、継続的な輸血、そして兄からの幹細胞移植に耐えてきた彼だったが、２０１７年のクリスマスの日には集中治療室（ＩＣＵ）にいた。そしてもう為すすべはないようだった。ミシェルは経験したことがないほどの孤独を味わった。

「誰より愛情深くて、誰より身体の大きな人。１８５センチほどもあるサモア人で、誰からも愛されてた」。２年後に話をしてくれた彼女は、夫のことをそう振り返った。ヴィンセントは診断を下されたとき、まだアメリカ海軍の現役軍人だった。しかしあのクリスマスの日には、ＩＣＵ

に移って1ヶ月が経過していた。顔は口にくわえた人工呼吸器のチューブで半分隠れ、生命維持のための機械に囲まれていた。ミシェルが結婚した男の姿は見る影もなかった。

ミシェルは状況が深刻であることを悟っており、彼を失うことに慄《おのの》いていた。病院スタッフは目の前のやるべきことに集中して取り組んでいたものの、それがミシェルには人間味のないものに感じられた。ヴィンセントを最も熱心に守り、動けない彼に関する意思決定をおこなう人間であるのに、ミシェルにはほとんどサポートがなかった。そのため彼女は恐怖といら立ちを感じていたが、どこを頼ればいいか分からなかった。

ターン・ネビル医師がいなければ、そんな状態が続いていたことだろう。ターンは肺と重症患者の治療に携わっており、患者の願いを徹底して尊重することで知られている。謙虚で、勤勉で、患者をとても大切にする人物だ。彼女は最近、カナダの医師デボラ・クックの取り組みをモデルにしたプロジェクトを始めた。「スリー・ウィッシーズ・プロジェクト（3 Wishes Project）」は、ICUで死を迎える患者の願いを叶えるプロジェクトだ。プロジェクトの目標は、ともすれば非人間的で疎外感を抱く可能性のある体験を、死にゆく人とその愛する人を尊重した体験に変えることだった。

あのクリスマスの日、ターンらのチームと初めて対面したミシェルは、ずいぶん懐疑的だったという。「あの状況で、私はすごく悲観的になっていた。彼女がプログラムについて説明しだしたので、彼女の目を見て言ったの。『いまここで本当のことが知りたい。彼はもう死ぬの？』。彼女は私の手を取って、こう言った。『正直に言います。医療チームからは、あなたにも説明があったとおり、この病院から生きて戻ることはないだろうと聞いています。私たちは彼の残された時間を尊重し、あなたの準備を手助けするために来ました』」。ヴィンセントはまさに死へ向かっており、医療チームがそれを阻止する手段はなかった。「はじめ、私は怒りをぶつけ、無礼な態度をとった。『私のことなんか知らないくせに。いくら払わなくちゃならないわけ？』。彼女は私を気遣うためだけにいるんだということを信じるまでには少し時間がかかったの」。しかし、まさにそれこそが「スリー・ウィッシーズ」の目的だった。

そのことを理解したミシェルは、警戒を解いて本心を見せた。「涙を流し、声を詰まらせながら、私はターンに言った。『ひとりになるのが怖い』。すると彼女は私を抱きしめてこう答えた。『あなたをひとりにはしません』。彼女の仲間も目に涙をためながら、こう言ってくれた。『最後までずっとそばにいるから』」。

ミシェルは、そこでいったん話を切った。「本当に、この経験をひとりで乗り切らなくても大丈夫なんだと分かったときは、受け止めてもらえた気がしたし、人工呼吸器の電源が切られるのをひとりで見なくて済むんだと感謝した」。

チームはヴィンセントの人生の残り3日間、約束を果たしてくれた。まず彼はがん病棟に戻ることをリクエストした。そこには親しくなった看護師たちがたくさんいたのだ。彼は多くの看護師にニックネームをつけていた。自分の妻には、この1年病院で一緒に旅をしてくれた人たちがそばにいたほうがいいだろうと考えたのだった。がん病棟には人工呼吸器を付けた患者が入れる設備はなかったものの、ターンのチームは特例の許可を得ることができ、ヴィンセントの願いを叶えた。

ミシェルは言う。「私は頼んでないのに、花を持ってきてくれたりもした。私はハワイ出身で、夫はポリネシア人だから、花は私たちにとって大切なものなの。ポリネシアの花をありったけ持ってきてくれた。そういうちょっとしたことが、すごくありがたかった」。

そしてヴィンセントが旅立っていく瞬間も、ターンのチームはそばにいた。「夫のチューブを抜く決断をするまでの30分のあいだ、そばに付いていてくれる人がいたなんて、いまでも言葉にならないくらい驚いてる。医師の義務ではないのに、夫の生命維持装置を外そうというときに隣に誰かがいてくれるのは、ずいぶん大きな違いだった」。

ターンが考えるこのプログラムの大前提や効果はシンプルだ。「スリー・ウィッシーズの目的は、患者に困っていることは何かと尋ねるのではなく、大切にしているものは何かと尋ねていくこと」。

2年足らずで、このプログラムは200人以上の患者とその家族に、さまざまな形で力を貸してきた。これまでには結婚式を執りおこなったことも2度あり、ベッドサイドのテーブルにクロスを敷き、ネットフリックスで映画を流して最後の夜デートを演出したこともある。地元の芸術学校に連絡して患者の大好きなミュージカルを病室で公演したことや、ハワイがいちばん好きな旅行先だった女性の部屋にハワイの写真をたくさん飾ったこともある。たとえば最後に握り合った夫婦の手をかたどった像など、遺族に向けてたくさんの形見を作ったりもしてきた。

ICUの医師、看護師、その他のケアチームの面々が署名して数週間後にお悔やみカードを送ることもプログラムの一部だ。ターンは、そうした手紙への反応にはいつも驚かされるという。

「こんなにも大きな意味を持つものなのかとびっくりする。インタビューしてみると、実に多くの家族が、こうした手紙は『自分たちは忘れられてないんだ、自分たちの存在にもなんらかの意味があるんだ』と感じられるものなのだと言う。ある人は、こんな返事をくれた。『母を失ってから数週間が経ち、すべてを失ったように感じていました。けれどこのカードのおかげで、まだ自分を気にかけてくれている人がいるんだと分かりました』」。

医学やテクノロジーは人をまいらせるときもあるが、愛や思いやりに基づくつながりは、いつだって人を癒やす。愛する人の死にともなう孤独や孤立の感覚を完全に防ぐことはできないだろうが、和らげることはできる。患者や家族が、自分のことを知ってくれている、見てくれている、愛してくれていると感じる手助けをすることこそ、最も効果的な薬なのかもしれない。

スリー・ウィッシーズのようなプログラムには、いくらくらいの価値があるだろう？　人生でも有数のストレスと向き合う患者やその家族に与える充足感、平穏、つながりに値段をつけるのは簡単なことではない。しかしターンのプログラムの平均価格を聞くと、ずいぶん驚くことだろう。患者ひとりにつきわずか30ドルだというのだ。3万ドルではない。たった30ドルだ。各患者のケアに関わる医師や看護師、スタッフへの好影響も考えると、驚くべき費用対効果となる。たとえばミシェルは現在、病院に付き添っている人々をサポートするプログラムを始めようと考えている。家族がベッドのそばを離れられない理由のひとつに、医師がやってくる短い診察時間を見逃すかもしれないという不安があげられる。ミシェルが検討していることのひとつは、そうした人たちに休憩をとってもらうあいだ、代理の人間が患者のそばに座り、医師が現れたら電話で呼び戻すといった支援だ。こうした行動はかけがえのないギフトであり、人間らしいつながりを生み、人を安心させる手助けとなり、私たちはひとりではないのだと感じさせてくれる。

長きにわたり、これらを含めたさまざまな物語と出会ってきた私としては、孤独が身体や精神に大きな打撃を与えることはもはや疑いえない。しかしそれらの物語はまた、社会的なつながりこそがより重要なテーマであることも感じさせる。人はみな、ありのままの自分を見てもらいたいという深い不変の欲求を持っている――あらゆる側面を持ち、複雑で、弱い部分を抱えた人間として受け止められたいという欲求だ。誰もが自分は大切な存在であり、愛されているのだと感じる必要がある。確かな関係を築くには、これらの深く根ざした欲求を満たす必要があり、それが満たされると、より健康的で、より生産的で、より充実した生活を送る傾向にある。それらが満たされないと、苦しむことになる。

そのような大きな苦しみのただなかでは、このつらさが進化の過程で人類に組み込まれたものであると考えることは難しい。しかし、私たちの生存に不可欠なもの――社会的なつながり――が欠けているときに、「孤独感」が重要な警告機能として働いていることは明らかだ。最初にこの重要な機能に気づいた科学者たちは、孤独にのみ込まれてしまうのではなく、（飢えや渇きと同じように）その不足を補う方法を学べれば、孤独感を抱く期間やマイナスの影響を減らすことができるどころか、生活の質全体を向上させられるかもしれないと考えた。そのためにはまず、社会的つながりと孤独の進化史について解明していく必要があった。

第2章　孤独の進化史

一つひとつの真の友情が、より強固な基盤を築き、全世界の平和を支える。

——マハトマ・ガンジー

平和でないとしたら、それは互いが互いのために存在していることを私たちが忘れているからだ。

——マザー・テレサ

２０１７年の暖かい秋の午後、マイアミの実家を訪ねていたとき、私はアイオワ公共ラジオに電話出演してパーソナリティと孤独について話した。私は聞いたり話したりしながら私有車道を裸足で歩きまわっていた。それは子供のころからの習慣であり、昔はよくこの庭で足の指のあいだに地面を感じながら駆けまわっていた。裸足、実家、そして孤独というトピックから、図らずも古い記憶がよみがえってきた。小中学校のころ孤独感に苦しんでいた記憶だ。この辺りに引越してきたとき、周りに移民は私たちしかいなかったため、文化や伝統を共有できる人がおらず、ましてや理解してくれる人などいなかった。予想していたことではあったが、ここに属していると感じられるまでには長い時間がかかった。

そのラジオ局は、私が数ヶ月前に『ハーバード・ビジネス・レビュー』誌に寄稿した孤独についての記事に反応して連絡をくれたのだった。正直に言えば、あの記事に対する反応は驚くべきものだった。社会的つながりというトピックにビジネス誌の読者の多くが関心を持つとは予想していなかったが、週を追うごとに、世界のあちこちからメッセージが押し寄せた。なぜ元公衆衛生局長官が、喫煙や肥満といった伝統的なトピックではなく孤独について語るのか、理由を知りたいという記者たちもいた。しかしそれよりも多かったのが、孤独を経験したことがあり、そういう感情を抱えていたのは自分だけじゃなかったと知って安心したという人たちからの連絡だった。

そのラジオ番組に電話をかけてきた最初のリスナーはモーリーンだった。「私が話したいのは、久々に大学から実家に帰ってきた娘のことです」と彼女は言った。涙をこらえて声を震わせながら。モーリーンの娘は友達と過ごすことが好きだったが、大学での人間関係は一方通行のように感じると打ち明けてきたという。「昨日の夜、彼女は言ったんです。『誰も私のことについて聞いてこないの。ママ、私は寂しい』。私はどうすればいいか分かりませんでした」。モーリーンは静かに泣きはじめた。彼女のことを思うと胸が張り裂けそうだった。モーリーンは、コミュニティに馴染めるだろうと思って娘を大学に通わせていた。しかしオンライン上でつながり、キャンパスでも人に囲まれているにもかかわらず、彼女は自分が求める本物の充実した関係性を実感することができていなかったのだ。

数分後、中年のロッドが電話をかけてきて、10年前に親友ががんで死んでからというもの、心底孤独感を抱いてきたと語った。そのことは人にあまり話したことがなく、どう対処していいか分からなかったという。孤独の痛みを和らげるものはあるのだろうか、と彼は言う。「親しい男の友人を新しく作るのは難しいからね」。

トラックの運転手として生計を立てているレイチェルが、次の参加者だった。長いあいだ運転手としてひとりで働いてきたため、友達付き合いや恋愛の数や頻度は少なかった。

「すごく孤独を感じているけど、教えてほしいんです、自分に何か問題があるのでしょうか？」

その問いに、私の足は止まった。アスファルトの熱が足の裏をじりじり焼きはじめていたにもかかわらず。私も、まさに同じ質問を何度も自分に投げかけた経験があったのだ。「自分の何が、問題なのだろう？」。子供のころの私は、友達作りが苦手なだけでなく、自分には何か人から嫌われるような要素があるのだと考えていた。自分以外の他の生徒には、打ち明け話をできる誰かが――あるいは多くの相手が――いるように思えたし、自分だけが疎外されているように感じていた。それはまさにこの相談者が語った不安であり、次の重要な問いを投げかけてくるものだった。こうした自分への疑いは、実際の欠点を反映したものというよりも、孤独からくる誤認なのではないだろうか？

ラジオでは、私自身の孤独の経験を語って返答とした。（大人であれ子供であれ）長く孤独でいると、その状態は心に深く染み込んでいく。ほとんどすべてのものの見方に影響を与えるが、特に自分の性格に対する見方に影響を与える。自分ははみ出し者なのだと思い込んでしまう。人と一緒にいても孤独感を抱くのではないかと不安になる。そして何より有害なのは、自分の価値を疑うようになり、自分にどこか本当に悪い部分があって、それが孤独の痛みの原因ではないかと思ってしまうことだ。

長距離トラック運転手や、友人を失って悲嘆に暮れる人や、初めて実家を離れた大学生が孤独を抱える理由は分かる。私がアメリカ郊外の学校に溶け込もうとして社会的な不安を感じた理由も分かる。しかし、何より理解するのが難しかったのは、いまの私のような人間——人に囲まれ、親しい友人、充実した仕事、愛する家族を持っている大人——でも、ときおり昔と同じような社会的孤立感や孤独感に苦しむことがあるという事実だった。なぜ誰もが孤独を感じるのだろう？

孤独博士《ドクターロンリネス》

いまは亡きジョン・カシオポ博士は、孤独を飢えと渇きにたとえた最初の人物であり、孤独は生化学的・遺伝的なルーツを持つ重要な警告のシグナルだと語った。彼の仕事はこの分野で中心的なものとみなされているため、多くの人は彼を「孤独博士《ドクターロンリネス》」と呼んだ。

ジョンと初めて会ったのは2017年、ワシントンDCにあるアメリカ合衆国保健福祉省でのことだった。心の健康やウェルビーイングに関する取り組みの一環として、研究内容を講義してもらうべくチームで招いたのだった。背が高く細身で白髪まじりのジョンは、真剣で集中した表情で話しながら、ときおり温かく無邪気な笑みを浮かべる。

彼が孤独に関して重点的に取り組むようになったのは、大学のころに起こした大きな自動車事故がきっかけだった。ある日運転していると馬とぶつかってしまい、その事故で車は大破し、彼も瀕死の重傷を負ったという。人生の終わりを意識した彼の頭によぎったのは、愛する人たちのことだった。仕事や名声などではなく、愛する人たちのことだった。

この経験は、人生を見つめ直し、研究テーマを再考する契機となった。人生で何より大切なものは愛と、人と人とのつながりだった。その気づきは、当たり前のものであると同時に、深い示唆を与えるものだった。それによって研究の方向性を変え、人間関係の生物学的基盤となるものや、社会的なつながりと孤独との関係に焦点を当てるようになった。

オハイオ州立大学の大学院に進んだジョンは、社会的行動と脳の関係や、心の状態が身体に劇的な影響を与えるという考えに関心を持つようになった。大学院の教授らを含む懐疑派たちは、生物学について心理的要因から考えるというう彼のアプローチを本格的な科学とみなさなかった。社会的要因と神経系にはなんの関連性もない、と彼は言われていた。しかしジョンは、関連性があると確信していた。そして最終的に、大学院時代の旧友であり研究者仲間でもあるゲイリー・バーントソン博士とチームを組んだ。彼らは「社会神経科学」という分野を創設し、生物学的システムと社会的プロセスの相互作用を理解することに尽力した。

孤独に関するジョン・カシオポの仕事は、1999年にシカゴ大学に移ってから加速していった。シカゴ大学で大きな研究プログラムを立ち上げ、みずから社会心理学科を率い、認知・社会神経科学研究センターも作った。そこでの研究は、現代における孤独への理解を変えた。孤独やつながりが生物学的プロセスに与える影響が詳しく説明され、その調査の科学的な厳密さによって、孤独はさらなる研究や注目に値するハードサイエンス（数量化可能な科学）であることが主張された。

孤独を歴史や生物学という観点から眺めたジョンらのチームは、「社会的なつながり」に対する人間の欲求が、単純な感情やその場の都合で生まれるものではないことを明らかにした。その欲求は、人間の数千年にわたる進化に根ざした生物学的・社会的な本能だったのだ。孤独は、その欲求を満たせと伝えてくる警報として進化してきたのだという。

「孤独は氷山のようなものだ」と、ジョンは２０１６年に『ガーディアン』誌のインタビューで語っている。「目に見える部分に意識を向けがちだが、その下には膨大な領域が眠っている。その領域は進化の過程上とても深いところにあるため、目にすることができない[1]」。

進化の道筋

人類の進化という点から孤独について考えるジョン・カシオポの説は、人間が種として生き延びてきたのは身体の大きさや強さやスピードといった身体的なアドバンテージではなく、社会集団のなかでつながりを築く能力があったからだという考察に基づいている。人はアイデアを交換する。目標を調整する。情報や感情を分かち合う。「人間の強みは意思疎通をし、力を合わせて作業する能力だ」と彼は言う。[2]

2011年、オックスフォード大学の人類学者チームが、ジョンの説を裏付ける5200万年前の証拠を発表した。[3] 最初期のサルや類人猿は、これまで一部の科学者たちが考えていたようなペアとしてではなく、オスとメスを含む大きなグループとしてつながっていたというのだ。この研究の筆頭著者であるスザンヌ・シュルツ博士は、それまで夜行性だった霊長類が日中に狩りを始め、天敵に見つかりやすくなった時期からこうした傾向が始まっているという仮説を立てた。周りとつながっておくことの価値は容易に推測できる。数が多いほうが安全でいられるのだ。

『われわれはなぜ嘘つきで自信過剰でお人好しなのか』[4]（ハーパーコリンズ・ジャパン）の著者である心理学者のウィリアム・フォン・ヒッペル博士は、約300万年前にアウストラロピテクスが物を投げる能力を身につけだしたころ、人間の祖先である ヒト科の動物にとっては特にグループでいることに大きな価値があったと教えてくれた。「アウストラロピテクスは軍事史における最も重要なイノベーションを起こした」とウィリアムは言った。「遠くから獲物を仕留める能力を獲得したんだ」。それまでは、至近距離から50人がかりでライオンを棒で殴り倒そうとしても、犠牲率は高かったはずだ。しかし投げる力を身につけたことで、比較的安全な場所から石を投げつけることができるようになった。「遠くから仕留められるようになると、すべてが変わる。グループで力を合わせたほうがいいというインセンティブが働くようになる。力を合わせていっせいに石を投げつけたほうが生き延びやすくなるからね」。

それからの人間は、利点があるため共同作業を多く選択するよう進化していった。協力すると、未来の計画を立てることが可能になる。作業の分担も可能になる。グループになることで、人間の祖先たちは交代でオオカミやサーベルタイガーを見張ることができ、襲われたときは力を合わせて反撃し、トラを撃退して互いの生存確率を高めることができた。狩りや採集で得たものを備蓄し、飢える人間が出る可能性を低くすることもできた。すぐに当時の人類は、周りと離ればなれになると襲われたり飢えたりする可能性が劇的に高くなることを学んでいった。

しかし、集団でいる理由はそれだけではなかった。グループのなかでつながると、各自が交尾できる数と安全が確保され、部族の増殖・存続が可能になっていった。さらに、信頼できる大人たちがひとつの大きな家族のように子育てを分担することによって、部族の生存を守るのにも役立った。部族の子供たちを教え、守るという仕事は、各自でやるよりも力を合わせておこなうほうが効率的だった。そのため個人のみならず種全体も、社会的なつながりに生存がかかっていたのである。

だが、つながりは生存の確率を高めるだけでなく、イノベーションの確率を高め、種の創造性を強化するものでもあった。「人間は、たとえいますぐ何かが得られるわけではなくとも、考えていることを他者と共有するようになった地球上で唯一の動物だ」とウィリアムは言った。そんなことを人間がおこなう理由は、それが共通認識を築き、互いをより良く理解するのに役立つからであり、長期的には協力関係や効率面でもアドバンテージになるからだ。

ともに作業をすることにより、人類の祖先たちは個人では途方に暮れてしまうような技術的な問題を解決し、その解決策を共有することで繁栄や向上を続けてきた。火の使い方を議論したり、広大な川をいかだで渡る方法を見つけたりしたときの興奮は計り知れないものであっただろう。

それから、感情にまつわる情報も大切だった。この人は獲物を寛大に分けてくれるだろうか？ あの母親は子供たちに優しいだろうか？ あのボスは信頼できるだろうか？ 助け合うために相手を信頼してよいだろうか？ 「人は感情的な共通認識を形成するように進化していった」とウィリアムは言う。そして、そうした共通認識を記録し育んでいくために物語というものが発達していった。「自分たちの感情的な反応を周りと共有できるようにね」。

私たちの祖先の初期設定が「人とつながり合うこと《トゥギャザネス》」だった点は指摘しておく価値があるだろう。人類学者たちの推定によると、狩猟採集民は時間の3分の1を仕事に、3分の1を社交や子供との遊びに、残りの3分の1を睡眠に費やしていた。ほとんど離れることがないため、物語を交換する時間がふんだんにあった――そしてその状態を好んでいた。

「さらに人は、ひとりでいることを不快に感じるように進化していった」とウィリアムは言う。「そうして初めて、孤独が問題とされるようになったのだろう」。そして、ここでも「物語」が役に立った。

たとえ他者がそばにいなくても、物語は人とのつながりを感じさせ、帰属意識を高める。このことはストーリーテリングが人間の価値観や目的意識やアイデンティティを強化し、心の絆を育むのにとてつもなく大きな役割を果たしている理由の説明にもなる。最初に洞窟画が描かれて以降、人類は言葉や絵や音楽や儀式を通して自分たちの経験を物語に落とし込み、何世代にもわたって受け継いできた。これらの物語は、人類が自分たちのことを理解するのに役立つ。困難との戦いに意味を与えてくれ、苦しみや不安への慰めを与えてくれる。人と人をつないでくれる。

それはつまり、人間の社会的な進化は、身体的な進化と深く結びついていることを意味している。しかも、こうしたシステムは現代の人間の集団心理にも組み込まれている、とウィリアムは言う。「自分の知識や感情を分かち合うことができなければ、私は孤独を感じるだろう」。

ジョン・カシオポによれば、それは孤独が「人類を種として規定している社会的なつながりに注意し、気を配れ、というシグナルとして機能している」からだという。[5] 人がそのようなつながりに属していると実感するのは、密接に結びついたグループや家族といて「家のよう」に感じているときだ。私たちは、物語、感情、記憶、心配事などを共有することで帰属意識を感じるようにできている。だからこそ、真の友情や愛でつながると、私たちの身体はリラックスし、気分が高揚する。強い人間関係は、人生に喜びと意味を与えてくれるだけでなく、健康、気分、パフォーマンスにも良い影響を与えるのだ。そうした関係によってストレスが和らぐだけでなく、たとえば病気や転職や愛する人の死、あるいはその他の大きな転機など、人生に訪れる不可避の試練に対する支援やサポートを得られる可能性も高くなる。人とのつながりが強ければ強いほど、私たちの文化は豊かになり、社会もより強固になる。

つながりを求める本能

つながりや孤独感が進化のうえで必要なものであったことは理解できた。次なる疑問は、このような本能がどのように起動するのか、ということだった。意見を仰ぐため、ロサンゼルスのカリフォルニア大学でゲノム科学を研究するスティーブ・コール博士に尋ねた。社会的なつながりが健康を増進させる理由を、生物学的にはどのように説明できるのだろう？

安全性が増すとか食料を安定的に確保できるといった実際的な理由以外では、人とつながることには身体のストレス反応を減らすという利点がある、とスティーブは言う。人助けのような向社会的行動は、不安や怯えを減らし、より安心感を与えてくれる。さらに彼は、人とつながりストレスの少ない状態が人間の初期設定になっていると言う。人間は生物学的に、人と一緒にいるほうが心地よいだけでなく、人と一緒にいることが普通だと感じるようにできているのである。

このメカニズムを支えているのが、オキシトシン、ドーパミン、エンドルフィンといったホルモンや神経伝達物質を介した体内の反応だ。ギリシャ語で「quick birth（迅速な出産）」を意味するオキシトシンは、妊娠、出産、授乳、母子間の絆形成に働く物質として知られている。この物質は、不安やストレスを軽減してグループ内のつながりを促進する一方で、グループ外部の人間に対する警戒を高めることも明らかになっている。それはつまり、強い絆をさらに強くし、弱い絆をより弱くするものだといえる。[6] エンドルフィンとは自然界の鎮痛剤のようなもので、痛みの感覚を減らし、多幸感や恍惚《こうこつ》感をもたらす。エンドルフィンは、痛みを感じているときや運動をしているとき（たとえば「ランナーズ・ハイ」のとき）などに分泌されるが、人の身体に触れたり、他者とシンクロして動いたりするときにも分泌される。だからこそ、ダンスと恋愛はとても相性のいいパートナーなのである。さらに脳の報酬系にとってのキープレーヤーであるドーパミンは、人とのつながりを強く後押しするものであり、孤立状態になると増加して、仲間を探せと促してくる。[7]

人間が常に社会的なつながりを意識しているようには思えないかもしれないが、実際には思った以上に意識している。スティーブ・コールと同じカリフォルニア大学に、神経科学の専門家マシュー・リーバーマン博士がいる。この20年のあいだ、彼は磁気共鳴機能画像法（fMRI）を活用し、話したり、ハグをしたり、数学の問題を解いたり、ひとりで座っているときの脳の活動を研究してきた。そうして彼が発見したのは、社会的思考と非社会的思考は異なる2つのネットワークで処理されているということだった。2つのネットワークを行ったり来たりする様子を彼は「神経のシーソー」とたとえている。確定申告の準備をしたり、化学の宿題をしたり、橋の設計をしたりしているときは、非社会的な回路が活動的になる。一方で友人に会ってランチをしたり、子供の宿題を手伝ったりするときは、社会的な回路に切り替わる。

しかし彼は、くつろいで何もしていないときはどうなるだろうと疑問を抱いた。人間の初期設定は、どんなネットワークなのだろう？　答えは驚くべきものだった。

「なんらかの非社会的な思考を終えるたび、ほとんど一瞬のうちに社会的な思考のネットワークが反動のようにして戻ってくる」とリーバーマンは『サイエンティフィック・アメリカン』誌で語っている。[8] 言い換えると、「世界を社会的なものとして見る準備をしておくこと――何もしていない状態の脳にとってそれが最適であると、進化の過程は判断してきた（中略）人間は社会的な生き物になるよう作られている」。

これはつまり、人間は常に次の出会いや、恋愛や、衝突に備えているという意味だ。たとえ自覚がなくとも――自分は極度に内向的だとかタスク指向型だと思っていたとしても――ほとんどの時間、人間は他者のことを考えて過ごしている。その大きな理由は、他者との関係が自分を規定しているからだ、とリーバーマンは言う。

彼はこの点について、眉間の奥に位置する内側前頭前野という領域を取り上げて解説している。この領域は、自分のことを考えているときや、何を着るかや自分の外見をどう感じるかといった個人的な判断をしているとき、あるいは好きな色や趣味など個人的な好みを味わったりしているときに活動が活発になる。脳科学者が「セルフ・プロセシング(self-processing)」と表現するこの活動には、過去の経験や感情を思い出すことも含まれている。これは人のアイデンティティを形作る作業であり、完全に自己完結した働きのように見える。しかし実際はそうではない、とリーバーマンは言う。

もしセルフ・プロセシングが完全に自分の内側に向いたものであったとしたら、他者に注意が向いているとき内側前頭前野の働きは停止しているはずだ。しかし実際に起こっているのは、その正反対のことである。他者と関わっているとき、この内向きであるはずの領域の働きが活発になるのだ。つまり、人と関わることを通しても、自分自身を定義しようと試みているのである。

リーバーマンは、この点について踏み込んで解説している。彼によれば、私たちのアイデンティティというものは、社会的なスポンジのように、周りからの影響を取り込んでいくのだという。もちろん、誰もが同じように影響を受けやすいわけではないが、誰もが一定程度の影響を受ける

――自覚があるかどうかは関係ない。そしてこちらに良い印象を与えようとか説得しようとしてくる相手に関心を持っているほど、その相手の考えに影響されやすくなる。このプロセスをリーバーマンはトロイの木馬作戦にたとえている。「闇に紛れて、本人も気づかぬうちに、他者の考えを取り込んでしまうものなのだ」[9]。

このように、人間の脳はつながりを求め、他者に意識を集中させ、周りの人間を通して自分を定義するように進化してきた。これには良い点も悪い点もあるように思える。尊敬し信頼する相手からスポンジのように取り込むなら素晴らしいが、詐欺師や敵であったらどうなるだろう？　あまりに多くの人からの「吸収過多」を食い止めるにはどうすればいいだろう？　人が繁栄していくために他者の存在は間違いなく必要だが、人とつながる能力が無限にあるわけではない。人間の進化は、社会的な関わりが増えすぎるのを防ぐなんらかのメカニズムを生み出しているに違いない。

もちろん、そうしたメカニズムは存在する。

味方か敵か

ジョン・カシオポは、このジレンマについて２０１７年に『アトランティック』誌のインタビューで語っている[10]。最初期の人類は「全員が一様に他者に対してポジティブな姿勢だったわけではない。人は他人を利用したり、罰したり、脅したり、強要したりし合うものだ」。もしも他者に対してポジティブな姿勢しか持たなかったら、命に危険が迫ることになる。「味方である相手を間違って敵だと判断してしまった場合は、あまり問題ない。その相手と友好関係を築くことは遅れるだろうが、生き延びることができる。しかし間違って敵を味方だと判断してしまった場合、命を失いかねない」。

だからこそ、人間にはつながりを持つよう促す神経ネットワークだけでなく、誰とは友好関係を築かないでおくかの判断をサポートするメカニズムも必要だった。ジョン・カシオポが示唆しているように、このメカニズムの要点は、相手を信頼するかどうかを判断すること――具体的には、相手が信頼できる人物かそうでないかを瞬時に見分ける能力にかかっている。人間は、生まれて1年目の途中からこの能力を身につけはじめる。

乳児の研究者たちによると、生まれてすぐの段階では、社会的なスポンジである人間の脳は、誰であろうが全員に注意を向けている。新生児はなんの好みの偏りもなく生まれてくる。あらゆる顔に引きつけられ、最初の1~2ヶ月は、ほとんどどんな顔にも関心を持つ。[11]猿の顔にも、父親の顔と同じように注意を向ける。[12]さらに、乳児はそれぞれの顔を見分ける驚くべき能力を持っている――猿の顔でさえ一匹ずつ見分けられる。どんな人種であっても可能だ。たとえば、生まれて1~2ヶ月の白人の乳児は、アジア系であれアフリカ系であれ、人種が同じ人でも顔を見分けられる。はじめの時点では、世界の全員がひとつの信頼できる家族かのようだ。

しかし生後3ヶ月ほど経つと、乳児は自分の家族の人種や民族の顔を好むようになることが明らかになっている。研究者たちの言う「知覚狭小化（Perceptual Narrowing）」のプロセスが始まり、信頼できる小さなサークル以外の人の顔を見分ける力が低下していく。その結果、乳児は他人種の人たちの顔は区別できなくなっていく一方で、自分と最も近く親しい人たち――自分が最も頼っている人々――のちょっとした微妙なシグナルには、より敏感になっていく。[13]

人間の関わりとは複雑なものなので、この狭小化には実際上の利点がある。乳児が保護者と強いつながりを育むためには、保護者のボディランゲージ、声のトーン、話し方のパターン、表情、目の動きといったシグナルを読み取れるようになる必要がある。母親の感情的な反応や、兄弟の信頼性や、父親の気分を知るすべを身につけなければならない。また、家族の面々の絆を深め、自分の安全や信頼感が強まるシグナルも察知できなければならない。こうした生まれて間もないころの学習が愛着や関係や愛の基盤となっていくが、それを学ぶには脳に大きなパワーが必要になる。知覚狭小化は、そうしたパワーを集中させるのに役立つのだ。

現在の最も洗練された人工知能であっても、こうした複雑なシグナル認識には太刀打ちできず、ましてやそうした認識が脳内を巡ることで発生する人間の深いつながりにかなわないことは指摘しておく価値があるだろう。この点こそ、テクノロジーを利用したソーシャルネットワークが――おそらくはこの先も――対面でのコミュニケーションよりも劣っている理由のひとつである。

しかし、乳児の関心外となった馴染みのない顔についてはどうなるのだろう？　そうした人種や民族の顔はだんだん見分けられなくなっていく。主にひとつの人種と接してきた乳児たちを調査した研究では、９ヶ月を過ぎたころの白人乳児は中東の人間の顔を見分けることができず、[14]

中国人の乳児にも白人の顔がどれも同じに見えていることが明らかとなった。[15] 人は他の人種や民族と接することで、顔を見分けることに慣れてはいく。だがその識別能力は、生まれたときほど万能には戻らない。生まれて間もないころの経験から、人間は自分にとって最も重要な人に注意を向けるようになっている。

似たような選別のプロセスは言語にも起きている。人間は地球上のどんな言語にも適応できる可能性を持って生まれてくる。しかし時とともに、自分の種族のなかで耳にしている言語——信頼できる人々とコミュニケーションをとって安全を確保するために習得しなければならない言語——以外の能力は失われていく。そのため、多くの人にとっては歳を重ねるにつれて外国語の習得が難しくなっていくのである。

部族で暮らしていた祖先の時代には、この知覚狭小化は帰属意識を高め、敵かもしれない相手から身を守るという決定的に重要な目的を持っていた。では、部族からはぐれたり、信用ならない部外者たちのなかにひとりで取り残されたりした場合はどうなるだろう。まさにそうした瞬間に、孤独の裏に潜む「過覚醒(強い警戒状態)」が顔を出すとジョン・カシオポは言う。

孤立した場合であれ見知らぬ人々に囲まれた場合であれ、最初に孤独の兆候が見えたとき、交感神経系が警戒態勢に入り、不安が引き起こされ、ただちに闘争か逃走かの準備が始まる。このストレス反応の中心となるのが、エピネフリンなどのカテコールアミンと呼ばれる神経伝達物質の急増だ。こうした物質が体内を駆けめぐり、瞳孔や気道を拡張させ、心拍数や筋肉、心臓、脳への血流を増加させる。さらに視床下部-下垂体-副腎(HPA)軸も活性化される。信号が脳の視床下部から下垂体、副腎へと流れていくと、鉱質コルチコイドとコルチゾールの分泌が促され、血圧や血糖値が上がり、すぐに使えるエネルギーが確保される。このことからも分かるように、人間の身体は、孤立した状態や、ときには孤立の危機を感じるだけですら、緊急事態だと読み取るのだ。

祖先たちは孤立して強い警戒状態になると、敵の存在を示すシグナルかもしれないわずかな物音、におい、光の揺らぎを察知できた。肺にも通常より多くの酸素を取り込むことができるようになる。筋肉は普段以上の力やスピードを発揮することができ、心臓は、より多くの血液と酸素を重要な器官に送ることができた。そして怪我や感染に備えて免疫システムが活性化された。つまりこれは、全身が自己保存に尽力している状態だ。身近なシグナルに注意を絞り、欲望や疑問や内省といった余計な思考は脇に置き、夜間に敵から襲われないように眠りは浅く断片的に保たれる。

こうした強い警戒状態は、大いなる危機が迫るときには命を救うものとなりうるが、身体には大きなストレスがかかる。長期間続けられるものでもない。時間が限られているという特徴があるからこそ、取り残された人間はすぐに仲間のもとへ戻ろうとするのである。

孤立から引き起こされる強い警戒状態は、何千年もかけながら人間の神経系に組み込まれていき、私たちに孤独を不安だと感じさせるようになった。孤独を感じると、いまだに私たちの身体は、ツンドラ地帯でひとり野生動物や未知の民族に囲まれたかのような反応をしてしまうのである。そして孤独感が続くと、短期間身を守るために急増したストレスホルモンが心血管系のストレスや全身の炎症を強めてしまい、長期的な破壊をもたらしはじめる。組織や血管に傷がつき、心臓病やその他の慢性疾患のリスクが高まることになる。研究では、孤独感が白血球の遺伝子発現に変化をもたらすことにより、炎症が強まってウイルスへの抵抗力が低下することが分かっている。[16]

ジョン・カシオポは、孤独がさらに別の形でも精神的・肉体的疲労を引き起こすことを教えてくれた。それが睡眠の質の低下だ。孤独感が強いと、私たちの祖先が狼や敵に襲われまいとやっていたのと同じように、眠りが浅くなり、頻繁に目を覚ます傾向にある。ジョンのチームは、よく研究をともにするシカゴ大学の心理学者ルイーズ・ホークリー博士らと、孤独な人は夜のあいだ何度も深い眠りから覚めること、そして自分ではよく寝たと思っていても、こうした微弱な覚醒によって睡眠の質が低下し、疲労感やいら立ちが残ることを突き止めた。[17]

孤独が「心臓を壊す」とき

孤独感に対する身体の普遍的なストレス反応の目的は、生存の確率を高めることだ。しかしその反応があまりにも長く続いたり、突然かつ強力に起こったりすると逆効果になりうる。そんな極端なストレス反応の例のひとつが「たこつぼ症候群」、または「ブロークンハート症候群」と呼ばれるものだ。

１９９０年に日本で初めて報告された「たこつぼ症候群」は、たこつぼの形から名付けられたものだ。極度のストレス（たとえば大きな悲しみ）に襲われたときに、心臓でいちばん強いポンプの役割を果たす左心室の一部が収縮しなくなり、普段とは違うたこつぼのような形になる症状を指している。

喪失による大きな悲しみは多くの人が人生のどこかの段階で経験しているが、愛する人を失ったときの孤独感は、特に精神面での力強いサポートがあれば時間の経過とともに弱まっていく。しかし稀《まれ》に、たとえば取り残された（あるいは見捨てられた）というショックが、まさに文字どおり心臓を壊してしまうことがある。

感情的な苦痛が引き起こす身体への影響を私が思い知ったのは高校生のころだった。母方の祖父が突然、心臓発作でこの世を去ってしまったのだ。私は彼と非常に親しくしていたため、その死は自分にとって初めての大きな喪失だった。私は打ちひしがれた。それは祖父と一緒に大変な環境下で育ってきた、祖父の弟のヴァサナも同じだった。母親は彼らが幼いころに亡くなっていて、父親が再婚した女性は、この兄弟の世話をまったくせず虐待したのだった。ふたりはしょっちゅう腹を空かせ、まともな服やベッドも与えられないことが多かった。誰かが助けてくれるようには思えず、ふたりは何年ものあいだ互いに支え合っていた。人生を通して双子のように親密な関係であったため、祖父が死んだとき、その喪失はヴァサナにとってあまりにも大きすぎるものだった。彼は兄の訃報を聞いて一目散に駆けつけた。生涯ずっと一緒だった兄の遺体を目の前にして、ヴァサナは悲しみに打ちのめされた。

「僕を残して死ぬなんて」。彼はそう言って、涙が頬を伝った。するとそのとき、彼は胸を押さえて倒れてしまった。それからしばらくして、彼の死が宣告された。

10年後、研修医だった私はヴァサナのことを思い出していた。感情的な苦痛が原因で突然心不全を起こす患者たちを診るようになったからだ。私が目にしていたのは、たこつぼ症候群の一例だということを知った。喪失直後が最も衝撃が強いため、愛する人の死の直後というのは発症する可能性がいちばん高くなる。

どうして心臓は、喪失に対してこのような反応を示すのだろう？　専門的に言えば、悲しみの衝撃によってエピネフリンなどのストレスホルモンが体中に分泌され、心臓が拡張し、ポンプのように血を送り出す機能が一部失われてしまうからだ。流れが滞ると血液は肺にたまり、呼吸困難を引き起こし、やがて全身がむくんでいく。たこつぼ症候群にともなう胸の痛みや息切れは、心臓発作と同じように感じられることもある。そのため、適切な治療を受ければ基本的には生存可能な症状であるにもかかわらず、誤診されてしまうことも多い。

しかし、なぜ喪失感がこうしたホルモン分泌のきっかけとなるのだろう？　簡単に言えば、これは救助を要請する合図だ。私たちの遠い祖先が仲間たちからはぐれ、何が起きるか分からない荒野にひとりで立ち向かわねばならなかったときに経験したストレス状態の生化学的な名残《なごり》である。喪失は、強烈に濃縮された孤独を味わうようなものなのだ。

孤独のパラドックス

孤独が健康にこれほどの悪影響を及ぼすのだとしたら、社会的な孤立の兆しを察知した瞬間に、あらゆる手を尽くして人とつながろうとするのが理にかなった行動のように思える。そして多くの場合、まさにそうした行動がとられている。生物学上のプロセスが設計どおりに機能しているとすれば、孤独の兆しを察知して不安を感じたとき、「味方」を見つけようという動機が生まれる。母に会うため実家に帰ったり。配偶者にハグをしたり。隣人に手を貸したり、古くからの友人に電話をしたり。信頼できる人を見つけてつながることができ、その人がこちらに応じて心からの理解を示してくれたら、孤独感は減り、ストレス状態も弱まっていく。多くの人はこのようにして、引越しや転校や転職にともなう喪失感など、さまざまな場面における孤独感を切り抜けていく。

しかし、こうしたつながりを見つけたり作ったりするのは簡単なこととは限らない。慢性的に孤独感を抱いていると、自覚していようがいまいが、多くの人はひきこもりがちになる。孤独感を抱いていると脅威に対する反応が敏感になるため、人を遠ざけることもあれば、良い社交の機会であってもそこにリスクや脅威を感じるようになるのだと、ジョン・カシオポは明らかにした。故カシオポの妻であるステファニー・カシオポ博士も神経科学者としてジョンと密に研究をおこなってきた人物であり、シカゴ大学で孤独に関する彼の研究を継続し拡大する役割を担っている。彼女によれば、孤独感を抱いている脳は、そうでない脳に比べて2倍も早く社会的な脅威を察知するのだという。[18] こうした反応は、進化によって設計された「孤立を防ぐ」というメカニズムとは対照的な反応に思えるかもしれないが、進化の観点からは理にかなっている。

私たちの祖先が安全なグループからはぐれてしまった場合、命に危険が迫る可能性があるため、どんな小さな脅威にも防衛的に反応する必要があった。しかし現代でも同じような強い警戒状態でいると、無害である場合や、ともすれば好意的な人や状況すら脅威だと誤解してしまう可能性がある。自己保存モードになってしまうと、救いの手を差し伸べてくれる人も避けたり信用しなくなったりしてしまう。孤独感が長く続いた状態だと、誘いを断ったり、電話に出なくなったりすることもある。

こうした警戒状態は自分の欲求や安全に強くこだわるということでもあるため、周りからは自分のことばかり考えているように思われたりもする。脅威に敏感になることと、自己への固執が高まること――この2つは警戒状態を物語る重要な要素で、孤独感を抱く人と関わることを難しくしている。

そしてそうした行動が負の影響を招く。手を貸そうとしてくれた人が背を向けはじめ、さらに孤独感が増していくのだ。やがて疑念や嫉妬や恨みという負のサイクルにとらわれてしまう。こうして孤独はさらなる孤独を呼び、ちょっとしたヒビから完全なる孤立へとつながっていく。こうした状況への解決策は、孤独感を抱いている人に対してパーティに行けとか、「人と一緒にいよう」と伝えて済むような簡単なものでないことは明らかだ。

スティーブ・コールは言う。「何が壁になっているかと言えば、私たちが昔から続く人間の初期設定とは異なる生活文化を作り上げてきたことだ。人間の初期設定はリラックスして気楽にしている状態であり、そういう状態ではつながりを築くことに前向きな姿勢がある。しかし現代でそんなふうに感じている人は少ない。ゆっくりと腰を落ち着けて隣人と話すなんてことも一般的でなくなってきている。代わりに、常に効率よく作業を終えることばかりに躍起になっている。だから現在の私たちの状態は、人間をサポートするために生理機能が設計してきたものとは異なると思う」。

孤独感は、世界に脅威を感じるときに生まれるネガティブな感情を倍加させる。ますます多様になり流動性も高まっている現代では、つながりの欠如による孤独がさらに際立つ。馴染みのない人たちのなかにいてストレスホルモンが急増すると、文化的なバイアスや、人種的なステレオタイプ、そして差別的な習慣の影響をより受けやすくなるかもしれない。社会が発する信号を読み誤り、存在もしない社会的な脅威を感じたりする。そうしてささいないら立ちが、過剰な反応につながったりする。ペンをどこに置いたか忘れたり、うっかり何かをこぼしてしまっただけで怒りに火がついたり、世界が崩壊したかのような気分になったりすることもある。自分がいる車線に割り込まれただけで個人的な攻撃のように感じることだってある。そのため引越しや転職や転校をしたときは、周りがみんな近寄りがたい別の「種族」のように感じられ、その孤独感によって友人関係を築いていくのが特に難しくなるのである。

では、孤立を感じたときでも、身体がもっと別の反応を示すように鍛えることはできないのだろうか？　この点についてカシオポ夫妻が研究した結果、孤独に対して万人が等しい反応を示すわけではないことが明らかとなった。生まれたときからずっと孤独だったと感じる人もいる一方で、ごくたまにほんの一瞬しか孤独を感じない人もいる。孤独が大きな苦痛だと感じる人もいれば、それほど痛みを感じない人もいる。進化という観点で言えば、こうした差異があるのは良いことだ、とジョンは語っている。なぜならコミュニティのなかに「つながりの欠如は苦痛なので積極的に村を守ろうとする人たち」のみならず、「持ち帰ったものを共有できるようなつながりは保っておきたいと願いながらも、進んで外へ冒険に出る人たち」も生まれるからだ。[19]

しかし、そうするとさらなる疑問が湧いてくる。こうした差異はなんらかの選択の結果なのだろうか、あるいは生まれつきの条件の違いなのだろうか。たどってきた人生によって、人を信用しなくなったりするのだろうか。それとも遺伝子によって決定されているのだろうか。

カシオポらは初めて孤独についてのゲノムワイド関連解析をおこない、2016年に『ニューロサイコファーマコロジー』誌で発表した。[20] 彼らは、経験や状況ほどではないにせよ、遺伝子が慢性的な孤独感に影響を与えていることを認めている。50歳以上の1万人以上のデータを調査した結果、状況によってときおり孤独を感じるのではなく、生涯を通して孤独を感じるという場合、出現頻度の高い遺伝子変異体を調べると14〜27パーセントの遺伝性があると結論づけた。双子の研究を含めた他の研究では、孤独感の遺伝率は55パーセントにも上るとされている。[21] しかし、孤独感というのは独立した症状ではなく、感情の反応であるという点は指摘しておかねばならない。ジョン・カシオポは次のように語っている。「遺伝しているのは孤独感ではなく、つながりの欠如に対する痛みの感覚だ[22]」。

つまり彼が言っているのは、孤独感というものは、遺伝子や、過去の経験や、現在の状況や、自分が属している文化や、自分の個性などが複雑に組み合わさって生まれるものだということだ。ある日の孤独感の原因が、これらのどの要素であるかを特定するのはほとんど不可能に近い。

孤独感に対処するという難題は、孤独感が不安障害やうつ病と重なったり、それらに付随したりすることが多い点を考えると、さらに厄介《やっかい》になる。これらの症状が同時に存在すると、似たように見えることが多いため混乱してしまう。どれも気分にネガティブな影響があり、社会的ひきこもりを招く可能性がある。また、こうした症状は互いに悪影響を与え合い、うつや不安によっていままで以上に人とつながることが難しくなり、さらに孤独による痛みを深めてしまう。

痛みの真相

ロンドンに暮らすミシェル・ロイドは、うつ病や社交不安症と孤独感がセットになっている状態がどういうものかを熟知している。人生の大半でこの3つに悩まされてきたのだ。現在30代の彼女は、人事部のマネジャーとしてメンタルヘルスをテーマにしたブログを書いている。彼女がブログを書く目的のひとつは、こうした3つの症状を持つ人たちが社会的にどういう反応を示すか理解を広めることだ。孤独感が、うつや社会不安とどう違い、どういう部分では重なっているのかを説明するのは簡単なことではなかった。

「区別するのは本当に難しい」とミシェルは言う。「孤独であることはメンタルヘルスに問題を引き起こす可能性がある。また一方で、メンタルヘルスに問題があると孤独感に影響されやすくなる。うつや不安と向き合っているときに自分自身を理解することだってすごく難しいのに、自分以外の誰かに理解してもらうなんてなおさら難しい。心の不調に苦しんでいるとき、私は人を遠ざけてしまう。色眼鏡で見られるのが怖かったり、正直に話したくなかったりするから。それによって友人を失っていき、そうすると孤独感が長く続いていってしまう」。

それは残酷なサイクルのように聞こえた。私はいつから悩むようになったのか尋ねた。

「初めて孤独を感じたのはかなり幼いころだったと思う。自分は周りの子たちとどこか違うと感じていた。だから、他の子と比べて私はひとりでいる時間も多かった。両親も離婚した。それで私は、本当にすごく孤独だった。話し相手が誰もいないように感じていたから」

うつはいつから？

「大学2年生のころにうつと不安症状が本格的に深まった。長い期間家に閉じこもって、ほとんど人付き合いをせず、その理由を誰かに伝えることもせず、家族にも友達にも、誰にも秘密にしてた」

卒業後、ミシェルはマンチェスターで暮らしていた。「仕事をしていたけど、恋人と別れたばかりのころだった。大きな孤独と心許なさを感じていた。もう誰かと一緒にいるなんてうんざりだと思っていた。自殺したいとは思わなかった。ただただ求めていたのは感情を停止させて、人生に向き合うのをやめることだった」。

最終的に、彼女は相談した医師から抗うつ剤を処方され、それ以来ずっと服用している。「だけど、多くの人はただ話し相手を求めてるだけ。カウンセリングも受けたことはあるけど、私にとっては個人的な話し相手という感じではなかった。でも、私の友達になりたいと思う人なんているのだろうか？　私と仲よくなりたい人なんているだろうか？」。そうして孤独感が増していく。

「孤独を感じれば感じるほど、周りはみんな自分を嫌っていると思うようになるから、人と接触しようとしなくなっていく。そんな悪循環に陥《おちい》るの」

これらと社交不安はどのように関係しているのだろう？

ミシェルはグループの人数が多いと不安になると教えてくれた。「たとえば3～4人以上になると、すごく不安になる。友達とイベントに出かけると、とても居心地が悪くなったりパニック発作を起こしたりして、その場を立ち去ることがよくあった。もう、その場から抜け出すしかない。逃げ場のない状況は本当に大変。だから、家に帰る方法や抜け出す方法をしっかりと考えておく」。

「不安を感じる状況にいるときは、すごくひとりになりたいと感じる。それはすごく失礼だったり、ずいぶんよそよそしく見えたりするかもしれない。でもそれが自分の対処の仕方なの。このことについて友達にはかなりオープンにしてきた。『1時間くらいでも寄れるなら』とか『最後までいる必要はないからね』と言ってくれるのは助かる」

皮肉なことにミシェルは人といることは好きなのだ。しかし彼女にとっては、そのつながりの質が重要になる。彼女の愛する友人たちは、彼女がうつや不安とどのように向き合っているかを理解していて、彼女の苦労を軽んじたり、恥ずべきことだとみなしたりしない。

「限られた数の人には正直になれたし、相手も理解してくれた。ときどき少し自分の弱い部分を見せることには利点があると思う。オープンな態度で人とつながるのであれば、そういう部分はどうせ見えてくるものだから。ありのままの自分でいることや人付き合いを避けていたら、孤独感が延々と続くことになる」

逆に言えば、ひきこもりがちになるのは、彼女のうつが悪化しているシグナルでもあるという。「その合図には気づくのが遅くなってしまうことが多い」と彼女は認めている。「私は家族とすごく仲がいいんだけど、家族からの電話をとらなくなったら、かなり気分が落ちかけている可能性がある。好きな人を避けはじめたら、悪いサイクルに入りかけていると分かる。まだ仕事には行けるけど、それは文字どおり仕事に行って、終わったらまっすぐ帰ってきて、一日を乗り切っているだけ」。

孤独感に襲われずにうつや不安に対処する方法として、何か他にないかと尋ねてみた。人付き合いが大切だ、と彼女は答えたが、それは本当に親しい友人たちに限るという。「携帯とかパソコンのメールで、『ねえ、先週末はちょっと大変だったから、今週コーヒーでも飲みにいかない？』って連絡するの。嫌だ、誰にも会いたくないと全身が訴えていても、頑張って送る。それから周りの人に対して、もう少し正直でいようとも心がけてる。相手がこちらの状態を理解し、共感してくれたら、そこには絆が生まれる。友達を作ること自体が目的じゃないの。相手と自分をひとつにする、つながりのようなものが必要になる。それは自然に生まれるものでなくちゃならない。絆を強制することはできない」。

つまり、こうやって人と連絡をとるためには、うつや不安という内部の反応を抑える必要があるようだ——しかし努力してでも連絡をとるのは、そうした関係に癒やしの力があることを知っているからである。

「それにはすごく気力がいる」と彼女は認めている。「自分のなかにある恐怖を乗り越えなくちゃいけないから。でも、自分のある種のコンフォートゾーンから少し抜け出してみると、報われることもあると分かった。ここ数年で、ずいぶん多くの人が似たような問題を抱えていることを知った。自分のような感じ方はおかしなものでも珍しいものでもない。実はすごく一般的なこと。みんな口に出して話さないだけ」。

ミシェルの物語はうつと社会的不安と孤独が感覚としてどのように違うかを明確にするのに役立つものであったが、それでも疑問は残る。どうしてこの3つは密接に関連していて、ひとつに括《くく》られることが多いのだろう？　孤独がうつの大きなリスク要因であることは知られているが、この2つは不運な人にたまたま重なって生じるのだろうか、それとも大きな関連があるものなのだろうか。

こうした問いを、ニューヨークの心理学者で『感情の応急手当て』（未邦訳／*Emotional First Aid*）の著者であるガイ・ウィンチ博士に尋ねてみた。

「私はどちらかというと区別可能な症状だと考えている」と彼は言った。「孤独を感じていても、自分を忙しくしておくための作業や、趣味や、仕事に強い関心を持ちつづけることはできる。うつの人は、何に対しても活力や関心や情熱を持てなくなる。それは世界に大きく広がる全体的な傾向だ」。

「どうしてそれらの症状はよく似ているのでしょう？」と私は尋ねた。

「長くうつ状態の人は、人との関係を育んできていないため、やがて孤独になってしまうことがある。孤独な人も、その孤独が深まるとうつ状態になることがある。それに、孤独というものは簡単に深まっていく」

一例として、ガイはセラピーにやってきた男性のことを話してくれた。その男性は自分がうつだと思っていたが、実際には配偶者とのつながりの欠如を感じていたのだった。そして配偶者とのつながりをふたたび持つことができると、気分の落ち込みも解消したという。「本当の問題は孤独であり、うつじゃなかったんだ」。

ガイは続ける。このような状況の場合、「私はその人と一緒につながりを作ることに注力する。これまでとは違った形で配偶者とつながったり、充実した形で昔からの友人とつながりを築いたりしてね」。

一方で、うつ状態が重くても、人とは密につながっている人もいるという。「愛してくれる配偶者がいて、うつ状態になるまでは、その人とのつながりを明確に認識していた。うつ病になってからは、周りから孤立し距離があるように感じてしまうが、状態が回復すると、ふたたびつながりを感じるようになるはずだ」。

社交不安については、個人の人生経験が遺伝子と同じくらい重要な役割を果たす。孤独感については人間関係が助けになるというのがひとつの基本的な前提となっている。しかし、どんな関係でも望ましいわけではなく、なんでも人とのつながりを感じられるわけではない。スティーブ・コールは言う。「人間は他の人間にとって大きな財産だが、大きな脅威にもなりうる」。

ジョン・カシオポは次のように表現している。「人はつながりを持つよう動機づけられている。

しかし手当たり次第につながると死を招く可能性がある。だから神経メカニズムが介入し、つながることに多少の懐疑や不審感を持つようにできている」[23]。そしてこれまでの関係において何度も深く傷つけられていたとしたら、その神経メカニズムは苦痛をともなうほど強力になる可能性がある。

虐待をする家庭や、子供に無関心な家庭で育ったとしよう。そうすると知らない人間を信頼することが難しくなるかもしれない。そうして、当然ながらまた傷つけられることを恐れ、新しい人付き合いに極度の不安を抱く可能性がある。

孤独の影響を分子レベルで研究しているコールは、脅威を何度も、あるいは長期にわたって経験すると、実際に脳が変化すると指摘している。心に傷を負っている人は、「脅威や拒絶に対する一種の神経生物学的な敏感さ」が高まる。この敏感さは、生まれつき社交不安を抱えている人の本能にも見られるものであり、不運にも遺伝的な社交不安の傾向と痛ましい経験の両方を併せ持つ人は、敏感さが深刻になる。そうした状態では自覚の有無にかかわらず、社交の場で常に警戒を緩めず、周りの人間が信頼できるか絶えず評価し、味方になる人か敵になる人かを見分けようとする。

コールは言う。「もし私が大変な環境で育った人間だとしたら、新しい社交の場に出向いても、目に入った最初の人物に声をかけてすぐに仲よくなったりすることはないだろう」。

むしろ最初の反応は警戒と用心であり、周りからは遠慮しているとか、そっけないとか、あるいは傲慢だとすら思われるかもしれない。本来なら友好的な相手も気分を害して離れていく可能性があり、社交を怖がることによって、知らず知らずのうちに拒絶される状態を自分で作り出してしまう。

脅威や拒絶に敏感である人が、誰でも等しく孤独を感じるわけではない点は重要だ、とコールは言う。そこには個人の性格が関係している。ある種の人は生まれつき内向的な傾向を持っている。ミシェルのように、そういう人たちは大人数でのイベントよりも、少数の信頼できる友人との付き合いや、一対一および少人数でのやりとりのほうが快適だと感じる。ひとりでいても気にならないことが多く、見知らぬ相手と交流するのではなく外から眺めていることにも抵抗がない。つながりたい、受け入れられたいと思う相手とつながれない場合にのみ孤独を感じる。なぜかと言えば、人生経験を通して、人から利用されたり傷つけられたりすることを恐れるようになっているからだ。そのため「部屋は人でいっぱいなのに孤独、という典型的なパラドックス」が生まれることになるとコールは言う。

心の痛みは、身体の痛み

医学部の3年目に病院でのローテーション研修を始めたとき、精神的な痛みと身体的な痛みへの対応の違いが強く印象に残った。身体的な痛みを抱えた患者が来ると、すぐさま痛みの原因を突き止めるべく、質問や診察や検査や画像診断をおこなう。それから積極的に痛みの経過観察や治療を実施する。一方で精神的な痛みを感じている人には、心配や思いやりを持って接しつつも、身体的な痛みよりも懸念や重要性は少ないという前提があった。当時は、脳にとってこの2種類の痛みには私たちが思っているほどの違いがないのだと理解している人が少なかったのである。

心の痛みと身体の痛みを感知する知覚線維は、脳内で重なり合っている。それらが近くに存在するということは、孤独や喪失や失意というものが、身体を殴られたり傷つけられたりしたときと似たような症状を引き起こす可能性があるということだ。[24] 研究者たちの調査によれば、疎外されているように感じたときにも、平手打ちされたときと同じくらいの痛みにたじろぐことがあるという。磁気共鳴機能画像法での検査中に疎外感を抱いたり平手打ちされたりしたら、どちらの場合でも脳の同じ領域（背側前帯状皮質）が光る。[25]

神経科学者のナオミ・アイゼンバーガー博士と心理学者のネイサン・デウォール博士は、この点について鎮痛剤タイレノールを使って調査に取り組んだ。彼らは被験者を2つのグループに分け、3週間毎日、片方にはタイレノールを、もう片方にはプラセボ（偽薬）を服用してもらい、2つの実験をおこなった。[26] 最初の実験では、タイレノールを服用した被験者のほうが、対象の3週間のうち社会的苦痛を感じたと報告した日数が少なかった。2つ目の実験では、「サイバーボール」というオンラインゲームを他2人のプレーヤーと一緒におこなってもらった。このプレーヤーたちはコンピュータだが、被験者は人間が操作していると思っている。そしてゲームのなかで、コンピュータ同士だけでボールをパスし合い、被験者を「仲間はずれ」にした。この実験以前に、アイゼンバーガーはマシュー・リーバーマンと協力して、このゲームで仲間はずれにされた人は、脳の背側前帯状皮質と前島皮質の活動が高まることを突き止めていた。この2つは、主に身体の痛みを感じたときに反応する部位である。[27] 実験ではタイレノールを服用していた被験者たちのほうが、プラセボを服用していた被験者たちに比べ、これらの部位の活動がはるかに低かった。

こうしたアイゼンバーガーらの研究や、その他の似たような調査により、多くの人が薄々感づいていたことが裏付けられた。「拒絶されると身体が痛む」のだ。また、心の痛みと身体の痛みは、どちらも脳内でとても似た形で処理されることも分かった。

身体の痛みと心の痛みが脳内で重なり合っていることは、孤独感から生じる心の痛みを感じたときに、人がより強力で危険な物質――オピオイド鎮痛薬やアルコールなど――に手を出してしまう理由を明らかにするものだ。特にオピオイドのまん延においては、感情的な痛みが薬の使用や過剰使用を促す役割を果たしていることがどんどん明らかになってきている。オピオイドの過剰摂取による死が「絶望死」と呼ばれていることにも、それなりの理由があるのだ。

孤独やその他の心の痛みが薬物の乱用や依存症のリスク因子であることは確かだが、どれほどの関連性があるか十分には把握されていない。私は、反対の面での関連もあるだろうと思っている。依存症の回復過程においては、社会とのつながりが不可欠になるはずだ。

長年患者のケアにあたってきた経験や、公衆衛生局長官を務めた時代を通して、オピオイドやアルコールをはじめとした物質依存に苦しむたくさんの人々に出会ってきた。そして暗いトンネルをくぐり抜けて回復へと向かっていった人たちを思い返してみると、ほとんど全員が信頼できる関係や、身近な家族や友人といった信頼できるグループのおかげで回復が可能になったと語っていた。孤独は死を招く可能性もあるが、つながりはそれ以上に人を癒やす可能性を秘めている。

ここで紹介したような調査はどれも、つながりへの欲求が人間の最も重要な生存本能のひとつであることを裏付けているように思える。より豊かな人生を送るために必要な感情面での糧《かて》や力は、人と人との関係のなかにこそあるのだ。つながりを求める本能があまりに大きいため、つながりが断たれると本当に痛みを感じるのである。その痛みは、痛みの原因に目を向けて対処せよと教えてくれ、人間の生存に役立つ。

自分には何か「問題があるのだろうか」とうろたえるように悩んでいたアイオワのトラック運転手のことを思うと、あらためて彼女を安心させてあげたいと思う。彼女の身に起きていたことは、どう見ても通常かつ自然な反応であり、必要不可欠なことだったのだ。彼女の心は、「いま人生にバランスが欠けているから、つながりを求める気持ちに目を向けろ」と警告を発していただけだ。孤独感はシグナルであり、彼女を責めているのではなかった。そのシグナルは、どれほど人とのつながりを欲しているかを思い知らせることで彼女を助けようとしていたのだ。

進化という観点でなくとも、ますます世界が複雑になり、簡単に取り残されたような気分や忘れ去られたような気分になってしまう現代の私たちは、これまでと同じように――もしかしたらこれまで以上に――社会的なつながりを必要としている。家族の食料を確保するべく狩りに参加する必要はないかもしれないが、私はいまでも食事をともにする相手を必要としている。近隣の人たちと交代で天敵を見張る必要はないかもしれないが、私たち一家や隣人たちが互いに気遣い合っていることを知っているからこそ、いまも妻と私は安心して過ごすことができる。孤独とは、私たちはともにいるほうが強くなれることを思い出させてくれるものだ。ともにいる相手は一族や部族、家族や友人だけではない。健全な文化の基盤となる、思いやりあふれるコミュニティとつながることもまた、私たちを強くしてくれる。

Cultures of Connection

第3章　つながりの文化

友情には、魂を深めること以外の目的があってはならない。※
——『預言者』カリール・ジブラン

一族、ネットワーク、部族、家族。なんと呼ぼうが、あなたが何者であろうが、あなたはそれを必要としている。それを必要としているのは、あなたが人間だからだ。

——『Families』ジェーン・ハワード

つながりへの欲求と孤独感というシグナルが人間の心身に組み込まれているのだとすれば、世界中の社会や文化の進化にも重要な役割を果たしてきたに違いない。しかしながら、社会的なつながりに対する価値観は大陸によっても文化的な伝統によっても劇的に異なる。そうした価値観は、そこに暮らす人々が孤独感をどう受け止めるかにも影響を与えている。

※『預言者』カリール・ジブラン著、船井幸雄監訳、成甲書房、2009年、91頁。

そのことを思い知らされたのは、このあいだ妻のアリスと一緒に空港に向かう途中、ウーバーの運転手と家族についての話になったときだった。運転手の青年はエチオピアのアディスアベバ出身だった。アディスアベバでは周りの人が自分を気にかけてくれ、自分も周りを気にかけていて、そういう点が何より恋しいと彼は言った。それから彼は、こう付け加えた。「自分の子供たちを近所の人に預けて4、5日家を空けても、子供たちの面倒を見てくれる。それが普通なんだ。料理をし合い、子供たちの面倒を見合い、一緒に時間を過ごす」。

共働きで、親族とは遠く離れた場所で子供2人を育てている私とアリスは、この最後の発言に関心を引かれ、もっと話を聞かせてもらうことにした。

すると彼は、自分の妻と子供はまだアディスアベバにいるのだと教えてくれた。私は家族と離れていて寂しくないのかと尋ねてみた。「もちろん、家族が恋しいよ」と彼は言った。「でもワシントンDCでエチオピアから来た他の家族に会って、エチオピアにあったような関係を小さいながらも築けてる。お互いがいるから孤独じゃない」。

アリスと私は顔を見合わせた。彼の語る世界は、私たちが暮らしている世界とはまったく異なるものに感じられたのだ。私とアリスの日常生活は、多くの友人たちと同じように、現代的なその場しのぎの解決策に頼っている。仕事と子供の世話を両立させるために子守を雇っているし、子供たちを連れて出張に行くときは評判のいいオンラインサイトでベビーシッターを探す。世話をしてくれる人たちと子供が街を出歩く際には、安全や安心のためにどうやって追跡装置を付けようかと考える。夜中におむつを替える合間に数えきれない時間を費やして、おしりふきやベビーカー、そして野菜を食べさせる方法にいたるまで、あらゆる子育てのアドバイスを検索してきた（野菜を食べさせる方法はいまだに分かっていない）。

近隣の人たちと家族のようにして子供を育ててきたわけでもないし、身内が同居しているわけでもないため、私とアリスはほとんど自分たちだけで子育てをおこなう方法を探っている。しかし、現代の生活を楽にしてくれるイノベーションや技術や人材が存在するにもかかわらず、むしろこの青年が言っているような強固なコミュニティを持ちたいと考えている自分がいた。身内が近くにいて、家族のような隣人がいる。私は、人を雇ってコミュニティを作るという現代の解決策より、この伝統的な解決策を選ぶだろう。

この出会いで、また別のエチオピアの家族のことを懐かしく思い出した。研修医の1年目に出会った家族だ。ある土曜の午後、何年も前に輸血で感染したC型肝炎が原因で肝不全が進行した患者の診察のために呼び出された。メインの病棟へ向かいながらカルテをチェックし、ミセス・ベケレが末期の状態であることを把握した。もはや回復を見込める治療はなく、彼女もそれを受け入れていた。彼女は緩和ケアを受けるために入院していたが、それは吐き気や痛みなどの症状を和らげるためにモルヒネの点滴や薬を投与されることを意味していた。

ベケレがいる区画には20部屋あった。フロアはいつものように騒がしく、患者が入院してきたり、退院したり、検査のために担架《たんか》で移動したりといった様子だったが、ミセス・ベケレの部屋に近づくと、騒々しさがおさまり、部屋のなかの静けさを感じた。眠っているのだろうと思い、ノックしてゆっくりとドアを開けた。

すると10人ほどがベッドの周りに静かに集まっていた。エチオピアの民族衣装を着た人もいれば、ジーンズやフリース姿の人もいる。のちに知ったことだが、そこにいたのは息子や娘、姪や甥、そして孫たちであり、明るい色のエチオピアの民族衣装を着てベッドで横になっている家長たる母を、はるか遠くから見舞いに来ていたのだった。

うなずいて、ミセス・ベケレは私の存在を認めた。彼女の顔に苦痛の気配はまったく見えなかった。腕は身体の横に伸ばしていて、病気の証である身体的徴候――大きくなったお腹、黄色くなった目、やせ細った手足――を除けば、堂々として安らかに見えた。

私は自己紹介をして、症状に関していくつか質問をした。痛みは、入院したときと質も場所もあまり変わらなかった。発熱や圧痛の悪化もないように見え、感染症や血栓の兆候も見られなかった。血圧、心拍数、呼吸数も正常で、酸素濃度も安定していた。ミセス・ベケレには、何かあらためて心配するものはないということと、もし望むなら痛みを和らげるためにモルヒネの点滴を少しずつ増やすことができると伝えた。彼女はそうすると言った。

普通なら、ここですみやかに次の患者へと移っていくところだった。次の任務を知らせるポケベルも鳴りつづけていたが、ミセス・ベケレを取り巻く人間同士のつながりは私の患者たちのなかでは非常に珍しかったため、私はもっと知りたいという気持ちを抑えられず、何分か長居して彼女の家族の背景について話を聞いた。

あのタクシーの運転手と同じようにこの家族も、エチオピアの伝統的な文化は良いときも悪いときも相互のサポートと友好関係を大切にしていると語ってくれた。この一族は、数軒離れて暮らしていようが、海や大陸を隔てて暮らしていようが、互いに支え合って育ってきたという。苦難や喜びはともに経験するべきものとされている。だからこそ、ミセス・ベケレが亡くなるときだけでなく、長年の闘病期間中にも、一族の多くが見舞いに来ていたのである。

この一族のつながりの強さは明白だった。その誰もが、生まれたときから自分の人生の一部であったミセス・ベケレへの敬意と愛情を語った。そしてまた、誰もが悲しんでいた。しかし部屋に満ちていたのは、平穏や、ミセス・ベケレとの素晴らしい関係に対する感謝だった。私は痛み止めの薬を調整できる立場だったが、彼女が必要としている最も重要な薬――愛とつながり――は、彼女のそばのベッドサイドにあった。

いま振り返ってみて気づくのは、こうしたエチオピアの伝統は、インドの伝統的な慣習ともそんなに違いはないということだ。私の両親も、インドで育った経験を語ってくれたとき、こうした強い結びつきのネットワークを持ったコミュニティがあったと言っていた。それに、子供のころバンガロールにある曽祖母の家に泊まっていると、友人や親戚が突然訪ねてくるなんてことが日常茶飯事だった。やってくるのはたいてい近所の人たちだったが、親戚であろうとなかろうと、姉と私は誰でも「おじさん」や「おばさん」と呼ぶことになっていた。それにより、誰もがひとつの大きな家族の一員のように思えた。やがて、自分も栄えある「おじさん」のひとりとなり、この習慣には互いの絆を深める効果があることを知った。いまどこかの子供から「おじさん」と話しかけられると、その子に対するつながりや責任感が深まるのを感じる。

また、ミセス・ベケレの一族と同じように、私の親戚もグループでの会話をしている途中で、よく長い沈黙が流れる。子供だった私ですら、誰もその沈黙を会話で埋めなければと焦っていないことには気づいていた。大切なのは、何より一緒にいることなのだった。

アメリカでも、私の両親はこうした大きな共同体的ネットワークを再現するべく友人や親戚の訪問を歓迎したものの、決して同じようにはいかなかった。インドから来た他の家族の素晴らしいコミュニティを見つけることはできたが、みんな住んでいる場所がバラバラで、日常的な交流やサポートは現実的ではなかった。また、近隣の住民はいい人たちだったが、越えられない他人行儀な部分があった。

私は成長するにつれ、両親が子供のときに生きていた世界と自分が暮らしている世界は異なることに気づいていった。インドの伝統的な家庭（そして南フロリダのインド系アメリカ人のコミュニティ）は、ガヤガヤと人が入り乱れ、いつも誰かが周りにいて互いの活動に深く首を突っ込んでいた。誰もプライバシーなど気にしていないようだった。もちろんそれには難点もあったが、互いの結びつきを楽しみ、頼りにさえしていた。マイアミで周りに多くいた核家族は、あらゆる点でこの正反対であり、プライバシーや独立性が重視されているように思えた。

私が観ていたテレビ番組にも同じことがいえた。カウボーイや幌馬車に乗った開拓者を描く西部劇、そして『ファミリータイズ』のキートン家や『アーノルド坊やは人気者』のドラモンド家など、テレビで描かれる家族は個人や核家族が自立した単位であることを強調するものだった。おばやおじ、近隣の住民や祖父母などの役柄は縁遠いものとして描かれていた。まるで、アメリカの核家族はデイビー・クロケットやアンドリュー・カーネギーといった歴史上の英雄たち——

個人の勝利を体現し、リスクをとって独力で進む勇気を示した英雄たち――と同じように、独立独行の存在なのだと言わんばかりであった。広いネットワークから核家族への移行は、スピード、効率性、競争が進歩の主たる条件となった工業国にあまねく広がっていった。

成長しながらこうした規範を受け入れていったが、医師となり患者にまん延する孤独を目の当たりにしてからは、この現代的な文化への移行の過程で、思っている以上に大事な何かを失ってしまったのではないかと考えるようになった。稀《まれ》に病院でミセス・ベケレたちのような大人数の一族を目にすると、彼らの存在はほとんどいつも良い影響――思いやり、希望、サポート、そして愛をもたらしていた。患者たちの背景にある家族や友人関係のさまざまな伝統を長年目にしてきた私は、どうしてある文化のほうが他の文化よりもつながりが強くなるのか不思議で仕方がなかった。

ひとりであること（oneliness）から孤独であること（loneliness）へ

最初期の祖先の時代から、人類には社会的孤立にともなって身体的な反応が起きていたものの、「孤独（loneliness）」という言葉は16世紀後半になってようやく英語で使用されるようになった。『コリオレイナス』の主人公は家族や友人から疎外され、自分が本当に見て知っているもの以上のことを語り、ひとりで道をゆき恐れられる存在だか、シェイクスピアは彼を「孤独な竜（lonely dragon）」とたとえた。[1] このとき、その言葉は当時西欧で「ひとりでいること」を指す場合に広く使われていた「oneliness」とは違う状態を意味していた。

「oneliness」はネガティブな意味合いが含まれた言葉ではなかった。「solitude（単独であること）」と同じで、内省する時間と空間があることを意味していた。感情的に不快な状態とはまったく違い、「oneliness」は神をより身近に感じる機会だと考えられていた。そして神はすべての人とつながっていた。1624年に、ジョン・ダンは次のように記している。「誰も独立した島のような存在ではない（略）あらゆる人の死は私を衰えさせる。なぜなら私は人類の一部なのだから」[2]。

キリスト教も、他の主要な宗教における伝統と同じく、思いやりや親切心や共感など、人とのつながりに関する性質を大切にしていた。それらが信徒同士や神との結びつきを強めるものだったからだ。誰もが神を中心とした生活を送っていたため、教会がコミュニティだけでなく安全を提供していれば、教区民がみずから離脱していくリスクは比較的少なくなるのだった。しかしシェイクスピア以後、他の作家たちは社会的孤立を倫理観の欠如と結びつけるようになっていった。1667年、ジョン・ミルトンは『失楽園』のなかで、孤独をサタンと結びつけてさえいる[3]。

サタンが地獄から「孤独な歩み」でエデンの園にたどり着き、アダムとイブの純粋なる幸福を破壊すると記したとき、ミルトンはサタンの感情について述べていたのではなかった。孤独という言葉に悪しきものという象徴性を持たせようとしたのだ。ひとりきりで身を危険にさらしたサタンは、天国と地獄のあいだで「未知の旅」に出ている。サタンがあれほど孤独な存在でなければ、神の目にももっと好意的に映っていたかもしれない。

イギリスの歴史学者フェイ・バウンド・アルバーティ博士などの研究者は、ミルトンの時代に孤独への懸念が生じたのは、信徒社会から個人主義への文化的な移行があったからだと指摘している。アルバーティによると、「神は常にそばにいるため、人が真の意味でひとりきりになることはなかった」（少なくとも、それが1600年代以前の前提だった）ため、誰かが孤立しても警告する必要がなかった。しかし産業革命へと続く時代の流れが、それを変えた。「消費経済の発展、宗教の影響力の衰退、そして進化生物学の台頭――そのすべてが、誰もが役割を持った伝統的で家父長制的な社会ではなく、個人こそが大切なのだと強調するものだった」[4]。

さらにアルバーティは、ダーウィンが「適者生存」という言葉を普及させたのは、西欧のあちこちで村から都市への人口移動が進み、個人による富の追求が一種の宗教になっていたころだと指摘している。それから西欧の人々は、世界各地を植民地化していく過程で「適者生存」の文化を広めていった。多くの子供たちは村の校舎で教育を受けるのではなく、早ければ5歳のうちから全寮制の学校に詰め込まれた。

この時代の人が孤独を感じる要因のひとつは、自立という新しい社会からの要請と、かつての相互依存的な暮らしに惹かれる気持ちとのあいだで板挟みになっていたことだった。インドとアメリカの文化のあいだで揺れていた私の両親と、どこか似たような気分だったことだろう。

文化が醸成する社会的期待

心理学者のアミ・ロカシュ博士[5]は、さまざまな文化や国における孤独を何十年にもわたって研究してきた――この生涯の仕事への関心に最初の火がついたのは、1981年にオタワへ出張に行ったときのことだった。出席するカンファレンスが締めくくられようとしているころ、彼は帰りの飛行機を1日遅い便で予約してしまっていたことに気づいた。そのため誰も知り合いのいないオタワで1晩を過ごすことになった。研究仲間たちが全員帰ったあと、ホテルの高層階の部屋に立ち、窓から眼下のにぎやかな通りを眺めていると、思いがけずひらめきが舞い降りた。「突然、孤独とはどういう感情なのか、はっきりと分かった。周りの世界は見えているのに、自分はその一部じゃないという感覚だ」。

彼が自身の研究から学んだことのひとつは、文化や伝統が醸成する社会的期待が、孤独やつながりの質に影響を与えるということだった。孤独とは、社会からの期待を満たすような行動をとれなかったときに生じるものだ、とアミは教えてくれた。人は何かが「おかしい」ときに孤独感を抱く。そうする「べき」なのに友達を作らなかったり、そうする「べき」である相手と結婚しなかったり、そうする「べき」なのに隣人や同僚たちと交流を持たないときに孤独を感じる傾向にある。こうした「〜べき」という社会的期待は、成長とともに静かに浸透していく。そこには自分の家族や、学校や、職場や、近隣や、広範な文化が模範とする愛、友情、コミュニティへの期待も含まれている。こうした社会的な規範は、テレビや映画やSNSの投稿などを通しても吸収されていく。そして自分の社会生活が身の回りの文化規範に沿わないとき、人は孤独を感じる傾向にある。

アミの気づきを私の日常的な経験に当てはめてみると、その意味がよりはっきりと分かった。

コーヒーショップに行き、テーブル席でひとりで仕事をしていても、私は孤独だと感じることがほとんどない。その店の半数ほどは、ひとりで来ているからだ。しかし大人数のにぎやかな家族ばかりのレストランに行って、ひとりで食事をしているのが自分だけだったら、周りと違うと感じ、あまり社会から受け入れられていないような、どこか気詰まりな思いがする。

より広い観点で言えば、自分が独身で知り合いが全員結婚している場合のほうが、友人たちがみな独身である場合よりも孤独感を抱く可能性は高くなるということだ。また、文化の違いも考えてみよう。あなたの年齢では結婚を許していない文化もあるかもしれないし、逆に、あなたの年齢ではもう結婚していることが期待されている文化なのに、あなたは結婚したくない、ということもあるかもしれない。孤独感というのは社会的な規範と個人の欲求や欲望との微妙なバランスによって生じるものであり、このバランスは文化によって劇的に変化する。

アミは、家族やコミュニティのつながりが強い傾向にあり、ひとりで暮らしている人が比較的少ない南ヨーロッパと、そうした要素があまり当てはまらない北ヨーロッパを比較している。[6] ひとりでいる状態が通常のよくある生活の形として比較的受け入れられているスウェーデンに比べ、イタリアやギリシャでは家族やコミュニティからのサポートを得るという社会的期待がはるかに高い。[7] それを踏まえると、配偶者が亡くなって、他の家族が遠くに移ったり、必要なときに会いにこられなかったりしたら、イタリアではどうなってしまうだろう？　頼れば頼るほど、その存在がいなくなった場合に孤独を感じる可能性が高くなる。この現象を研究者たちははじめのうち「孤独閾値《いきち》」と呼んでいた。文化的な価値観や期待が違うと、その人に必要な社会的つながりのレベルも変わってくる。そのため、「家族」が主なサポートを提供するネットワークであるとは限らない北ヨーロッパで暮らす年長者たちに比べ、南ヨーロッパで孤立して暮らす年長者たちは、より孤独を感じることになる。[8]

たとえ心の奥底で、祖先たちが頼っていたような相互のつながりを求めていたとしても、多くの人は現代社会からもっと自立しろと迫られているように感じていることだろう。もちろん北米にもつながりの強い伝統的な家族やコミュニティが多く存在しているが、文化のバランスとしては正反対の方向へと流れていっている。では現代において、集団に重きを置いたコミュニティとはどのようなものがありうるだろう？　私は、民族宗教的なコロニーを形成して暮らすフッター派の人々に、その答えのひとつを見た。

集団に重きを置いたコミュニティ

このキリスト教アナバプテスト派に属する人々の先祖が北米に上陸したのは、ヨーロッパでの何百年にもわたる厳しい迫害を経た19世紀後半のことだった。この一派の思想は、「信者《しんじゃ》たちは皆《みな》一つになって、すべての物《もの》を共有《きょうゆう》にし」※9という新約聖書の使徒言行録2章44節に集約されているともいえる。そしてこの考えが重要視されている。私有財産が認められておらず、すべての収入はコロニー管理者のもとへ集められ、その管理者がコロニーの人々に住居や食料、基本的な生活用品を提供する。

※『聖書　新共同訳』日本聖書協会、新約聖書「使徒言行録」2章44節、217頁。

フッター派は、アーミッシュやメノナイトといった文明から隔絶した宗教コミュニティと並んで語られることも多いが、近代的な農業技術を活用している点で異なる。[10] 現在フッター派のコロニーはモンタナ州、ダコタ州、カナダ西部に500近く存在し、それぞれ150人ほどが暮らしている。[11] 誰もがコミュニティの一員として意義ある仕事ができるよう、各コロニーは小規模に保たれている。

フッター派は「自己放棄」という考えを信じ、奉仕し合うことを重要視している。コロニー内では、ゆりかごから墓場まで誰もが面倒を見てもらえる。年配のメンバーは敬われながら世話をされ、母になると家族やコミュニティのメンバーから手助けしてもらえる。子供が生まれると、11歳から15歳の若い女子（該当者がいない場合は若い男子）が「ソルガラ」[12] となり、付き人のように赤ん坊や他の子供たちの世話を手伝う。そうやって女の子は子育てを学び、母親とソルガラは深い愛情を育む。

フッター派のコロニーにはコミュニティのキッチンがあり、男女が向かい合わせに座って全員で食事をとる。一日の最初のベルが朝7時に鳴ると、全員が朝食をとりに集まってくる（子供たちはそれより早く集まって食べる）。女性たちが食事の片付けをして昼食の準備に入ると、男性たちはそれぞれの仕事に向かい、子供たちは学校へ行く。そして正午に戻ってきて昼食をとったら昼寝をして、晩の礼拝までに仕事を終える。教会での祈りのあと全員で夕食をとり、フッター派最高の娯楽とされている歌を歌って一日を締めくくる。

リンダ・メンデルはフッター派の教徒で、人生の大半を両親と白い木造の家で過ごしてきた。

最近まで、おばのアンナも一緒に暮らしていた。

アンナはコミュニティ内でも愛されていた人物で、彼女がこの世を去ったあとは、祈りを捧げたりアンナの話をしたりするために多くの人が押し寄せた。しかし、その人たちはただ話をしに立ち寄っただけではなかった。葬式の準備を引き受けたのだ。家族の代わりに家事もおこない、仕事の代理も立てて、悲しみに浸る時間を持たせた。

「心が押しつぶされるようなことはなかったし、この悲しみをひとりで抱えているんだと思うようなこともなかった」とリンダは教えてくれた。「コミュニティ全体が支えてくれたから。おばの看病をしていたときや、おばの死後や、葬式までの日々、そしてそのあとも、私たちを励ます歌を歌ってくれたり、祈ってくれたり、家を訪ねてくれたりした」。

フッター派のコミュニティでは、誰もがこうしたサポートを受けている。誰もひとりで取り残されない。しかしひとつ例外がある。それは、フッター派の伝統に従わないことを選んだ人たちだ。

伝統社会の多くと同じように、フッター派の生活においても慣習に従うことが欠かせない。コロニー外で仕事をする者もいるとはいえ、個人の自由な職業選択は基本的に認められていない。男女ともに伝統的な役割を受け入れている。同性愛は認められていない。誰もが宗派の信仰を受け入れ、共同体の長である牧師の精神的権威に従わなければならない。こうした条件を支持できない、あるいは支持したくない人間は耐えがたいほどの非難を受け、たいていコロニーを離れざるをえなくなる。

それがメアリー・アン・カークビーの家族に起こったことだった。1969年、マニトバ州ポーテッジ・ラ・プレーリー近くにあるフッター派のコロニーで、リーダーの牧師と彼女の父親が仲違いしたのである。子供7人を抱える一家は、ウィニペグのまちに移り住んだだけでなく、近代社会へと飛び込んでいくこととなった。著書『私はフッター派』（未邦訳／*I Am Hutterite*）のなかでメアリー・アンは、この時期のことを「私たちの人生で最も孤独な夏」と振り返っている。[13]

強いつながりを持つ社会から排除されるという経験は、一家に「集団のなかにおける孤独」とでもいうような特殊な痛みをもたらした。「周りからは本当に浮いていた」とメアリー・アンは教えてくれた。彼女も姉や妹たちも、フッター派の昔ながらのドレスとブレイズヘアのままだった。「私たちは場違いで目立ってた。遊び場にいる他の子たちは巻き毛のリングレットやホットパンツ姿ばかりだった。それからユーモアやポップカルチャーも全然分からなかった。ウォルト・ディズニーって誰？　周りの子たちが話すのを聞いていても、何も分からなかった」。新しい文化に入り、あらゆる面で違いを感じ、途方に暮れていた。「本が自分の友達になった」と彼女は言う。そうした本のなかには、自分にも理解できるようなコミュニティがあったのだ。

「外側の英語の世界」に慣れるまでは10年近くかかった、とメアリー・アンは言う。彼女は現在もフッター派を自認し、そこにあった人間同士の深い関わり合いを恋しく思っているという。そのため、彼女はフッター派との接点を持ちつづけようと試みてきた。「いまフッター派のコロニーに戻ってみると、電話もないリビングにあらゆる世代が集まってる――若者も、赤ちゃんも、幼い子たちも、好奇心がありすぎて手に負えない。リビングには男も女も、あらゆる世代の人がいる」。

私のインドの曽祖母の家に人が集まってきていたのと同じように、人との近さは分かち合いを生む。「そして分かち合うとつながりが生まれる」とメアリー・アンは言った。「自分の物語を分かち合い、思い出を語り合い、自分のダメな部分を笑い合うと絆が深まっていく」。彼女は、恥や弱さの専門家であり有名な著者であるブレネー・ブラウンが言った「よく知る相手は憎みがたい」という言葉を思い出させてくれた。

フッター派から得られる教訓

私が初めてフッター派のことを知ったのは、ジョン・カシオポを通してだった。前述のようにカシオポとホークリーは、孤独によって睡眠中の微弱な浅い覚醒の頻度が増え、眠りの質を低下させることを明らかにしていた。[14] 孤独と微弱な覚醒の関係は、フッター派のコミュニティを通しても示された。リアン・クリナとキャロル・オーバーが率いる研究者チームによると、まずフッター派の人々は他のコミュニティに比べて孤独を感じる率がはるかに低かったという。[15] そしてカシオポによれば、フッター派のコミュニティは、彼が調査したすべてのコミュニティのなかで、微弱な覚醒の頻度がいちばん低かったという。

フッター派のコミュニティは結びつきが強いとはいえ、全体として見れば多くの人にとって現実的なモデルとはいえない。慣習の順守や役割やプライバシーの制限は、自由や自立を求める思想とは相容れない。ジェンダー役割、性的指向、そして仕事の割当に対するスタンスや、収入をすべてコミュニティに捧げるという要求は、多くの人の神経を逆なでするものだろう。しかしながらフッター派は、私たちにもっとつながりのある文化を築くべきだという教訓を与えてくれる。

メアリー・アン・カークビーは、自分が生まれたコロニーから離れてフッター派でない夫と息子と暮らしながらも、この教訓に何十年も従ってきた。たとえば人を招くときは、いい時間をともに過ごすために昔の隣人たちならどうしていたかを思い出すことにしている。そうして、充実した会話を持とうとするのだという。「全員で話し合えるトピックを最初に投げかけることにしてる。こないだのトピックは『結婚について両親からどんなことを教えられた?』だった。集まって、語り合う時間を持つことが大切なの。携帯もない。ただ互いの目を見て語り合う」。

彼女はまた、自分以外の人が距離を縮め、つながりを感じられるよう手助けもしている。彼女はジムでインド系の女性に会ったときのことを教えてくれた。その女性はひとりで初めて来たように見えたという。そこでメアリー・アンは女性に声をかけた。話し相手が欲しいのではないかと思ったからだった。こうした小さな親切は、「一人ひとりがコミュニティに責任を持つ」というフッター派の考えの表れだ。つまり、見知らぬ人であっても、互いに世話をし合うのである。

世界中の伝統的な社会の多くは、共有された歴史や、深くつながった血筋や、地域の価値観や、折り重なった物語や、宗教的な信仰を土台にして成り立っている。フッター派と同じように、そうした文化においては「帰属意識(belonging)」が重要になる——そのため南アフリカにはズールー語で「Umuntu ngumuntu ngabantu」という特別なフレーズもあるほどだ。「私がいるのは、あなたがいるから。あなたがいるのは、みながいるから」という意味である。そうした考えは、「他者を通して生きる」という意味の「ubuntu」という言葉に集約されている。個人主義的な文化とは対照的に、「ubuntu」は集団とのつながり、そして何より調和を重要視している。[16]

研究者たちは、個人主義的な社会と対比して、構造的に個人より集団に力点を置く社会を「集団主義（collectivism）」という言葉で表現している。[17] そうすると、集団主義から個人主義へ「移行中」の文化は3つ目の文化グループといえる。アミ・ロカシュは、移行期の文化における年長者は、特に孤独を感じるリスクが高い傾向にあることを突き止めた。社会からの強固なサポートに慣れていたのに、そのコミュニティが消えていくことに対処する方法が分からない場合があるからだ。ノルウェーのように個人主義の伝統を持つ国の年長者は、ひとりで暮らすことに慣れているかもしれない。だが日本やイスラエルなど、それが普通とはされないことが多い社会にひとりで暮らす年長者は、そのような暮らしを受け入れるのが難しく、悲観的に感じてしまう。さらに、ひとりでいるのは「自分は訪ねるほどの価値がない人間だからだ」というかのように、社会的な孤立を自分のせいだと考える傾向が強い。

強いつながりの弊害

伝統的な文化や集団主義的な文化を美化するのは簡単だが、そのまま孤独への対策に使えると考えるのは間違っている。そうした文化では多くの場合、個人的な成長や表現がほとんど許されず、規範から逸脱したり慣習を守る圧力に抵抗したりすると、疎外感のような別種の孤独を感じることがある。そのコミュニティへの帰属に厳しいルールがある場合、ほんの少しの違反であっても痛ましい影響をもたらす可能性がある。反抗者や規律違反者は避けられたり追放されたり、あるいはもっとひどいことが待っているかもしれない。

家族の名誉を汚したことを理由にその人物を殺してしまう「名誉殺人」は極端な例だが、悲しいことに、こうした殺人は南アジア、北アフリカ、中東などでは毎年何千件も起きている。長くくすぶる隣人との確執が、集団による暴力、文化の分裂、そして戦争へとつながっていく可能性もある。中東は言うまでもなく、トルコ、インド、ルワンダ、旧ユーゴスラビアなどで、そうした悲しい例を目にしてきた。

こうした伝統的な社会のルーツは部族にある。定められた信条や行動規範に従う者には強いつながりの恩恵が存分に与えられる一方で、部族の考えやルールを受け入れない者は敵対視され、悪者扱いされることも多い。かつての部族と同じように、伝統的な社会も外部からの影響や多様性や変化など、個人によるコントロールが効かないものには懐疑的になる傾向にある。そのため、生まれたときから知っている似通った友人や隣人のサポートを得ながら快適に暮らせる一方で、もし肌の色や性的指向や民族が周りと違ったり、禁止されている職業や宗教や生き方に惹かれたりしている場合、とてつもなく孤独感を抱くことになり、命に危険を及ぼす可能性すらある。たとえば現代のアメリカでは、結束の強い過激派コミュニティで育ちながらも、自分の家族の価値観に疑問を抱いた子供などが、そうした経験をしている。

デレク・ブラックは、そうした子供のひとりだった。彼の父は白人至上主義運動「クー・クラックス・クラン（KKK）」の幹部「グランド・ウィザード」のひとりであり、白人至上主義者たちが集まる最初にして最大のウェブサイト「ストームフロント（Stormfront）」を立ち上げた人物だった。デレクの名付け親は、同じく幹部のデイヴィッド・デュークだった。デレクは、しっかりと愛され守られながら育てられているのを感じていた。学校には通わず家で親戚たちから学んだ。そしてそれが彼の知るすべてだったため、白人がいちばんだという前提を疑ったことなどなかったが、それは結束の強いコミュニティから離れて「外側」の世界にある大学へ進学するまでのことだった。

2019年に話したとき、彼はこう振り返った。「家族が所属していたコミュニティには、意味や目的意識があったんだ。自分たちは正しいことをしているのだという感覚がね」。

そこで感じたつながりの強さを示す例として、10代のころに行った国横断の車旅行について教えてくれた。「初対面であっても、信条を同じくするコミュニティのいろんな人と過ごすことができた。みんなひとつにつながっていて、人のネットワークのようだった――すごく充実した気持ちになった」。

問題はこのつながりの強さが、部分的にであれ、グループに属していない人たち、特にユダヤ人やマイノリティに対する怒りや憎しみをもとにしている点だった、とデレクは言う。彼にとって外部の人間の気持ちを理解することが難しかったのは、彼が属する文化が、外部の価値観や経験との共通性よりも違いを強調していたからであり、外部のことをネガティブな観点から語っていたからだった。

このジレンマが深まったのは2010年、デレクがフロリダのニューカレッジに通いだしてからだった。「大学で初めて、自分が育ってきたものとは違うコミュニティを目にしたんだ。そこは初めて自分が共感を抱き——大切に思うようになったコミュニティだった」。デレクが父とともにホストを務めていたラジオ番組に電話をかけてきたリスナーのひとりは、ニューカレッジのことを「多文化主義の温床」だと呼んだことがある。父親は、デレクが秘密の情報収集任務として敵のリベラル陣営に潜入しているかのように振る舞っていた。しかしデレクはもともと好奇心が旺盛だった。そんな彼が突然、自分とは違う信仰や政治的信念や性自認を持つ人々と出会った。「そういう人たちが抱える不満や問題点をもっと理解したいと思ったんだ」。

そう密かに思っていた彼の願いは突然終わりを告げた。彼が何者かを知った学生が、大学の掲示板にデレクは白人至上主義者だと「暴露」したのだ。彼は大学コミュニティ内の多くの人から大きな非難を受けた。しかし、全員が非難したわけではなかった。少数の学生は手を差し伸べてくれ、思いやりを持って会話をしてくれた。敬意と思いやりを持って耳を傾けて話をしようとしてくれる周りの気持ちは、次第にデレクの考えを変えていき、自身が持っていた価値観がいかに有害なものであったかを認識する手助けとなった。やがて彼は家族が属していた文化の教義を否定するに至った。デレク自身は家族とのつながりを維持しようと努力したものの、家族の核となる価値観に対する裏切りだとして許してもらえなかった。肉親との関係は張り詰めたものとなり、白人至上主義者コミュニティ内の多くは彼を拒絶した。

決別は数年前のことだったにもかかわらず、いまでも心が痛い、とデレクは教えてくれた。そしてこの経験から、コミュニティのポジティブな影響だけでなく、潜在的なネガティブな影響について、ずっと真剣に考えているという。

「コミュニティの真の意義と目的は、共通の信念に根ざした共通の大義を持つことから生まれる」とデレクは言う。宗教、政治、芸術、スポーツなど何に基づくものであれ、その「信念」とは理想の世界に対するひとつのビジョンを示すものである。しかし、つながりの基盤となるそれらの信念が憎しみや恐れから生まれているものだとしたら、その信念は毒となり、ゆっくりとコミュニティの健全性や、ひいては人類の幸福を蝕《むしば》んでいく。これは白人至上主義のような過激派だけに当てはまるのではない。もっと目立たない集団でも、自分たちとは「違う」とみなす相手への拒絶や憎しみに基づいてつながっているグループはたくさんある。

こうしたコミュニティ内のメンバーはつながりを感じるかもしれない。だが、自分たちとは違う人間への疑念があると、所属の条件を厳しくしてしまうため、外に広がる世界との結びつきが制限されてしまうことになる。すると他者への信頼や認識や理解が低下し、それによってデレクのようにコミュニティから出ようとする人間の恐怖と孤独は強まる。また一方で、意識的に外のコミュニティと距離をとることにしても、外部の誰ともまったく関わらないままでいられることはほとんどない。現代のように多様な社会においては、さまざまなバックグラウンドを持つ人々と出会うことは避けられない。そんな社会で帰属意識を持つためには、違いを超えた人間の共通項を認識し、理解する能力を持つことが必要となる。

そのためには、狭い仲間内に限らず、広く相手の立場に身を置いてみることが求められる。たとえ相手が自分とは違う人種、民族、宗教、あるいは国籍であっても、あらゆる角度から相手の経験を想像してみる必要がある。共通の関心や目標を認識し、それをともに育んでいこうと考えることが必要だ。

差異や見解の違いを完全に無視するべきだと言っているのではない。しかし人が持つ共通項に目を向けると、私たちがひとつにまとまり、対立したときに生じる孤独や不安を乗り越えていける可能性がある。デレクが気づいたように、似たような考えの仲間にだけ共感を向けるコミュニティは、外側の社会から疎外される運命にある。たいていの場合、そうしたコミュニティのメンバーは怒りや恐怖を抱えたままとなり、周りの世界が変化し成長していくなかで孤独への耐性が弱くなっていく。憎しみではなく、つながりこそがすべての人間に真の帰属意識を感じさせてくれる糊《のり》のようなものなのだ。

文化の第3の器

文化は人間関係が醸成される器のようなものだと考えると分かりやすいように思う。サイズや形によって、この器はつながりや孤独の体験を規定する。

個人主義文化のことは、深さはそこそこで非常に幅広の器だと考えてみよう。そこにはさまざまなバックグラウンドを持った人がうろつきまわっていて、ときどき友情を育んだり、気の合う仲間を見つけたりすることもあるが、離れて過ごす時間も多い。この器の形は、人と一緒にいることをほとんど強制させることがない。自分の道を選ぶ余地がたくさんあるが、ともに歩んで手助けしてくれる人が見つかるかどうかは、いかにその人が努力するか、幸運か、そして見知らぬ人とも心を通わせようと考えているかにかかっている面がある。探求や多様性や変化にかなり開かれた文化だが、共通の基盤を築き上げることには大きな労力が必要になる。この広い器においては、あてもない漂流をしているときに孤独を感じるかもしれない。

一方、より伝統的な集団主義の文化は、狭くて深い器だといえる。生まれたときから、共通の基盤が厳として存在する。この器のなかの人たちは、好きに歩きまわるような余地のない場所で何世代にもわたって一緒に暮らしてきた。あらゆる年齢と性格の人が密接に関わり合い、支え合っている。社会的にも物理的にも人との距離が近く、そうした親密さは文化としても大切にされている。しかし、こうした狭さに馴染まず、もっと個人的な自由や別種のサポートが必要な人は、距離の近さをうとましく思うかもしれない。この狭い器のなかでは、自由の余白がないときに孤独だと感じる。

興味深い問いは、この2種類の器の良い部分を踏襲した第3の器を作ることは可能か、である。この第3の器のなかでは、共通の基盤は伝統的な文化と同じくらい強固なものでありつつ、各個人は主に生まれた環境ではなく自身の選択や関心や理念をもとにして結びつく。

この第3の器では、人が自分らしくいつづけられるように個人の表現の自由を維持し、自分の願いや必要に応じて他者と交流できる。求めるならばひとりになることもできるが、つながりや信頼を生み出し、人が集う機会を作ることによって孤独を防ぐ仕組みを提供する。広い器のあちこちに、人がつながり合える深いポケットのようなくぼみがあると想像してみよう。こうした空間が人々を受け止めて家と呼べる場所を与えるため、個人が放っておかれることはない。

第3の器のような社会・文化・構造を作るためには、明らかに変化が必要だ。カリフォルニア州アナハイムで、私はこうした変化が起こりつつある兆しを目撃した。それを率いていたのは市長のトム・テイトだった。

「親切」を政策に掲げた都市

トム・テイトは、一人ひとりの個性をサポートしながら帰属意識を育む方法のひとつが、親切(kindness)の文化を育むことだと信じている。10年以上前、アナハイムの市議だった時代に初めてこのアイデアが生まれたという。誰の仕業《しわざ》かは分からないが、街のあちこちに不思議なポスターが貼られていることに気づいたのだ。どのポスターにも「親切を伝染させよう」と記されていた。広告は載っていなかった。スポンサーの企業名も載っていなかった。ただメッセージだけがあった。

トムはそのメッセージに自分の葛藤を重ね合わせた。自分のことを内向的だと思っている彼は、人前で話すことに長らく恐怖を感じていた。学校では、口頭での発表がある授業はどれも欠席していた。しかし彼は公共サービスや人を助ける仕事に惹かれていった。当時の市長から市議に指名されたとき、彼がそれを受け入れることができたのは、スピーチの上達を支援する非営利団体「トーストマスターズ」で得た友人たちのサポートがあったからだった。その友人たちのおかげで彼はついに恐怖を克服し、市議としての任期をこのうえなく満喫し、2期目にも立候補することとなった。

この親切についてのポスターは、トムの心に強く響いた。「このポスターが目に留まり、心が弾んだんだ」と彼は教えてくれた。「それで、このポスターを貼っている責任者と会うことにした。それがジャイエフスキー博士だった」。

ジャイエフスキー博士は家族がナチスから逃れて移り住んだアルゼンチンで育ち、やがてアメリカに移住した。彼がトムに語ったところによると、何年も前に、家族で休暇中にひどい事故に遭《あ》い、6歳の娘ナターシャが亡くなってしまったという。彼と家族は、この悲しみに打ちひしがれていた。しかし家に帰って遺品を整理していると、「親切」に関して娘が記した素晴らしい言葉の数々を見つけた。他の子供たちが遊んでいるとき、娘は座って文を書いていた。そして彼女が題材として選んだのが親切心についてだった。

娘に触発されたジャイエフスキー博士は、「親切」が持つ癒やしの役割について深く考えはじめた。「彼はホリスティック医学を専門とする医者だったんだ」とトムは振り返っている。「彼は身体を内側からの刺激で癒やしていけるのと同じように、都市もまた、親切の力で内側から癒やしていけると信じていた。そのとき私に稲妻が走ったんだ。市議である自分も10年間、『もぐらたたき』のようにしてまちの症状に対処してきたからね」。

「6年後、市長のポストが空いたときも、まだ親切について考えつづけていた。それで自分は、たとえバカにされようとも、親切を政策に掲げて出馬すべきだと感じたんだ。しかし立候補を表明して、親切をまちの中心的な価値として築き上げていきたいと公表したら、みなが賛同してくれた。それこそが自分たちに必要なものだと、みな理解していたんだ」。アナハイムを親切の都市にするというビジョンが多くの人の心に響き、トムは市長選に大差で勝利した。

市長の在任期間中に彼が最初に取り組んだ問題のひとつは、社会的断絶だった――あの幅広の器における問題だ。「この国のわが地域ではプライバシーが文化になっている。大きな壁が家を隔て、近隣地域は車に合わせて設計され、その車も自宅のガレージへと消えていき、裏庭もひっそりとしている」とトムは言う。多くの人は、たとえ困難や病気にひとりで苦しんでいても、近隣住民に知り合いがいなかった。親切は人間関係の構築につながっていくだろうか？　トムに確証はなかったが、試してみる価値はあると考えた。

トム自身も、10年も同じ場所に暮らしていたのに近隣住民のことをほとんど知らなかった。そこで彼は、「こんにちは、近所のみなさん（Hi Neighbor）」と題したプログラムを自分が住む区画で開始した。何年も住んでいたのに近所のドアを叩いてまわって自己紹介をするのは気が引けたため、彼は文章にして伝えた。「こんにちは、近所のみなさん、必要なときに互いを支え合っていけるよう、私たちは顔を合わせておくことが大切だと思うんです」。トムの妻のジュリーは、この文章を記した紙に日時を指定した自宅への招待状を添えて近隣へ配った。

近隣の10軒のうち、1軒を除くすべての家族が集まりに参加した。数分のあいだぎこちない時間を過ごしたあと、トムが声をあげた。「親切な行為はレンガをくっつけるモルタルのようなものです。そして、それは私たちの安全を保つためにも重要なものです。コミュニティ・ポリシング（地域社会型警察活動）は互いのことを知り、つながり合っている近隣住民が基盤となって実践されるものです。また、警察によると犯罪者たちは、密につながって互いを守り合う地区というのを察知でき、そうした地区からは距離を置く傾向にあるそうです。互いにつながっているほうが安全なのです」。

近隣住民たちは、緊急時にどうすれば互いに助け合えるか話しはじめた。誰が予備の発電機を持っているかなどが確認された。その会以降、道で会ったら挨拶をしたり、共同でゴミを管理したり、困っている人を見かけたら手助けするようになった。トムの考えたとおり、そうした親切な行為が社会インフラを築いていった。そのため、彼は「こんにちは、近所のみなさん」の手紙のテンプレートを市のウェブサイトに掲載し、他の地域がモデルとして活用できるようにした。

彼は有権者に向けて、何年後かには大地震やテロ、あるいはなんらかの災害が起こるかもしれず、そうした日が刻一刻と近づいていると語った。大災害が発生した場合、住民の安全を守るためには警察や消防だけでは足りないとトムは考えていた。人々が互いに助け合う必要があるのだと。

親切に関する施策はこれだけではなかった。トムは、アナハイム小学校区で「100万の親切行為（Million Acts of Kindness）」というプログラムを開始した。学期ごとに各学校で親切行為の意欲的な目標数を設定し、その数が達成された学校の生徒たちは、市長のトムも参加する全校集会で表彰された。地区全体の目標数である100万回の親切行為を達成するころには、いじめが劇的に減少し、地区全体での停学者数も半分になった。

トムは、親切にはまちをひとつに結合させる機能があると考えていた。採用や従業員の評価、プログラムの優先順位や政策の決定にいたるまで、市長としてのどんな仕事にも親切心が通底していた。「一歩引いて、『親切心を持つ都市なら、この問題にどう反応するだろう？』と考えるようにしたんだ」とトムは言う。それはつまり、人の違いや間違いを受け入れながら、共通のコミュニティや経験を讃《たた》えるということだ。トムは親切の力を活用し、より安全で、より健全で、よりつながりの強いコミュニティを築くための仕組みやサービスを作り上げた。親切心を持ってともにより良く過ごす——これが第3の器のアプローチだった。

たとえば、オピオイド中毒の危機に取り組むにあたり、トムはスタッフとコミュニティの人々に、親切心を持って問題に対処する方法を考えてもらった。彼らは見事なプログラムを生み出し、警察官には薬物使用者を逮捕するのではなく治療へと送るように促していった。「警察を通して、このコミュニティは人を裁くためではなく、手を貸すために存在しているのだというメッセージを送りたかったんだ。あなたとともにいる、というメッセージをね」と、トムは言った。「最初の15ヶ月だけでも、270人を治療へ送ることができた。すべては、『親切心があったらどう対応するだろう？』と考えてきたおかげだ」。親切心があったら、依存症の人たちを支援せずに放っておいたり、ひとりで苦しませたりするような対応はしないだろう。

トムは、まちの文化を変える最も効果的な手段は自分自身の声であることに気づいた。「核となる価値観を繰り返し語り、それが自分にとって大切なものであることを示す。それがCEOがやっていることだ。市長にだってできるはずだろ？」。彼は市長として自分の考えを広めていこうと親切について語りはじめた当初のことを教えてくれた。「船の出航準備はできているのに、何も動きださないような状況が2年ほど続いた。文化に変化はなかった。しかしやがて何かが噛み合いだした。まるで突然帆が風を受けて船が進みだしたかのようだったね」。
「私たちは親切にするべきだ、と語っているると、そんな当たり前のことを言ってどうするんだと思うときもあった」とトムは言う。「しかしはっきりと言葉にされていないことだから、親切について何度も語る必要があった。私たちの文化の一部にするために」。ただ、このメッセージが市民に受け入れられれば、「親切は伝染する。全員がもう少しだけ親切心を持てば、文字どおりすべてがいまより良くなる」。

こうした伝染を通して、文化内の社会規範が変化していき、社会的な違いを超えた交流や助け合いが受容され、普通のこととなっていく。そうして第3の器らしいつながりの場所が増えていく。たとえばトムが地元の学校を回って親切心について語ると、多くの生徒の見方が変わる。そんな生徒のひとりがショーン・オリュだった。高校3年生となったショーンは、小学生のときのトム・テイト市長の話が「すべてに対する僕の考えを変えた」と教えてくれた。市長の話を聞いてから数ヶ月後に、ショーンは歌のコンテストで優勝したという。「『La Voz Kids』は、有名な音楽オーディション番組『The Voice』のスペイン版で、テレムンドが放送してる――僕は優勝して4000ドルの小切手をもらった。学校には音楽のプログラムがなかったから、『このお金は、、、、、、、、、、、、、、、、、、音楽プログラムを始めるのに使ったらどうだろう』と思ったんだ」。ショーンはトム・テイト市長が語った親切の力についての話を思い出した。「そのあとは簡単な決断だった」。ショーンは自分以外の学校用にも資金を集めるために歌いはじめた。マリアッチやカントリーミュージックなどあらゆるジャンルのミュージシャンを集めて歌い、資金を募った。「僕はKids Giving Back（子供たちの恩返し）という財団を立ち上げたんだ。この組織はいまもこの活動を続けてる。ここ数年では、友人たちと6万ドル以上を集めた。その金額は音楽プログラムのサポートのために各学校へ送られている」。ショーンの親切心の結果、現在28校ほどがこれまで存在しなかった音楽のプログラムを生徒に提供している。

やがて、市長の呼びかけはアナハイムの外に住む人々の耳にも届くようになった。トムはケンタッキー州ルイビルのグレッグ・フィッシャーら仲間の市長たちにも声をかけた。フィッシャーは自分のまちを思いやり（compassion）のあるまちにするための取り組みを始めていた。彼らはインドのムンバイとサウスデリーの市長と会い、いかに親切心や思いやりが都市の安全性やレジリエンスを保つ戦略となりうるかを話し合った。

トムはワシントンDCにも招かれ、より強いつながりや社会のレジリエンスを根底から築くために親切心をどう活用できるか話し合った。アメリカ国務省のテロ対策局ではドイツの政府関係者と会い、親切の文化を作ることで過激派に対抗する方法について議論した。そこで出会ったデュッセルドルフ在住の元ネオナチの人物は、最初にネオナチ運動に惹かれたのはつながりを求めてのことだったと語った。そして自分を偏見から引き離してくれたのは、憎むべきとされていた相手からの思いがけない親切行為だったという。

トム・テイトは、彼が学び伝えてきた世界各地のさまざまな親切の文化を振り返り、親切と社会的つながりの相互関係が決定的に重要であることは明白だと指摘する。彼は老人ホームで出会った元哲学教授デニス・ヒッキーについて語ってくれた。ヒッキーも、「親切」に深い関心を抱いていた。「ヒッキーはもうひとつ知っておくべき言葉があると教えてくれた。それはドイツ語の『mitsein《ミットザイン》』で、『ともに存在すること』という意味だ。それはより高次なレベルの親切であり、意義深いものだ。最も深い形での親切は、人とともにいて、つながりを築くことだ」。

トム・テイトは、自分のまちの社会ネットワークを強化することができた――そして個人主義でありつつ集団主義でもあるコミュニティの例を示すことができた。彼は、誰もが親切を受けるに値する存在であり、互いに親切にすることが全員の利益になることを示してきたのだった。

沖縄の「模合《もあい》」から学ぶ

分断に対する第3の解決策を積極的に模索しているもうひとりの人物として、『ブルーゾーン』[18]（ディスカヴァー・トゥエンティワン）の著者ダン・ビュイトナーをあげよう。ビュイトナーは統計的に長寿が多く、100歳を超えて生きる人の割合が高い「ブルーゾーン」と呼ばれる地域を何年もかけて研究してきた。植物性食品を食べ、一日じゅう身体を動かすことが普通であるような環境が長寿の理由だとしつつも、ダンはそうした人々が通常よりも高いレベルの社会的なつながりを持っていることも明らかにした。

ブルーゾーンのひとつである日本の沖縄で、ビュイトナーは「模合《もあい》」という示唆に富んだ社会システムと出会った。「共通の目的を持って寄り合う」という意味で、もともとはコミュニティのメンバーたちが資金を拠出して村全体を支える制度だったが、親しい友人たちの相互扶助ネットワークを指す言葉に変化していった。かつては、親たちが年齢の近い幼児を集め、兄弟姉妹のように5人1組にして模合《もあい》を作った。その子供たちは互いをサポートし、支え合いながら成長し、大人になっても毎日あるいは毎週顔を合わせていた。現在の模合《もあい》も必要な際は金銭的に支え合っているが、「共通の目的」としては、仲間といることや助言をすることが重視されるようになっている。模合《もあい》とは第二の家族のようなものだ。

沖縄を研究中に、ビュイトナーはクレイグ・ウィルコックス博士と出会った。ウィルコックスは人類学者であり老年学者で、何年も前から沖縄で長寿についての研究を続けており、ビュイトナーと同様に沖縄の人々の健康には社会的なつながりが大きな役割を果たしているという結論に達していた。「密なコミュニティのなかで暮らしているんだ」と、ウィルコックスは沖縄で100歳を超える人々を研究して得た知見を振り返りながら教えてくれた。「互いの家を訪ねたり、野菜を持っていったり、たくさんの行き来がある」。

結局ウィルコックスは沖縄に移り住み、この深くて狭い器の文化に身を浸した。そして、いくつかの模合《もあい》にも長年参加している。現代の沖縄では、赤ん坊のころから模合《もあい》に入れられるとは限らない。大きくなってから自分たちでグループを作ることも多く、だいたいなんらかの共通項を信頼とつながりの基盤にして集まっている。その共通項は地元が同じであるとか、クラスが同じ、職業が同じ、というものかもしれない。ウィルコックスは、海という共通項でつながった模合《もあい》に参加している——潜水士、製帆職人、船舶用エンジンに携わる人などがメンバーだった。現在も金銭的扶助の側面は残っている。はじめに各自がいくらかの金額を持ち寄り、ときどきメンバーの誰かが急に資金が必要になると分配される。しかし現在の模合《もあい》の目的は主に社会的なものだ。「誰かが亡くなると、模合《もあい》のメンバーが全員集まってくる」。ウィルコックスはきっぱりと言う。「私の模合《もあい》の仲間は、芝を刈っているときに足の指を2本切り落としてしまった。そのときはみんなで見舞いに行って元気づけたよ。大きなものであれ小さなものであれ、つらいことがあれば互いに助け合うんだ」。

現代社会が到来しても、沖縄で模合《もあい》はなおも健在だ。ウィルコックスによれば、大半とは言わないまでも若者を含めた多くの住民が、こうしたグループに属しているという。驚いたのは、他の多くの文化においては疎外感や孤独感を抱いてしまうだろう「地域の新参者」が参加していても、強い結びつきを築いていたことだ。これは、感情的に強く結びつくことが推奨されていて、日常的によく話し、正直かつオープンに意見を伝え合っているからだとウィルコックスは言う。トム・テイトのアナハイムにおける親切心のように、こうした会話が模合《もあい》文化につながりを生んでいる。このような包摂的な共同体の価値観は、第3の器の文化を創造するカギとなる。

ブルーゾーンが他の文化のモデルとなりうるかを確かめるため、ダン・ビュイトナーはアメリカの20以上の都市で「ブルーゾーン・プロジェクト」を立ち上げた。公衆衛生局長官の在任期間中、私のチームが連絡をとると、彼は丁寧に取り組みを紹介してくれた。彼の考えていたアメリカ版の「模合《もあい》」は、料理や散歩やガーデニングといった共通の関心や活動をもとに人々が集まるものだった。そしてビュイトナーはこう言う。「10週間、一緒に過ごすように促すんだ。私たちが作ってきた模合《もあい》には結成から数年が経つものもあり、現在もメンバーの生活に健全な影響を与えつづけている」。

ビュイトナーのチームは、似たような価値観だけでなく、似たような情熱を分かち合う人々もつなげている。はじめ、グループは行き来がしやすいよう地理や家族のスケジュールを踏まえて作られる。そして「長期的な関係性に向けた良い組み合わせ」になるようグループ全員にアンケートが配られ、趣味や音楽の好み、それから購読紙についてまで尋ねられる。そうしてできたコミュニティは非常に結びつきの強いものとなり、メンバーが互いに支え合っていく。自覚的ではないにしても、全員で孤独から身を守っているだけでなく、健康や幸福感、そして関わりを強化することにもなっている。

私の頭にふたたびビュイトナーの取り組みがよぎったのは、2018年の夏にコロラド・スプリングスで仲間たちとのリトリートに参加したときのことだった。公衆衛生局長官の任期を終えてから1年が経過していたものの、次の仕事は何をするか、仕事探しと2人の小さな子供の育児とのバランスをどうとるか、模索しているところだった。多くの場面で仕事も育児も思いどおりとはいっておらず、ワシントンDCには親しい友人のコミュニティもなかったため、孤独を感じている時期だった。

そんな重い気分のなか、コロラド・スプリングスのリトリートで友人のサニーとデイブに偶然再会した。めったに会う3人ではないが、会うと深くつながることができる。今回は、会って話しだすなり、3人とも似たような問題に悩んでいることが分かった。仕事として何をするか、家族とはどうバランスをとるか、自分の孤独感にどう対処するか。

「もっと頻繁に会いたいものだよ」と私は言った。彼らも同じ意見だと口にしたが、みな家族や仕事に熱心であるため、すぐには会えないだろうと感じていた。

　そのとき私は、オンラインで自分たちの「模合《もあい》」を作ってみればいいのだと気づいた。私たちは月に1度、オンラインで会うことにして、そこで2時間（必要ならそれ以上）、自分の喜びや挑戦など、心に浮かぶことをなんでも正直に話すことにした。それから、互いが互いに対して責任を持つことにも同意した。つまり、大きな挑戦について話し合うとき、その人の決断が私たちの大切にしている価値観にそぐわないものなら指摘し合うことにしたのだ。また、食事や運動や瞑想など、健康に関する約束をしたときには、実直にそれを守るという意味でもあった。それから、友人との普段の会話では出てこないような触れにくい話題、たとえば不安や健康や家計についての話をしようと約束した。

　こうしたあらゆる取り決めにより、私たちの友情は、人生における自覚的で大切なつながりの源泉となった。誰かとつながることを運命や衝動に頼るのではなく、互いのために存在するための明確なルールを定めたのだ。この模合《もあい》のあり方によって、私たちは約束を実行に移すことができ、惰性で疎遠になるリスクを最小化することができた。

　これらの取り決めは、友情を「持つ」ことと友情を「実感」することの違いを教えてくれた。その「実感」のおかげで、最も大切にする価値観に正直に生きることができている。最初の半年間で、私たち3人は模合《もあい》を通してキャリア上の重要な決断をした。健康に関する大きな約束もして、互いにそれを守れるよう支え合ってきた（私は1日に少なくとも1万歩あるくこと、食事から糖分を減らすこと、毎日短い瞑想をすることを約束した）。月に1度話しているが、仕事での新しい機会や家族の問題など、何か話したいことができたら臨時で会話を持つこともある。定期的にメールで連絡をとり合って約束の進捗状況を確認したり、約束が守れなくなりそうなときに助けを求めたり、人生に何か良い出来事があれば祝ったりしている。

模合《もあい》は目に見える確かな形でメンバーに「自分はひとりじゃない」と思わせてくれる。人との距離が遠く、やることも多い現代社会においてもつながりを保ちつづけるシンプルな戦略の一例だ。しかし私たちの模合《もあい》の成功からは、疑問も生まれる。どうしてこの種の集団的な友情が、現代の、特に男性的な文化のなかでこれほど難しくなっているのだろう？

孤独なカウボーイたち

家庭内でも職場においても男女の役割の差は少なくなりはじめているうえ、性自認も人によってさまざまであることが認識されてきている。とはいえ、これまでの伝統的な性別による役割は、多くの社会に男性文化と女性文化を生み出してきたのも事実であり、そうした文化が男女それぞれの孤独や社会とのつながりに影響を与えている。複数の研究によれば、男女で孤独感を抱く割合はほぼ同じであることが分かっている。[19]しかし、それは男女が同じような形で孤独を語ったり経験したりするという意味ではない。

マクシーン・チェイスリングは、男性的な孤独に対して大きな挑戦をした。ダン・ビュイトナーと同じように、彼女も「ソーシャル・イノベーター」として知られている。

マクシーンの地元は、アデレードから南へ車で1時間ほどのグールワという町だ。マレー川のほとりの歴史的な港町で、カンガルー島とビリーゴート諸島のあいだに位置し、砂丘や波のうねる南極海の絶景が広がっている。そんな美しい海を眺めていると、その視線の数千キロ南には氷に覆われた南極大陸があるなんて信じられないほどだ。同じように、この人知れぬ美しい土地が、世界中の無数の男性の社会生活を変化させた運動の発祥地であることも信じがたい。しかしその変化は、まさにマクシーン・チェイスリングを介して広まったものだった。

マクシーンはグールワの高齢者に向けてコミュニティ支援活動をおこなっていたが、1987年に不況が訪れた。地元の工場は閉鎖し、多くの人が早期退職を迫られた。同じ年には、彼女の60歳になる父ビルが心臓のバイパス手術を受け、手術自体は成功したものの、意志に反して父は退職することとなってしまった。そしてマクシーンは、父の様子に気がかりな変化を感じ取った。一夜にして彼はマネジャーのビルから単なる家庭のビルとなり、埋まらない心の穴が空いているようだった。

「満ち足りず、気分が落ち込んでいることは誰の目にも明らかだった」と彼女は何年もあとに振り返ったが、1987年当時のオーストラリアでは、精神的な不調は恥ずべきものと考える風潮がまだ強かった。「当時は『ねえ、お父さんはうつなんだと思う』とはとても言えなかった」。

ビルの機嫌の悪さはたびたびマクシーンの母親に向けられた。どれほど忍耐強く理解を示そうとしても、彼女の行動はすべてビルの目に間違ったものとして映っているようだった。そこでマクシーンは介入することに決めた。彼女は地元の「ミールズ・オン・ホイールズ」という食事宅配サービスに電話をし、必要な人へ食事を運ぶドライバーとして父を推薦した。運転手が足りていなかったミールズ・オン・ホイールズは、その申し出に大喜びした。しかしひとつだけ問題があった。まだビルはこの話を知らなかったのだ。

最初の電話のすぐあとで、ミールズ・オン・ホイールズの担当者が家にやってきて玄関のベルを鳴らした。ドアを開けたビルを待っていたのは、熱い握手と、「コミュニティのために一歩踏み出してくれたこと」やコミュニティに必要な救世主となってくれることに対する感謝の言葉だった。ビルは困惑したものの、「コミュニティが彼を必要としている」という点が心の何かをかき立てた。そうして彼はチームに参加し、その仕事を愛するようになった。

父が自分を取り戻した――マクシーンは自分が目にしたその事実に背中を押された。そこで彼女は、父への密かな介入をレベルアップさせることにした。警察に電話したのである。

地元の警察は「近隣による監視活動（neighborhood watch）」というプログラムを取り仕切っていたが、ボランティア制の参加者が不足することが多かった。マクシーンが（またしても黙って）警察に電話し、ビルがボランティアで参加すると伝えると、2人組の制服警官がやってきて、ビルの家の玄関をノックした。「ビル、ぜひあなたが必要なんだ」とふたりは言った。近隣地域のコーディネーターとなって、助けてはくれないだろうか？　公的機関からの協力要請は、ビルに大きな影響を与えた。その呼びかけはビルに目的とつながりの感覚をもたらした。自分はまだ誰かにとって大切な存在なのだと実感することができたのだ。彼はふたりにイエスと返答し、その新しい役割に熱心に取り組んだ。ビルは亡くなる日まで地域のコーディネーターを続けた。

マクシーンの行動のおかげで、ビルの退職後の日々は忙しく充実したものとなり、社会的自己も取り戻した。その変化にマクシーンがいかに関わっていたかをビルが知ることは生涯なかったが、彼女の母親は知っており、最後まで感謝していた。

一方、マクシーンはグールワの他の高齢男女にも目を向けていた。彼女は当時「ヘリテージ・クラブ」と呼ばれるコミュニティセンターで働いていた。そこでは、グループでのエクササイズのクラスや、マッサージ、料理教室などの福祉サービスを提供していた。ラウンジもあり、お茶を飲みながら話すこともできた。ここのプログラムに参加しているのは、全員とは言わないが、ほとんどが女性だった。女性のほうが男性よりも社会性があると思っていたため、マクシーンはあまり驚くこともなかったが、じゃあ男性は代わりに何をしているのだろうと疑問ではあった。

その答えを知るのに時間はかからなかった。ただコミュニティセンターの窓から外を見てみればよかったのである。男性たちは駐車場で各自の車にひとりで乗り、新聞を読んだりしながら妻を待っていた。そのうちの多くは、週に何度も、そして何年も、死ぬまでこのような形で時間を過ごしていた。より健康的な妻たちは夫よりも長く生き、未亡人となっていた。

マクシーンは社会的なつながりを欠いていることが男性の健康状態を悪化させているのではないかと疑念を抱き、妻たちと同じように男性にもクラブのサービスが役に立つのではないかと考えた。しかし駐車場へと出向いて夫たちをクラブに誘っても、返ってくるのはいつも頑《かたく》なな「ノー」

だった。女性には社会プログラムが必要かもしれないが、男にはいるもんか！　彼らはそう答えるのだった。

「すごく警戒していてプライドが高かった」とマクシーンは教えてくれた。「彼らにとってコミュニティサービスの玄関に正面から入ることは『自分は病気を抱えた人間だ』とでも言っているかのように感じることなの」。

そうした男性たちの考え方に触れて、彼女は自分の父親のことを思い出した。心は優しいのに頑固で、孤立していて、助けを求めることに抵抗していた父親のことを。

そこでマクシーンは違ったタイプの場所を思い描きはじめた。男性たちが病気だとか孤独だと思われやしないかと気にせずにつながれるような場所だ。彼女はまた、自分が手助けしたい高齢男性たちは女性からの助言に耳を傾けようとしないことにも気づいた。彼女は言う。「男性たちの周りには巨大なバリケードがあった。彼らを支援する環境づくりの手伝いはできるけど、そこに入れることまではできない。バリケードを乗り越えていけるのは男性しかいない」。つまり、男性の協力者が必要だった。

数週間後、アルフ・ストークスが食器棚の修理のためクラブへやってきた。定年を迎えた優しい顔立ちの元大工であるアルフは、いつも火のついていない大きな葉巻をくわえていた。彼は大型の牧畜犬を連れてきて、クラブの前につないでから入ってきた。マクシーンは、アルフのことを「まさに男って感じの男」と表現した。男性を勧誘するプロジェクトを引っ張っていくのにうってつけの人物だった。彼女がそう説明したものの、彼は帰っていってしまった。しかし数日後、

「アルフが来てくれたんだと分かった」と彼女は言う。「ドアの外に犬がつながれてたから」。彼は支援のために戻ってきてくれたのだった。

マクシーンとアルフは、たとえば何かの試合を観たり一緒に作業をするなど、本人たちに直接焦点が当たらないものを介したほうが男性同士はつながりやすいのだと理解していた。そこで1993年に、クラブの隣に「男たちの小屋(men's shed)」が建てられた。小屋で男性たちはアルフの特技である大工仕事をすることができる。駐車場から小屋へはクラブと別の通路を作り、男性たちが小屋に近づいても人目を気にせずに済んだ。それから、正面の入り口にアルフの犬をつないで、アルフがなかにいることを知らせる合図にした。それ以降、男性たちは玄関に犬を見かけると小屋へふらりと寄っていくようになった。

「ちょっとアルフの様子を見にきたんだ」、彼らはよくそう言ってやってくる――そして何時間も滞在する。はじめのうちは、だいたいアルフの作業を見ているだけだったが、慣れていくうちに木材を手に取ってノコギリで切ったり、ヤスリをかけたり、ノミで削ったりするようになった。小屋のそばには川があったため、男性たちは近隣住民の木造ボートの修理を手伝いはじめた。また、コミュニティの人々は修理してもらおうと家具を持ってくるようになった。鉄道職員に手を貸して、近くの線路の修理をしたことさえある。

マクシーンは小屋の男性たちのコミュニケーション方法が、ヘリテージ・クラブの女性たちとは違うことに気がついた。男性たちは作業中にときどき言葉を交わしはするものの、女性たちのように心を打ち明けるような長い会話はほとんどなかった。男性たちのやりとりはマクシーンからすると表面的な会話に思えたが、それが居心地のいい親密な環境を作り出していた。

バリー・ゴールディングは著書『男たちの小屋運動』（未邦訳／*The Men's Shed Movement*）のなかで、次のように記している。「女性たちは面と向かって話すが、男たちは肩を並べて話す」[20]。

時間とともに、男性たちのグループは10人に増えていった。小屋は自分が理解されず居場所がないと感じるような世界からの避難所となった。あまりの居心地のよさに、妻たちが家に連れて帰るのに苦労するほどだった。

小屋がそれほど魅力的なものになったのは、「引退した男性たちが生産的になり、ネットワークを取り戻し、人生を楽しむ」という複数の点が同時に実現したからだろうとマクシーンは振り返る。そして何より重要なのは、こうした男性たちが小屋を自分のものだと感じられるように、マクシーンが意図的に前へ出ず、一歩引いていた点だ。

小屋がオープンして数年後、マクシーンはオーストラリアを離れ、ユニセフや医学研究所と力を合わせてさまざまな健康問題に取り組んだ。その一方で彼女が立ち上げに関わった「男たちの小屋」の運動はひとりでに広がっていった。それから20年のあいだに、オーストラリア各地で１０００近くの小屋が誕生した。独自に生まれてきたものもあったが、多くはグールワの例に倣《なら》って立ち上がった。小屋は、アイルランド、オランダ、デンマーク、ニュージーランド、カナダ、アメリカ、イギリスにも作られていった。これまでに世界中の何万もの男性たちが「肩を並べて」語り合い、恩恵を受けてきた。

ロンドンの「小屋」で

私は実際に活動中の小屋を見てみたいと思った。そこで、ある暖かな秋の午後、ロンドンのカムデン・タウン地区にあるなんの変哲もない建物の前に車を停めた。ここに来たのはマイク・ジェンに会うためだった。細身で控えめな高齢の男性で、頭は薄くサイドに少し白い髪が残り、柔らかなヒゲを生やし、穏やかな表情を浮かべている彼からは、なんでも見通しているかのような印象を受けた。

周りは集合住宅やオフィスがひしめいていたが、日中だったため誰も住んでいないように感じられた。マイクは私を案内してコンクリートの階段を上がり、オフィスと言われても倉庫と言われても分からないようなドアの前へと連れていってくれた。なかに入るなり、帯ノコギリの音が聞こえ、鼻腔は切りたての木の香りで満たされた。部屋は現代のロンドンの一般的なアパートの広さだったが、機械や工具や作業途中のさまざまな木材でびっしりだった。隣のビルを見下ろせる小さなバルコニーには、切ったり彫ったりするための切り株がいくつか置かれていた。美しい色の木が何層にもなった作りかけの化粧箱もあった。また、手作りのジュエリーボックスや食卓に飾るセンターピースが滑らかにヤスリがけされ、いつでも使えるようになっていた。おがくずが空気中を舞い、小屋のあらゆる表面を覆っていたが、誰も気にしていないようだった。

50代半ばから80代前半までの男性が大勢いて、共有の作業場で熱心に取り組んでいた。入念に木材の寸法を測り、隅々までヤスリをかけている。私はフサフサした白ヒゲの高齢男性のことを眺めていた。彼は刃の形が見えないほど高速で回転する電動ノコギリの前に長い木材を置いていた。固唾《かたず》をのんで見守りながら、彼が自分を切ってしまわないように願った。しかし彼はやすやすと木を切り、心配するなとでもいうような微笑みを見せてくれた。

このカムデン・タウンの小屋に参加した最初の人たちは、口コミで集まってきたのだという。マイクは小屋のメンバーたちに、家賃や経費の足しにするため可能な範囲でカンパを求めた。さらにメンバーたちは、小屋をサポートするため自分たちが作った製品を販売するようにもなった（売って自分が儲けるための物作りに小屋を使ってはならない、というのは小屋の数少ないルールのひとつだ）。

物静かで穏やかな話し方をする木工職人で、背が高く身体が大きな猫背のミックは、初期に参加したメンバーのひとりだった。ミックは若くして職人の弟子となり、そこで腕を磨いた。私はミックに、小屋に参加するまでの人付き合いはどのようなものだったか尋ねてみた。「近くに家族が何人かいたし、パブに飲みにいけば知り合いの男たちがいた」と彼は言った。後年、ミックは喫煙と大量の飲酒が影響してか、咽頭《いんとう》がんを患《わずら》った。治療は過酷なもので、肉体的にも精神的にも大きな負担だった。やがて医師からは、このまま喫煙や飲酒を続けるならこれ以上治療を続けても意味はないと告げられた。じゃあこの先どうする？　彼はカムデン・タウンの小屋に参加して、タバコとアルコールの代わりに木工作業に打ち込むことに決めたのだった。彼ほどの技術を持つメンバーはほとんどいなかったため、ノコギリの使い方や、木材の切り方、ヤスリのかけ方、木材の接合方法などを教えた。そのお返しに、メンバーたちは彼にインターネットやテクノロジーの活用法を教えた。

カムデン・タウンのメンバーたちは、小屋の外ではあまり会わず、小屋にいるときも心を打ち明けるような深い会話をするわけではない。だとするなら、彼らのあいだには何が起きているのだろう？

「小屋で男性たちは、互いにからかい合うことができる」とマイクは教えてくれた。「そういうからかいは、男性たちがつながりを築くうえでとても重要なものなんだ」。

まるでそれが合図であったかのように、ミックはタバコを吸っているメンバーのひとりをからかいだした。「こいつは数時間ごとに休憩だと言って姿を消すんだけど、タバコを吸いにいってるんだってことは分かっているさ」。ミックは笑いながら冷やかした。言われたほうも笑っていた。

ミックは小屋に参加する前の感情を「孤独」という言葉では表現しなかったが、小屋で得た最も貴重なものは何かと尋ねたら、彼は「人間関係」だと答えた。そうした人間関係は、心に空いた言葉にならない穴を埋めてくれたのだった。

参加から数年後、ミックは自分の眼球や肌が黄色くなりだしていることに気づいた。黄疸が起きていたのだ。胆管が詰まったときに表れる症状で、主に胆石が詰まりの原因となることが多いが、傷やがんが原因の場合もある。詳細な検査と治療のために入院すると、新たながんが発見された。今回はリンパ腫だった。ミックは化学療法を受けることになり、長期の入院を強いられた。入院期間中、見舞いに来てくれたのは誰だったか？　それは他ならぬ小屋の友人たちだった。前回の咽頭《いんとう》がんのときとは違い、彼にはサポートしてくれる友人たちがいた。それは彼にとってとてつもなく大きなことだった。

イギリスや世界各地で、「男たちの小屋」はマクシーンの最優先事項であった「健康問題」に対する取り組みを続けている。アイルランドの小屋では糖尿病への対応に力を入れており、アルツハイマーの男性を支援している小屋もある。イギリスの「男たちの小屋協会」によれば、不安が減ったと回答した参加者が75パーセント、気分の落ち込みが軽減したと回答したのが89パーセントで、孤独を感じる割合も大きく減ったという。２０１３年のアイルランドでの調査では、86パーセントの男性が、小屋に参加したことで以前よりコミュニティに受け入れられている感覚があると回答し、97パーセントが自分自身のことを以前より前向きに捉え、74パーセントが以前より家庭でも幸せを感じると回答した。[21] ２０１０年、オーストラリア政府は男性の孤立や孤独感は独特なものであるうえ増加傾向にあることを認め、「男たちの小屋」は国の男性健康政策の一部として正式に採用された。

男性と孤独

男たちの小屋運動の成功の一因は、参加にあたって男性たちが「自分は孤独だ」と認める必要がないことだろう。マクシーンが気づき、他の研究者たちが明らかにしたように、男性は女性よりも孤独を感じていると認める割合が低い。[22] 男性たちはそれが決まりであるかのように黙って孤独に耐えているうちに、次第にエネルギーが奪われ、性格が変わり、健康が蝕《むしば》まれていく。

このパターンはほぼすべての文化で見られる。世界中の親が、たいていは良かれと思って、自分の息子をタフで自制心があり、感情を打ち明けたり語ったりしないように育てている。しかし研究では、生まれつき男性がこうした特徴を持っているわけではないことが明らかになっている。ある研究では、生後半年の男児は女児に比べて「怒りの表情」を多く見せる傾向にあり、「抱っこしてほしい」というジェスチャー」をすることも多いことが分かった。男児のほうが多く泣き、母親を見て喜びを表現することも多いという。[23]

ところが、「男らしい男」のように振る舞う必要があると教えられると、こうした愛の喜びを臆面もなく表現することが減っていく。自分の内にある思考や感情を打ち明け合って育つ傾向にある女の子とは違って、若い男の子には親密さを表す手段がほとんど認められていない。

ニューヨーク大学の発達心理学の教授で、「青年期の発達」という分野の第一人者であるナイオビ・ウェイ教授は、こうした矯正の過程は学校の校庭を見ていると分かると言う。彼女によれば、低学年では、男の子も互いの身体に腕を回して歩いたり、身を寄せ合って話したりする。男の子も女の子も友達のことを楽しそうに、熱心に、感情いっぱいに語る傾向にある。小さいころには、男の子も気持ちに正直で親密な、深く充実した友情を育む。しかし思春期に近づくにつれ、社会的な親密さはよしとされないのだと学んでいく。

ナイオビは言う。「12歳の男の子たちに、友人関係が失われることが悲しくて深く傷ついていると打ち明けた同級生の話をすると、少年たちはだいたい笑うの。でも、私が個別に話した少年の85パーセントが同じことを言っている、と伝えるとみんな静かになる。それから自分の友人関係や困難について口を開きはじめる。私はただ、みんなの感情の反応を正常に戻しただけ」。
しかしこの正常化を促す人がいない場合、成長期の少年たちは友達に自分の気持ちを打ち明ける必要などない、と自分に言い聞かせるようになる。そして、女性から好かれ、社会に受け入れられるだろうと信じている「男らしさ」の型にみずからを当てはめていく。メディアだけでなく家族や地元の文化を通しても伝播された「男らしさ」は、自立、肉体的な力、精神的な忍耐強さが強調されている。

このモデルの男らしさでひとつだけ表現することが許されているのが「怒り」だ。たいていの場合、怒りは力やたくましさの発露となるからである。そのため怒りは、表現しても男らしさが失われない数少ない感情のひとつとなっている。しかし悲しみや喜びや愛といった共感や慰めを生む感情とは違い、怒りは人を遠ざけてしまいがちだ。つまり、その少年が「男らしく」見えれば見えるほど、周りとの感情的な結びつきが失われる可能性が高くなる。

男らしさを専門とする社会学者のマイケル・キンメル博士は、感情を表に出さないことが男らしさとされるのは西洋だけではないと考えている。彼によれば世界中のほぼすべての文化で、野心や主張の強さは男性的な特徴とされ、心の弱さを見せることや愛情は女らしさの特徴とされているという。そうした文化の大半では、女らしさの特徴となる要素を、弱いものや劣ったものだとみなしている。こうして生まれつきの感情を変形させる代償は、男性にとっても女性にとっても大きなものだ。

ナイオビ・ウェイは男兄弟と育ったため、男性たちの関係を間近で眺めてきた。彼女は弟が親友に冷たくされたときのことを覚えているという。それまでほとんどいつも一緒にいたのに、突然もう一緒に遊ばないと言われたのだ。弟は深く傷つき、なぜ親友が友情を捨てたのか理解できないでいた。それから数十年経ったいまでも、その幼少期の記憶は彼を悲しい気持ちにさせている。

友情関係におけるこうした裏切りは——ついでに言えば恋愛関係における裏切りも——特に男の子にとっては、どう気持ちを語ればいいか分からないため、大きなダメージとなりうる。彼らは恥ずかしさや自分の弱さを感じる。そうした弱さは「女のもの」であるため、痛みや混乱に加えて恥を感じてしまうのだ。アメリカの10代の男子のほうが、同年代の女子に比べて3倍も自殺者が多いのは、こうして悲しみ・混乱・恥が凝縮された経験をすることも一因かもしれない。そのうえ、この闇は思春期では終わらない。

２０１６年、世界保健機関（ＷＨＯ）は全世界の自殺者推定79万３０００人の大半は男性であると発表した。[24] ＢＢＣも、オーストラリアでは男性の自殺者は女性に比べて3倍、[25] アメリカでは3・5倍、[26] ロシアとアルゼンチンでは4倍以上だと報じた。[27] ほぼすべての国で、男性のほうが女性よりも自殺を選ぶ割合が高い。女性のほうがうつ病と診断される割合が高いにもかかわらず、である。[28]

カナダの「自殺予防センター」[29] で事務局長を務めるマラ・グルナウによれば、女性は幼いころから感情を表現することが推奨されていることで、守られている面があるという。「母親は娘とのほうが、息子とよりもはるかに多く話をします」と彼女は２０１９年にＢＢＣに向けて語った。「娘とは語り合い、気持ちを伝え合っているのです」。しかし男の子はタフに耐え、弱さの印となるものはなんであれ見せるものじゃないと教えられているため、医師に相談に行ったり助けを求めたりする割合も低い。[30] 私たちは少年たちを「タフであれ」という型に押し込んでいて、それが逆に彼らの心を無防備な状況へと追いやっている。

ナイオビ・ウェイによれば、社会的な孤立や孤独の感じ方は、男性も女性も同じようなものだという。しかし男性のほうがその感情を認めることが難しいため、そうした孤独感は暴力的な言葉や、かんしゃくや、忍耐力の欠如や、いら立ちなどの形をとって表れることが多くなる。

女性と孤独

歴史的に権力や競争を軸にして発展してきた「男らしさ」とは違い、多くの文化における「女らしさ」は人間関係に根ざしている。これまで女性たちは気の利いた妻、愛情深い母親、頼りになる友人となるよう育てられてきた。２０１８年に発表したエッセイ「失われた時間を地図に描く」のなかで、心理学者のキャロル・ギリガン博士とアニー・Ｇ・ロジャース博士は、コミュニケーションの専門家であるノーミ・ノエルと協力して、「女性の心理における悩ましい側面、つまり人間関係において自分自身や自分の声を抑える傾向、自分を出さずに他者を気遣う傾向、共感や人間関係を築く能力を自分の感情や意見を包み隠すことに使ってしまう傾向、そして自分が何を求め何を知りたいのかが分からなくなってしまう傾向」についての説明を試みた。[31] こうした愛情深い役割を持った女性は、つながりを築いて人間関係のネットワークを構築する際の大きな原動力となる。しかし人間関係がうまくいかなかったり破綻したりすると、自分を責める傾向にある。その結果生まれる恥や孤独の感覚は、人間関係を良くするために自分というものを薄めてきた女性の場合、よりいっそう深刻になる。

ヒューストン大学で教授を務めるブレネー・ブラウン博士は、女性にとって恥と孤独がいかに密接に結びついたものであるかを研究してきた。著書『自分だけかと思っていた』（未邦訳／*I Thought It Was Just Me*）において、ブラウンは恥を「自分には欠陥があるため、受け入れる価値や一緒にいる価値がない存在なのだと信じてしまう、強い痛みをともなう感情または経験」だと表現している。[32] 恥だと感じる経験は、「社会やコミュニティからの、幾重にも重なった、食い違ったり対立し合うような期待と絡まり合っている。恥は女性に、そこから抜け出せないような感覚や、無力感、そして孤立感を抱かせる」という。[33]

こうした感覚とは無縁に見える女性もいるかもしれない。自信を持ち、成功していて、社会的に活躍している女性は、とりわけ弱い部分などないように見えることがある。しかしながら、そういうイメージを維持しつづけること自体、必要なときにみずから助けを求められず孤独感を抱く要因となりうる。

ジーナ・クレイトン・ジョンソンも、そうした女性のひとりだった。南カリフォルニア大学の学部生だったとき、彼女は全米黒人地位向上協会（NAACP）青年支部の事務局メンバーとなった。そしてキャンパスの治安維持、州の量刑法、有権者登録などの取り組みを牽引した。社会正義に情熱を注ぎ、公民権運動家が彼女の仲間だった。ハーバード大学のロースクールに入学すると、すぐに志を同じくする友人たちとつながり、刑事司法改革に深く関わっていく気持ちをあらためて強くした。孤独など、その存在の気配すらなかった。しかしロースクール1年目の途中で、ジーナは身内が懲役20年の判決を受けていたことを知った。このニュースは彼女の心を傷つけただけでなく、彼女を秘密主義にした。

「何かが私に、このことはハーバードの人たちに伝えられないと告げていた」。ジーナは数年後、私にそう語った。

その何かこそ、「恥」の感覚だった。ジーナは教授や仲間たちを尊敬し、そのコミュニティの一員になりたいと願うあまり、秘密をあえて打ち明ける気になれなかったのだった。彼女は自分が低く評価されてしまうことを恐れていた――まさにこのコミュニティは、収監されている彼女の愛すべき身内のような人を支援するために取り組んでいるというのに、彼女は拒絶されてしまうことを恐れていたのだ。皮肉なことだと分かっていたが、それでも誰にも言い出せずにいた。

すべてが変わったのは卒業してニューヨークの「地域弁護人サービス・ハーレム支部(Neighborhood Defender Service of Harlem)」で働きはじめ、ソンドリアという高齢女性の弁護を担当したときのことだった。ソンドリアは自宅が犯罪行為の拠点になっていると主張され、市から退去を迫られていた。この主張の発端は、ソンドリアの孫息子が警察に逮捕された際、パニックになって自分は住んでいない祖母の住所を伝えたことだった。その建物やコミュニティで20年近くなんの問題も起こさず暮らしてきたというのに、当局は彼女が借家法に違反していると非難し、賃借権を法的に解除しようとしていたのだった。

ジーナはソンドリアのような女性をたくさん知っていた。塀の向こうの愛する人を支えるために人生の大半を必死に捧げてきた女性たちだ。多くは、身の回りの世界、特に刑事司法制度に影響を与える力など自分にはほとんどないと感じていた。また、ジーナと同じように、自分の苦境に対する恥の感覚がつきまとっていた。一つひとつ、帰属意識や希望を与えてくれていたつながりが損なわれ壊れていき、心を守るものがほとんどなくなっていく。いつ退去する必要があるのかとソンドリアが尋ねてきたとき、クライアントである彼女もまた、他の女性たちのように諦めつつあるのだとジーナは感じた。

自分の権利のために立ち上がるようソンドリアを説得する方法を模索していたジーナは、いまこそ自分の秘密を打ち明けるときだと決断した。彼女はソンドリアの目を見て、自分の愛する人も刑務所にいるのだと伝えた。そして、知らせを聞いたときの恥の感覚や、4年間クラスメートや同僚に真実を隠してきたことや、人生の重要な一部分をコミュニティに隠しつづけたことにともなう孤独感を打ち明けた。

ジーナは話しながら、ソンドリアが自分はひとりではないのだと認識したことを感じ取った。ソンドリアは疲弊し、怯えていたが、ジーナが誠実に向き合い自分の弱さを見せたことで、心を通わせ信頼の絆を築くことができた。若い弁護士だが自分の境遇を理解してくれている、とソンドリアは思ったのだった。

つながりの効果は双方にあった。ソンドリアと同じように、ジーナにとってもこんな形で自分のことを見守り、耳を傾けてくれる相手を得たと感じたことは久しくなかった。その関係が生まれるには、リスクを冒して弱さを見せることが必要だった。真実を話しても拒絶されないという確信も必要だった。しかし、ようやくありのままの自分を――自分のすべてをぶつけることができたのは心の晴れる思いだった。

ジーナの信念や確信が伝わり、ソンドリアは戦うことに同意した。大変な数ヶ月を過ごしたもののの、ふたりは力を合わせて勝利を得た。ソンドリアは自分の家から退去せずに済み、一方のジーナは自分がどんな仕事に人生を捧げていくかヒントを得た――家族が刑務所に入っている女性たちを孤立から救い、そうした女性たちが互いに支え合いながら、より人道的な刑事司法政策を提言していくよう後押しするのだ。

ジーナ・クレイトン・ジョンソンのような女性は、自分の恥ずかしい部分を隠すかコミュニティを失うかのあいだで揺れている場合、恥と一緒にその他の本心も抑えることが多い。『クイーンビーとワナビーたち[34]』（未邦訳／*Queen Bees and Wannabes*）の著者であるロザリンド・ワイズマンは、子供たちの友情を研究していた10年のあいだ、似たような葛藤が繰り返されるのを何度も目にしてきた。

「女の子はいつも何かと比較するような感覚を持っている」とワイズマンは教えてくれた。こうした比較の感覚が社会的な失敗を恥だと感じさせ、孤独感を抱くリスクを増大させている。「常に周りから遅れることを心配しているけど、追いつけたと思えることは決してない」。

もちろん10代の友人関係の多くは健全なものであり、そうした関係はかけがえのないものになるとワイズマンは強調している。「多くの女の子たちが10代をなんとか乗り越えていけるのは、他でもなく何人かの素晴らしい友人のサポートや気遣いがあるからだといえる。そういう友人関係のなかでは、自分が無条件に受け入れられ理解されていると心から感じることができる。たとえばこちらへの敬意に欠けた相手とデートをしているといった、自分にとって良くない行動をしている場合には異議を唱えてくれることだってある」。そして、こうした質の高い友人関係を通して、その後の人生で健康的な人間関係を形成し維持していく方法を学ぶ。

また一方で、とワイズマンは続ける。「女の子の友人関係は、苛烈で、ややこしく、不満がたまる、屈辱的なものであることも多い」。喜びと安心が詰まった「最高の友人関係」が、悲惨な別れや裏切りによって粉々になったりする。そしてまた、若い女性たちのアイデンティティにとって友人関係はきわめて重要なものであるがゆえに、友情だと勘違いして自分を傷つけるような関係性に身を置いてしまいがちだ。そうした人付き合いの波を泳いでいけない女の子たちは、そのことを恥じる気持ちが子供時代を超えて続いていく。「大人になっても健全な人間関係を築けないような行動パターンや諦めを育てていってしまう可能性がある」。そうなると、孤独のリスクが高まってしまう。

そうはいうものの、充実した人間関係というのは男女どちらにも必要なものだ、とワイズマンは念を押している。「女の子の友人関係のほうが深いものだと考えがちだけど、それは研究で裏付けられたことでもなんでもない。ずっとインスタグラムでやりとりしてる女の子たちを見て、あまりやりとりをしない男の子たちの関係より親密だと思ってしまうかもしれない。でもそれは真実じゃない。男の子だって、友人関係が破綻したら同じくらい大きなダメージを受ける」。

「人間の本能」と「変化した社会」のギャップを埋める

大人になるにつれ男性と女性は、各々の文化において期待される価値観をくみ取っていくが、もちろん現実にはそうした文化的な社会行動や態度だけで人をカテゴリー分けできるわけではない。ジェンダーによる規範に深く影響を受ける人もいる（特にゲイやトランスジェンダーの人生には複雑な影響があることが多いが、それは1冊丸ごと要するようなテーマだ）。また一方で、性格や自分の家族特有の考え方といった要素から大きな影響を受ける人もいる。しかしここで、認識しておくべき大切なことがある。それは、私たちを広く取り囲む文化のさまざまな層に、別の文化的な要請が加わることで、社会的なつながりの生まれやすさ、頻度、質が規定されるということだ。

文化のさまざまな要素が合わさって、他者への期待が形作られていき、それらが自分自身の社会的な行動や願望を規定していく。文化的価値観とは、「何が大切か」や「どのように人生を歩むべきか」について、ある文化圏に広く普及した考えを反映したものだ――その考えはあまりに深く浸透しているため、個人としての願望や優先順位を押しやってしまうこともある。しかし文化的価値観に影響されて孤独感を抱いたり孤立したりすることがあるにもかかわらず、その価値観自体を疑問視する人はほとんどいない。それはなぜだろう？

理由の一部は、祖先の時代に組み込まれた初期設定を、私たちがいまだに持ちつづけているからである。数えきれないほどの世代にわたって、人間は自分が生まれた土地と身の回りにいる部族のメンバーに縛られてきた。文化は疑いもなく継承・実践され、集団に属することは、ただ人と一緒にいることを意味するのではなく、獣や敵から身を守ることを意味していた。つまり、文化はすでに知っている脅威や敵になりうるものへの恐怖にひもづいて形成されてきたともいえる。そのため、人間に埋め込まれた心の配線は、「安全を感じるためには人と一緒にいる必要がある」というシグナルと同時に、「信頼を疑って他人は避けるか遠ざけておくべきだ」というシグナルを送ってくる。このような本能はいまだに10代の社会的行動に表れているほか、外国人恐怖症や人種差別、政治的対立にも見て取れる。人間の進化は、社会の急激な変化に追いついていないのだ。

一方で、社会の変化も、人間に埋め込まれた心の配線から送られるシグナルと同じくらいリアルなものであるため、2つのあいだに緊張が生まれる。祖先とは違い、私たちは孤立した閉鎖的な部族や村からなる世界に住んでいるわけではない。もはや同じ場所で同じグループの人たちと一生を過ごすことも少なくなっている。自分たちと違うからという理由だけで他人を攻撃したり排除したりすることも、もはや合理的に正当化できなくなっている。また、自分が生まれたコミュニティに馴染めなかったからといって、永遠にひとりで荒野をさまようはめになるわけでもない。私たちのなかにある配線は、こうした環境がなおも存在しているかのように設定されているが、そうした環境が続いているとは限らない。

シンプルな事実として、もはや私たちは部族という観点から考えたり行動したりするばかりではいられない。自分とは違う文化のメンバーと関わらないことは難しくなっているだけでなく、仮に関わらなかったとしたら、グローバル社会でますます価値ある資源となっている多様な観点や経験を犠牲にすることになる。私は、人類が集団から個人へと進みすぎてしまい、その過程で文化のバランスを損ねていったのは、何より人間が見て見ぬフリを続けてきたからだと考えている。私たちは個人の表現の自由に重きを置いてきたが、その一方でコミュニティの基盤をしっかり守ったり強化したりすることを怠ってきた。いま必要なのは、私たちにとって大切な集団的要素――人間関係、コミュニティ組織、近隣地域、社会・文化機関――などにふたたび力を入れていくことだ。そしてそれは、個人の表現を引き続き守りながら実行していかねばならない。

コミュニティの一員であるためには多少の犠牲を払う必要があるかもしれないが、それは悪いことではない。人に奉仕し与えることは、コミュニティの強化になるだけではない。それは自分自身の生活を豊かにし、コミュニティとの絆や、自分のなかの価値観や目的意識を強めてくれる。コミュニティの一員になると、孤独からも守られる。しかし誰かと一緒にいるために、自分の一部を否定したり隠したりする必要はない。トム・テイトがアナハイムで証明したように、親切心は個人と集団のバランスをとるのに重要な役割を果たし、第3の器の文化には欠かせない要素となる。親切心によって、私たちの分断に橋をかけて社会を癒やすと同時に、個人の孤独感を和らげ、人を結びつけることができる。

このようなつながりの橋を築くことが、いまほど重要な時代はないかもしれない。そのことを説明するのに「文化」は理由の一部にすぎない。急速で、多様で、私たちを追い立ててくるグローバルな変化も、明白な理由のひとつにあげられる。

Why Now?

第4章　なぜ、いま？

あなたとリムジンに乗りたがる人はたくさんいるけど、あなたに必要なのは、そのリムジンが故障したときに一緒にバスに乗ってくれる人だ。

——オプラ・ウィンフリー

我々の世界は（中略）大いなる恐怖と憎悪のコミュニティとなるのを回避し、互いを信頼し尊重する誇るべき連合にならねばならない。

——ドワイト・D・アイゼンハワー、大統領退任演説

孤独という経験自体は人類が生まれたときからあったかもしれないが、特にいまは重要な転換点であるように感じる。ロバート・パットナムは20年前、著書『孤独なボウリング』（柏書房）のなかで、20世紀の終盤3分の1からアメリカにおける社会的ネットワークと社会規範の崩壊が

始まったと指摘したことで知られている。パットナムの研究では、その時期から宗教への参加、コミュニティ組織への参加、友人を自宅に招く頻度など、社会との関与を示すさまざまな指標が急激に低下していることが明らかとなった。[1] そしてパットナムによれば、こうした傾向の多くは本を出版して以降の歳月で悪化の一途をたどっているという。[2]

現代の人に人生で最も大切にしているものを尋ねると、多くが家族や友人をあげるだろう。ところが私たちの日々の過ごし方は、その価値観に反したものである場合が多い。21世紀の世界においては、私たちの時間や注意力やエネルギーや関心を奪い合う絶えざる競争のなかで、なんらかの営みに集中することが求められる。しかしその営み自体、たいてい競争をはらんでいる。私たちは仕事や地位をめぐって競い合う。持ち物や、金や、名声をめぐって競い合う。なんとか食らいついて、仕事で成功しようと必死に努力する。その一方で、大切だと思っているはずの人間関係は、ないがしろにされることも珍しくない。

現代社会にもたらされた前例のない進歩によって、技術的には簡単につながることができるようになったが、こうした進歩は予期せぬ難題を生み、これまで以上の孤独感や孤立を感じることも多い。交通手段の進歩のおかげで、かつてなく簡単に友人や家族を訪ねることができるようになっているが、移動しやすくなったことで、ますます多くの人が愛する人たちから遠く離れて暮らすことにもなっている。医学の進歩のおかげで、これまで想像していた以上に長生きする人が増えているが、そうして生きるなかで多くの友人を失うことも避けられない。そしてテクノロジーの進歩により、直接他者と関わらずとも地域の利便性を享受できるようになっている。レストランに足を運ばずとも食事を配達してもらえるし、混み合う映画館に行かずとも家でひとりでオンライン配信の映画を観ることができる。そして思いつくものはほぼすべてネットショップで注文でき、商品を玄関に届けてくれる配達員と対面することすらない。在宅勤務の人も多く、顧客や同僚との交流があるとしてもバーチャルであったりする。人とのつながりは排除されつつあり、かろうじて残っているというのがせいぜいだ。

経営コンサルタントとして、エイミー・ギャロは世界中を渡り歩きながらこうした変化の多くに対処を迫られてきた。現在エイミーは『ハーバード・ビジネス・レビュー』誌の寄稿編集者となっているが、キャリアの初期にはニューヨークに拠点を置くコンサルティング会社に勤めていた。彼女が当時関心を寄せていたのが、仕事における協働関係に影響を与える組織内の非公式なネットワークやコミュニティだった。しかし職場におけるつながりを専門としていたにもかかわらず、特に仕事で家から何千マイルも離れた場所にいるようなときは、彼女自身が深い孤立感に悩まされることが多かった。

あるプロジェクトでは、韓国に4ヶ月滞在した。その国に知り合いはひとりもおらず、韓国語も話すことができず、ホテルにこもってばかりいた。そんな彼女を救ったのは、同じコンサルティング会社から来た3人のアメリカ人の同僚だった、と彼女は言う。皮肉なことだが、このランダムに集まったグループの共通点となったのは「孤独」だった。「普通なら私が友達になろうとするようなタイプの人たちじゃなかったんだけど、みんなすごく孤独を感じる状況に追いやられていたから、強い心の絆が生まれた」。

別の仕事では、同僚らと隔週でワシントンDCを訪れる必要があったため、毎回ホテルのチェックアウト時に次回分の部屋を予約していた。するとある週、空き部屋がひとつしかなかった。エイミーの同僚女性は、一緒の部屋にしようと提案してきた。

「4度見くらいしちゃったはず」とエイミーは振り返った。「それだけは避けたいと思っていたことだったから」。ふたりは互いに好感を持ってはいたものの、表面的な付き合いしかなかったのだ。「冗談だけど、彼女は誰とだって一緒の部屋に泊まれたと思う。それくらい外向的な人だから。でも私はそうじゃない。だけどまあ、仕方ないから同意した」。

一緒の部屋に泊まると、ふたりは思っていた以上に共通点が多いことを知った。実際、あまりに気が合ったため、その後プロジェクトが続いた6週間は一緒の部屋に泊まることにし、いまも親しい関係が続いている。

何がふたりのつながりを強くしたのか尋ねると、エイミーは言った。「ありのままの自分でいられると心から感じたの。もちろん仕事のことも話したけど、人生のことも話した。彼女はひどい別れを経験していた。どんなキャリアや人生を目指しているか、なんてことをたくさん話した」。こんなふうに心を打ち明けて互いに支え合うようなことは、せわしない現代社会では稀《まれ》なことだ——世界を飛びまわり、遠く離れた土地で仕事をすることが多いビジネスパーソンならなおさらである。

出張者が孤独になる主な原因は、旅先でのやりとりが仕事に関係したものばかりになることだとエイミーは言う。彼女が言っているのは顧客や取引先だけでなく、出張中の日常的なやりとりも含めてのことだった。「客室乗務員の行動は私のことを気遣ってくれているように見えるかもしれないけど、そうしてくれているのは仕事だから。ホテルのベルマンだって同じこと。ある場所から別の場所へと移動して、お金を払って必要なことをしてもらい、また別の場所へと移動する、ということの繰り返し。同僚と出張したり、気の合うクライアントと会ったりすることもあるけど、心を通わすようなことはなかった」。

こうしたよそよそしさを感じるのは、ビジネスパーソンや旅行者に限ったことではない。効率と引き換えに、私たちは日常生活における本当の人間的な関わりをどんどん手放している。私はオンラインの食料品配達サービスが登場したとき大喜びしたのを覚えている。妻のアリスには、こうしたサービスが店と家との往復から解放してくれると言ったものだ。しかし、そのような食料品店へ買い物に行くことで、野菜やベビーフードをどれにしようか悩んでいる隣人たちと会うこともあったのだった。見つけにくい商品を探すのを手伝ってくれる店員と顔見知りになったり、子供をあやす知り合いの親に大変だねと声をかけたりする。こうした一見ささいな交流が、地域社会という大きなネットワークとのつながりを保つのに重要な役割を果たしていた。そうした交流が、私たちに帰属意識を与えてくれていたのだった。

つながりを保つにあたって私たちが直面している最大の問題は、あまりにも速い変化のスピードかもしれない。人間は適応し進化していくものだが、新しい情報や行動体系を自分のなかに落とし込み、新しい社会のルールや期待に適応していくまでには時間がかかる。かつては新しく登場するテクノロジーをテストし、開発し、普及するまでに長い時間を要していた。リタ・ギュンター・マグレイスが『ハーバード・ビジネス・レビュー』に書いているように[3]、1900年以前は、電話がアメリカの半数の世帯に普及するまでに数十年もかかった。その100年後、携帯電話が半数の世帯に普及するまでにはわずか5年しかかからなかった。しかも、そのスピードは加速するばかりだ。2008年には、車1台の設計期間はおよそ60ヶ月だったが、わずか5年後にその設計サイクルは約半分に短縮された。この目まぐるしいスピードは、有名な『魔法使いの弟子』の話のように、ひとつのイノベーションに慣れる時間がほとんどないうちに、新しいアプリやデバイスやプラットフォームが次々と誕生していくことを意味する。テクノロジーは人間に「追いついてこい」と迫ってくる。

この無言の圧力は、社会構造の根底に緊張感を生み出す。ついていけない者は後《おく》れをとる一方で、ついていける者も絶えず次の新しい何かを追うことになる。そうやって追いつづけるのは純粋な好奇心からというよりも、「ついていく」ことが「競争力を持つ」ことと同義になっているからだ。自覚しているかどうかには関係なく、この速い変化は私たちに、選択肢は2つしかないのだという印象をよこしてくる。すみやかに適応して、自分には市場価値があり、雇用に値する能力を持ち、有用な存在だと示しつづけるか、後《おく》れをとって座を奪われるかだ。こうして伝統と革新、年長者と若者、オンラインと物理的なコミュニティ、そして仕事的なやりとりと人間的なやりとりのあいだに緊張関係が生まれる。こうした緊張関係がいたるところに広がっているため、現代の孤独は、これまでの世代が経験してきた孤独とは異なるものとなっている。

社会ネットワークの変化は、家族ネットワークの変化を先取りするものであることが多い。

いまやロボットが高齢者に連れ添う友としての機能を持ち、バーチャルの遊び相手が人間の友人に取って代わっている。ゲームがサイバー空間で発展し、子供たちは現実の友達と顔を合わせて関わるのではなく、部屋に閉じこもる。さらにこうした変化はあまりに急速であるため、私たちの社会生活やスキルや精神に与える影響を把握している人すらほとんどいない。私たちは激しい風に揺れる小枝のように振り回され、知らず知らずのうちに自分にとって何が重要か、誰が重要かを見失い、自分の立ち位置が分からなくなってしまう。私たちにはつながりを求める本能がまだ組み込まれているが、時流を追うことに時間と注意を注げば注ぐほど、つながりを求める社会的な習性が弱まり、困っている自分を放置して見捨てるリスクが高まる。

ずっとオンライン

初めてフェイスブック、ツイッター、インスタグラムに登録したとき、友人たちとのつながりを保ち、コミュニティ内の会話に参加できる素晴らしい手段だと思った。最初のころは、長らく連絡をとっていないクラスメートや友人たちをフェイスブックで見つけ、笑顔でこちらに微笑みかける写真のなかの顔を眺めて幸せな気分に浸っていたのを覚えている。しかし、多くの友人たちとオンラインでつながれるのは素晴らしいことだったが、私が望んでいたような充実した会話があるわけではないことも分かった。それどころか、友人たちが投稿するワクワクするような冒険、立派な昇進、目覚ましい達成をじっくり眺めながら、そうした時間の25パーセントは刺激を受けたが、自分がダメな人間だと感じずにいられる時間はまったくなかった。ある友人いわく、ソーシャルメディアの投稿をチェックすることは、みんなの最高の日と自分の平凡な日を比較するようなものなのだ――どうしても自分は足りない人間だと感じてしまう。

他にも戸惑うことがあった。最初は、自分の経験や考えを友人たちにシェアしようとSNSに投稿を始めた。だがほどなくして、どれだけ多くの人が「いいね！」やコメントやシェアをしてくれるかばかりを気にしている自分がいた。9・11から何年目かの日に当時のことを振り返る投稿をしたが、その投稿に「いいね！」を押してくれているか何度もチェックしているうちに、この投稿に注いだ純粋な気持ちが薄れているのを感じた。SNSは心からの表現を空虚な行為に変えてしまったのだ。そんなふうに承認を求める自分に嫌気がさした。

結局、私は距離を置くことにした――投稿を控え、フィードをチェックすることもやめたのだ。SNSへの参加は残念な結果に終わり、手を引くことにしたのだった。携帯から各種アプリを削除し、パソコンのアカウントからはログアウトした。その後数日は、本能的にフィードをチェックしようとしたり、何か見逃しているのではないかと思ったりしてむずむずしていたが、次第に気にならなくなり、世界からのデジタルな承認を追い求めることにも関心がなくなっていった。これがどれほどの解放感であったか、いくら強調しても足りないほどだ。

SNSからは何ヶ月も離れていたが、私はかなり限定的な条件を設けて復帰した。本当に心が動かされたときだけ投稿することにしたのだ(たとえば妻のアリスがケンタッキー州ルイビルでおこなった、感動的な心温まる講演などがそうだ)。そしておそらくより重要だったのは、コメントや「いいね！」

やリツイートをチェックしないと決めたことだ。フォローする人数を大幅に減らして、つながりの感覚や世界への理解を豊かにするような投稿が中心になるように整えた。こうした条件でSNSとうまくバランスをとって付き合っていけるかは、いまも実験中だ。判決はまだ下っていない。

デジタル技術との共生を深めることによる社会全体の心理的な代償と恩恵についても、判決はまだ下っていない。2019年1月、オックスフォード大学の研究者であるエイミー・オーベン博士とアンドリュー・シュビルスキ博士は、[4]デジタルスクリーンタイム(デジタル機器の画面を眺める時間)は青年期の社会活動の健全性にマイナスの影響を与えるが、それは全体から見れば非常に小さな影響であるという驚くべき調査結果を発表した。35万人以上の青年期の男女のデータを分析した結果、デジタル技術の使用よりも、マリファナの使用やいじめのほうがはるかに有害であると結論づけた。それ以前には、シュビルスキおよび同僚のネッタ・ワインスタイン博士が、スクリーンに向かう時間の長さで影響度合いに違いが生じることを明らかにしている。[5]この「ゴルディロックス仮説」によると、思春期の子供たちが1日に1~2時間スクリーンを眺めて過ごしても精神の健全性は損なわれないようだが、それ以上だと有害になる可能性があるという。興味深いのは、スクリーン使用時間がゼロの子供は、適度に使用している子供よりも悪影響を受けているらしいという点だ。これはおそらく、周りのみんながネットを利用している世界で、自分だけそこに参加しないと疎外や孤立の感覚を生む可能性があるからだろう。

2017年、ピッツバーグ大学で教授を務めるブライアン・プリマック博士らのチームは、

SNSの過度な利用が孤独につながって害をもたらす可能性があることを示す、別の証拠を突き止めた。彼らは19歳から32歳までの被験者1787人を調査した。一方のグループには1日に2時間以上SNSを利用してもらい、もう一方のグループは30分以下に制限した。そして全員に、次の状態がどれだけ当てはまるか、あるいは当てはまらないか、段階評価をしてもらった。

- 仲間はずれにされているように感じる
- 自分のことをほとんど知られていないと感じる
- 周りから孤立しているように感じる
- 周りに人はいるが、心は寄り添っていないように感じる[6]

この研究者たちが突き止めたのは、SNSのヘビーユーザーは、使用頻度の低いグループに比べて孤独を感じる割合が2倍高いということだった。[7] この調査結果は、SNSのヘビーユーザーのほうがうつ病になりやすいことを明らかにした類似研究[8]と同様の問題を示すものだった。

こうした研究結果はどれも、あの「鶏《にわとり》と卵のどちらが先か」という疑問を呼び起こすものだ。孤独でうつを抱えた人がSNSに逃げ込もうとしているのか？　それとも、SNSの過剰利用が人を孤独やうつにするのだろうか？　SNSの利用が孤独やうつを増幅する要因であると考えられるが、それを証明するにはさらなる調査が必要になる。また、こうしたプラットフォームはとても広く普及しているうえ、かなり若い時期から利用されているため、厳密な研究管理を確立するのはとても難しい。

エイミー・オーベンは、人間に対するテクノロジーの影響の全貌解明が「まだ本当にごく初期段階」にあると強調している。彼女と会ったときは、デジタルメディアの利用状況に関するデータの多くは企業が独自に収集しているものであるため、研究者たちが簡単にアクセスできるものではないのだと語っていた。そのためテクノロジーの影響を解明していくのがさらに難しくなっているという。それから、彼女はスクリーンが付いた機器を「どれだけ」使うかよりも、「どう」使うかのほうが重要かもしれないと指摘している。影響を受けやすい子供の場合、不適切な環境で有害なコンテンツを数分間見るだけで壊滅的な影響となりうる。一方で、豊かな家族体験の一環として1時間スクリーンに向かうことは、とても良い影響を与える可能性もある。「問題は、スクリーンに向かう時間にばかり気をとられて、そのコンテンツや、技術の種類や、利用する動機についてはあまり気にしていないこと」だと彼女は言う。

こうしてテクノロジーのさまざまな側面を見てみると、テクノロジーの影響にはプラスとマイナスの両面があることがますます明らかになる。SNSは充実したつながりを発見するのに役立つ。これまで孤立していたり疎外されたりしていたコミュニティに属していた人たちにとってはなおさらだ。しかし環境が不適切である場合、必要以上に比較をしたり、いじめを誘発したり、高かった人間関係の質が低下したりすることで、孤独感を悪化させる可能性がある。

しかし、これらのプラットフォームをバランスよく利用するのは簡単なことではない。SNSは私たちの社会生活や仕事のなかに組み込まれている。記者である場合、ツイッターを一切見ないというわけにはいかない。新しい仕事を探している場合、プロフィールを作ったり、リンクトインに登録したりすることが不可欠かもしれない。家族や友人が人生のビッグイベントや集まりを告知するのにSNSを使っている場合、そのプラットフォームに参加していなければ何も知ることができないかもしれない。

加えて、最近のSNSプラットフォームは、人間の行動や脳科学に対する高度に洗練された理解をもとに開発されている。ソフトウェアエンジニアたちは、ユーチューブの自動再生、スナップチャットの連続更新記録、インスタグラムやツイッターやフェイスブックの通知機能など、あらゆる技術を駆使し、ユーザーをコンテンツに引き戻しつづけ、可能なかぎり長く注意をつなぎとめようとしている。ほとんどの場合、成功しているアプリの経済的な指標は、オンラインでの交流の質ではなく、純粋な利用量だ。人がそのプラットフォームに滞在すればするほど、たいていは広告という形を通して収益が大きくなる。言い換えれば、私たちの時間はソーシャルメディアにとって金に等しいのだ。このようにして、アプリはアテンション・エコノミーの代表的な製品となっている。

みずからの意志の力で適正に利用するのがユーザーの責任ではないか、と思う人もいるだろう。理屈で言えば、それは正しい。しかし実際には、それを実行するためには何千年にもわたって磨かれてきた根深い行動本能に打ち勝つ必要がある。

多かれ少なかれ、私たちはみな新しいものが好きであり、インターネットはまさに新しいものに満ちている。リンクをクリックすると、たちまち新しいサイトや、新しい製品や、新しいバーチャル体験へと送られる。メッセージを送ったり投稿をしたりすると、フォロワーや友人たちがほとんど瞬間的に反応する。ネットの技術によって可能になったこのスピードは、急かされているような感覚や自分は重要人物だという感覚を芽生えさせ、まるで世界中が固唾《かたず》をのんで自分の次なる投稿を待っているかのような気分にさせる。このスピードは反応への期待も生むため、自分の投稿に対する反応が遅いと拒絶されたような痛みを感じる。このインターネットのフィードバックループは新たな求愛者のように魅力的に感じられるものであり、まさに恋愛や友情と同じ脳の報酬システムに依拠している。人によっては、この効果は抗《あらが》いがたく、しかもきわめて気軽に使えるため、対面でのやりとりが次第にネット上での関係に取って代わられていく。

いったい何度、5分だけと思って友人の投稿をチェックした結果、1時間も費やしてしまったことだろう。フェイスブックで友人にメッセージを送り、プロフィールからプロフィールへと飛んで、ほとんど知り合いでもないような人の猫や食事や旅行の様子を眺める。こうしたオンラインでのちょっとした探索は単なる気晴らしだと自分に言い訳している人もいるかもしれないが、そうした行動は現実世界で家族や友人と過ごせるはずの時間を奪っている。

「マルチタスク」という神話

この時間泥棒は、マルチタスクという魅惑的で危険な神話に支えられている。テクノロジー（特にスマートフォン）は、かつてなくこの神話を助長させてきた。突如として、私たちは電話で話し、電子メールを送り、お金を支払い、食料品を注文しながら街を移動する、ということがすべて同時にできるようになった。しかもそれはたやすい作業に感じられ、そのうえ効率的だ。そうしたテクノロジーは、たとえば友達の新しい子供の話を聞きながら、同時に隣人の旅行の写真をチェックして、病院に行ったという親のメールを読み、大好きなスポーツチームの最新情報をグーグルで検索する――というように、あらゆる方向の好奇心を一度に満足させることができるという幻想を生み出している。ところが実際は、マルチタスクをおこなっていると注意力がどんどん細切れになっていき、効率性が低下し、各作業への関与の質も低下する。

研究では、人間は一度に複数の活動に注意を向けられないことが明らかになっている。人間が「マルチタスク」でおこなっているのは、現実にはタスクとタスクを高速で行き来し、そのたびに目の前のタスクへわずかのあいだ注意を払っているだけだ。マサチューセッツ工科大学（MIT）の神経科学者であるアール・ミラー博士は、2008年にNPRのインタビューで次のように語った。[9]「タスクからタスクへと切り替えるとき、あなたはすべてのものに同時に注意を払っていると考えているかもしれない。しかし実際はそうではない」。

たとえば、会話をしながら携帯電話に目をやっていると、そこで話された言葉は覚えているかもしれないが、携帯を見ていないときに比べると言葉や言語以外のシグナルを迅速かつ完全に処理することはできない。その理由のひとつは、コミュニケーションに関わる各作業が脳内の同じ回路を奪い合うからである。「こうしたタスクを同時におこなうのは不可能に近い」とミラーは言った。「片方の作業を実行しながら、もう片方に集中することはできない」。

複数のタスクを行き来すると、実は結局のところ余計に時間とエネルギーを費やすことになってしまう。なぜなら、もともと注意を向けていた作業にふたたび集中して取り組むには平均して23分かかるからだ。[10] さらにマルチタスクはテクノロジーと結託し、友人と対面で会うことへの価値観を歪《ゆが》める。フィードをぼんやりとスクロールして友人たちの活動を眺めたり、メールで簡単な近況報告をして友人たちと親交を温めているつもりになったりするのは簡単だ。そうした友人たちと日程を決め、準備をして実際に会うのは、はるかにエネルギーと時間を要する。気がつけば、何日も、何週間も、あるいは何ヶ月も、心からの会話や充実した会話を持つことなく過ぎてしまったりする。そうなると、実際に友人と会うのがさらに大変な作業に思えてくる。しかし、そうした人付き合いの労力によって、オンライン上の親交からはほとんど得られない社会的な利益がもたらされる。

関係作りは苦労したほうがいい？

スタンフォード大学の社会学教授であるパオロ・パリーギ博士[11]は、オンライン上の評価が人間関係にどう影響するかを研究しており、その研究結果は驚くものであると同時に複雑なものでもある。その被験者は、エアビーアンドビーやウーバーなど、社会的ネットワークに関連したサービスのユーザーだ。パリーギによると、そのサービスのアプリでユーザーたちによって蓄積されてきたオンライン上の評価が、社会的な紹介として機能しているという。ピア・ツー・ピア（個人間取引）の市場では、ウーバーのドライバーやエアビーアンドビーのホストと会う前から、あらかじめ互いについての情報がレーティングという形で集約されている。これは事実上、互いに信頼できる存在かどうかの判定をクラウドソース化しているということだ。

このレーティングシステムの優れた利点のひとつは、表層的なバイアスにとらわれずに済み、日常における交流の多様性が高まることだと、パリーギは2018年のインタビューで語っている。[12]「自分とはタイプが異なる相手でも、エアビーアンドビーふうの評価（点数化やレビュー）で評判のいい人物なら、その人を信頼する可能性が高まるということが分かった」。しかし、こうした形で生まれる信頼はかなり限定的なものだ。

その理由のひとつは、オンライン上に築かれた評判が条件付きのものだからだ。ウーバーのタクシーを利用した乗客が快適だと感じてドライバーを信頼するのは、そのドライバーが目的地まで安全に連れていってくれるからであって、自分たちの代わりに留守番をしてくれるからではない。エアビーアンドビーのホストがゲストを信頼するのは、家の備品を責任持って扱うからであり、ホストの年配の両親を世話してくれるからではない。パリーギは、こうしたアプリなどで格付けされた結果を、長いあいだ直接親交を深めて生まれる評判と対比して「薄い」評判と呼んでいる。

「かつては互いの共通点を探すといったプロセスがあった」とパリーギはインタビューで説明している。「そして共通点を発見するプロセスこそが友人関係を築くプロセスだった。現在、このプロセスは速度を増したともいえるし、排除されたともいえる。情報があらかじめ目の前に用意されているからだ。つまり、発見のプロセスというものがない」。

パリーギはこのアイデアを検証するため、ホスピタリティー交換ネットワークアプリ「カウチサーフィン（Couch Surfing）」を活用した。旅行者と無料で家に泊めてくれるホストをつなげるアプリだ。このサービスが当初想定していたのは、無料での宿泊が永続的な友情の基盤になるという考えだった。そしてこのプラットフォームの人気は疑いようがない。2004年のサービス開始以来、カウチサーフィンのコミュニティは旅行者1400万人、ホスト40万人にまで成長している。では、そこで生まれた友人関係はどのようになっているだろう？

パリーギは、そうした友人関係を、オフラインで自然に生まれたホストと旅行者の友人関係と比較した。「旅行者がこれから会う相手について多く情報を持っていると、そこで生まれる友人関係は、旅行者が相手のことをあまり知らずに会った場合と比べて弱くなっていた」。事前にオンラインで情報を得て関係構築を先取りしておくことは、交流のハードルを下げるのとトレードオフで、結果的に「結束の弱い」つながりになってしまうようだ。[13]

反対に、事前の情報が少ないグループが互いを一から知るために費やした労力は、友人関係に良い影響をもたらしていた。大切なのは相手について何を知っているかだけではなく、それをどうやって知っていくかだ。時間と関心を注ぎ、そこに多少の苦労が加わると、つながりの強さという点で大きな違いが生まれる。

これは何を意味するのか。パリーギによれば、テクノロジーは孤立を減らすかもしれないが、苦労して手に入れる昔ながらの友人関係に代わって手軽なつながりが増えることで、人がより孤独を感じるようになった。「これが、現代の生活に対して私が抱くわだかまりだ。（略）つながりはたくさんあるが、果たしてそれは昔と同じものを意味しているだろうか？」。

ＭＩＴの教授であるシェリー・タークル博士は、もう少し強い表現をしている。「私たちは人と一緒にいるという生々しい人間的な部分を失いつつある」[14]。この30年間、タークルは人間とテクノロジーの関係を心理学の面から研究してきた。彼女のこれまでの著作が焦点を当ててきたのは、デジタル文化における会話の重要性、それからテクノロジーが友人・恋人・親子間の関係性やコミュニティ、親密さ、孤独などに与える影響だ。デジタルに常時接続していると、デジタルの世界においても物理的な世界においても、目の前のことに完全には集中していない状態になると彼女は言う。私たちはそういう状態を相手に隠そうともしない。相手は自分に関心が向けられていないと気づくため、こちらに自分のことをたくさん、あるいは深く共有してくれる可能性が低くなってしまう。

関係性や共感に対するテクノロジーの影響

携帯電話をはじめとした通信技術が常に存在することで、会話の感情的な質の低下が明らかになってきているのも不思議ではない。アンドリュー・シュビルスキとネッタ・ワインスタインの実験によると、会話中に携帯電話が視界に入るだけでも「相手から共感や理解を感じる度合い」にマイナスの影響があるという[15]。

実に多くの人がディナーの席や家族の集まりに携帯電話を持ち込んでいることを考えると、これは気がかりだ。もちろん、なるべく見ないようにしてはいる。画面を下にして置いたり、脇に押しやったり、ナプキンで隠したりさえする。また、私たちは会話中にメールを打つことに関しては許せる範囲のマナーが存在するのだと考えようとしてきた。私は、メールをしていても発言者と目を合わせていれば失礼には当たらないと言われたことがある。また、会話に参加している誰かが発言者と目を合わせていれば、自分は下を向いてメッセージをチェックしたりメールを送ったりしても構わないと聞いたこともある。しかしこうした方法はどれも、会話の真摯《しんし》さや質を保つものではない。

このような現象はますます増え、無視する（snubbing）と電話（phone）をもじって「ファビング（phubbing）」という言葉すらできている。アメリカの成人453人を調査した2015年の研究では、46・3パーセントがパートナーからファビングされた経験があると回答した。2度目の調査では、そうした経験があると回答した人たちのほうが、頻度が少ない人に比べてケンカが多く、関係への満足度が低いことが明らかになった。[16]

私たちのテクノロジーの使い方は、目の前の人とのやりとりを妨げるばかりか、人との距離を生んでしまう可能性もある。SNSではコメントするにしても相手の顔を見る必要がないため、自分の言葉が相手に引き起こす反応や痛みに無自覚なままでいられる。そしてまた一方で、SNSではこれまで目にすることができなかった他者の生活を垣間見ることができるようになっている。それによって、これまで以上に多くの人のことを理解したり、ポジティブな形で関わったりする機会ももたらされている。簡単に言えば、テクノロジーの使い方といっても、ネットの掲示板に誰かを貶《おとし》めるような辛辣《しんらつ》なコメントを書き込むことと、個人的な苦境について投稿した友人に手を差し伸べサポートすることには違いがある。すべては、私たちがSNSやデジタルテクノロジーをどう使うかにかかっている。

「共感」に対するテクノロジーの影響は一長一短かもしれないが、私たちが持つ「共感」に起きている変化は、より鮮明なものだ。2010年、ミシガン大学の研究者たちは、1979年から2009年にかけて大学生の共感スコアが40パーセント下落し、2000年以降に最も大きな下落を見せていることを突き止めた。[17]

さいわいにも、私たちには回復する力がある。ヤルダ・ウールス博士は、心理学の博士課程に在籍中だった2012年の画期的な研究のなかで、そうした力の存在を示した。8歳から18歳までの若者は学校外でスクリーン使用時間が1日7時間半以上に及ぶという2010年のデータ[18]に危機感を覚えた彼女は、スクリーンに向き合う時間を人と対面する時間に変えたらどうなるのかを探ることにした。そこで彼女は2つのグループに対して調査をおこなった。ひとつは公立学校の生徒50人で、テレビも電話もパソコンも使えない1週間の野外教育合宿に参加するグループ。そして学校にとどまった別の生徒グループ50人には、普段どおりのメディア利用を続けてもらった。そして両グループの生徒たちは実験期間の前と後に、静止画や動画から感情状態を読み取る能力の計測テストを受けた。ウールスの調査では、静止画と動画いずれのテストでも、スコアは合宿に行ったグループのほうが有意に高いことが明らかとなった。[19]

合宿の効果が生まれたのは、テクノロジーと離れたからなのか、自然のなかでともに時間を過ごしたからなのか——いずれにせよ、ウールスの調査結果は人間が回復力を持ち合わせているとの証だ、とシェリー・タークルは指摘している。「電話を持たずに合宿に行くとわずか5日で共感レベルが回復している。どうしてか？　それは、合宿に行って互いに会話をするから[20]」。

しかし悲しみや衝突や失望、それから人間関係という大変で難解なものから精神的に逃れるためにテクノロジーを利用している場合、そこから距離を置くのはより難しくなる。直接会って意見の違う物事について話し合ったり、実際の問題に対する解決策を一緒に探したりせずとも、ネットは気軽にアクセスでき、厳しい問いを投げかけてこない「友達」のなかで何時間も過ごすことができる。こちらのほうが楽な道だが、その道は最終的により深い孤独へと続いていく。

孤独を感じる割合は研究によってまちまちであるものの、研究者たちは思春期から30代前半にかけての青年期に孤独感が高まるとしている（50代と80代にピークが観測されている[21~23]）。そうした調査を受け、臨床心理学者のキャサリン・シュタイナー＝アデア博士は1250人の児童・思春期の若者・若年の成人にインタビューをおこない、2014年に『大きな孤立』（未邦訳／*The Big Disconnect*）を出版した。[24]シュタイナー＝アデアによれば、デジタル時代の若者が社会的に経験している悲劇とは、インタビューで特に雄弁だったひとりの若い女性の言葉に集約されるという。「ものすごい皮肉だと思う。私たちの世代は歴史上最もつながっている。それなのに恋をするのがうまくない。口説く方法も知らない。ただ泥酔して肉体関係を持つ。それ以前には会ったことすらないような人と。夜中の2時15分とかに誰かにメッセージを送る。『ねえ、いま何してる？』。

みんな、それがカラダ目的だってことは分かってる。飲みにいくことすらしない。本当に悲しいのは、私たちが自分をさらけ出す方法を知らないこと。電話をかけて、『ねえ、本当にあなたのことが好き。ねえ、寂しいんだけど。ねえ、デートしない？』なんて言う方法が分からないの」。

シュタイナー＝アデアによれば、こうした若者の多くはつながりに欠けた親のもとで育ってきたのだという。「小さい子、中学生、高校生、そして青年や成人は、みな同じような言葉――悲しい、怒っている、寂しい、腹が立っている、いら立っている――を使って、親がしっかりとこちらに向き合い、関心を注ぐように試みていた。親はデジタル機器に気をとられてばかりいたから。でも結局その子供たちも、親の行動をまねるようになってしまう」。

テクノロジーが質の高いつながりを阻む理由は、気が散ってしまうからだけではない。私もフェイスブックの利用を控える前に気づいたが、ソーシャルメディアは他人と比較する文化を助長するため、私たちは絶えず自分と他のユーザーの身体や、服や、料理や、家や、休暇や、子供や、ペットや、趣味や、思想を比較している。毎日が高校の同窓会のような感じで、誰もが自分の達成や勝利や喜びを「シェア」し、みずからの価値を証明しようと競い合っている。単に喜びを友達と分かち合いたいだけの人もいるだろうが、全体としては完璧な生活に見える部分を厳選して切り取られたものが多く、見るほうはそれと比べて不安になったり、憂鬱になったり、自己嫌悪に陥《おちい》ったりする。そして、そうしたことに最も影響を受けやすいのは、自分のアイデンティティや目標を模索している途中の若い人たちだ。

ネット上で他人と比較をしているとき、私たちは自分の価値を査定しているだけではない。

所有物、職業、活動、友人やパートナーになるかもしれない人たちなど、さまざまな付属項目を比較している。デジタルの世界は、そうした比較材料をパイプラインのように際限なく供給してくる。左へスワイプ。右へスワイプ。何度も、何度も、何度も。何かを選んだとしても、どうせ次にログインしたらより良質で魅力的な別の選択肢が出てくるのだろうと思うと、自分がした選択に対する自信はたちまち揺らいでしまう。一度ルームメートや友人や愛するパートナーを選んだら、互いが秘めた複雑な面を知るためにオフラインでの面倒な作業が待っているうえ、そこで知ったものを愛せるかどうかも分からない。そのため、「完璧な」マッチ相手がいるかもしれないという気持ちは、目の前の相手に深く関わることを強く阻む要素となる。しかし「完璧な相手」というのは、テクノロジーや現代文化が人間というものの性質を無視して築き上げた幻想だ。延々と航海を続け、理想の相手を際限なく追い求めることは、結局不安や孤独感しかもたらさない。

皮肉なのは、テクノロジーによって「ひとりでいる力」も低下しているという点だ。常にSNSがあるため、ひとりでいる必要などないという幻想が生まれてしまう——そして孤独だと感じるのは何かがおかしいのだという幻想も生まれる。しかしながら人間にはいまだにひとりでいる場面が必要であり、その恩恵を高める時間と空間も必要だ。定期的に心を解放して、ネットワークアルゴリズムや自動再生される広告などに導かれることなく、おもむくままに自分と向き合う必要がある。ひとりでいると、ありのままの自分でいることに抵抗がなくなっていき、ひるがえって他者との交流においても自分らしくいやすくなる。そうやって自分らしくあることは、強いつながりを築くのに役立つ。

本当の自分らしくいるとは自分の弱さを見せることでもあり、それには勇気が必要になる。本当の自分を隠したり曲げたりしたほうが人から好かれると信じている場合は特にそうだ。オンラインでは本当の自分よりも勇敢で、幸せで、見た目がよく、成功しているように見せることが簡単であるため、自分を曲げたほうが好かれるという考えが助長されてしまう。こうした演技は、実のところ「社会的撤退（ひきこもり）」のひとつの形だといえる。自分が周りから受け入れられているフリをすることはできるかもしれないが、そうした演技は孤独感を強めるだけだ。

オンラインで生まれるポジティブなつながり

もちろん、SNSやテクノロジーもネガティブな影響ばかりではない。テクノロジーは、より良いつながりを後押しする可能性も秘めている。すべては、それをどう設計し活用するか次第だ。スカイプのようなプラットフォームを使えば、学生は全国のさまざまな授業を受けることができ、ビジネスパーソンは他の大陸のクライアントや同僚と打ち合わせをすることが可能になる。ソーシャルメディアを使えば、障害者や病人、あるいは社会の隅に追いやられたグループに属して孤立する人たちも、コミュニティを見つけてつながりを持つことができる。長らく会っていなかった友人たちとふたたびつながるのにも役立つ。また、子供の誕生や愛する人の死など重要な瞬間を手軽に友人たちへシェアできるため、サポート資源となるネットワークとつながる手段にもなる。

ポイントは、私たちのライフスタイルが人間同士の交流を省いて効率を最大化しようと進化するほど、人とのつながりを深めるためのテクノロジーの利用法を真剣に考えていかねばならないということだ。

私はフェイスブックを使いはじめたばかりのころに、そのポジティブなパワーをじかに体験した。私はビジネススクール時代の旧友ふたりを検索しようと思い立った。卒業後にどこで暮らしているかや、どんなキャリアを歩んでいるかは知らなかった。手がかりはふたりや共通の友人たちの名前だけだったが、フェイスブックの魔法のおかげで、ついにヴィニとシャリーンを見つけることができ、メッセージを送った。そして返事が来て（ふたりは結婚してワシントンDCで暮らしていた）、それから数年間はメールや電話でやりとりを続けた。ふたりの住むまちに仕事で出向くようにもなったため、出張のたびに彼らの家に泊まった。彼らは私にとってほとんど家族のような存在となった――その点についてはフェイスブックに感謝しなければならない。

現代の通信技術は家族の距離を縮めることもできる。子供のころ、遠く離れたインドの親戚に青いエアログラムを送り、書けるスペースはすべて文字で埋めていたのを覚えている。そのエアログラムが届くまでには2週間かかり、返信が地球を半周して戻ってくるまでにはさらに2週間かそれ以上待たねばならなかった。いまではビデオ会議テクノロジーのおかげで、私の子供たちは国内の離れた場所にいる祖父母といつでもビデオを通して食事をともにすることができる。泊まりがけの出張だったとしても、私は息子が作った最新の工作を褒めたり、娘が家中をよちよち歩くのを応援したりすることができる。

これらのことをジョン・カシオポなら、テクノロジーがオンラインの中継ステーションとなることで、オフラインでの人のつながりを生み出しうることを示す例だと言うだろう。彼は、SNSへの投稿自体が目的になると疎外感や人生への不満が高まる傾向にあるが、オフラインでのつながりを生むような社会的な目的を持ったSNS利用は孤独感を減らすことが分かっていると教えてくれた。

人をつなぐ中継ステーションにはさまざまな形がある。映画のオンライン配信は、映画館に行けない高齢の親戚と好きな映画を共有する手段となる。自宅でのリモートワークなら、近所の人と散歩をしたりする時間ができる。オンラインショッピングを利用すれば、子供の学校でのボランティアに使う時間を作れる。

他には、純粋な個人間の交流から始まって、オンラインでもオフラインでも多くの人と質の高いつながりを生む運動へと発展していくモデルもある。それがハラ・サブリー博士の経験したことだった。

MOMS SAVING MOMS

救急治療室担当の医師であり母親でもあるハラのSNSでの壮大な旅が始まったのは、2014年11月のある晩遅くのことだった。結婚し、当時は子供がひとりいて、双子を妊娠中だった彼女は大きな不安を抱えていた。これまでの道のりはつらく苦しいものだった。5年間も不妊治療を続け、体外受精を8度試み、複数の医師やクリニックを渡り歩いた。子供を持てないのではないかと長きにわたり恐れていたが、3人もの子供が持てる見込みができて喜ばしく思っていた。しかしその夜、妊娠から31週目に、突然心臓の鼓動が激しくなり、息が切れ、胸に圧迫感を感じはじめた。まず頭によぎったのは肺塞栓症《はいそくせんしょう》ではないか、ということだった。肺に血栓が入り命を脅かす病気であり、妊娠中に起こりやすい。だが結局、これは不安発作だと分かった。

ずっと夢見てきた大家族を持つため懸命に戦ってきた彼女だったが、突然自信を失ってしまった。本当に双子を産んでも大丈夫だろうか？　仕事と3人の育児を両立できなかったらどうなる？　彼女の仕事は相当にタフなものであり、自分がどれほど大変な状況にあるか誰も理解してくれていないと感じることもよくあった。

ハラが医師を目指したのは父からの強い希望によるものだった。エジプト出身の医師である父は、ハラに安定した職に就いてほしいと考えていた。ハラは子供たちのなかで最年長であり、父に何かあった際は彼女が家族の面倒を見る必要があったからだ。そのため医師になることは最善のアイデアのように思えた。悲しいことに、父親はハラが医学部生になって1年目に52歳で亡くなってしまった。しかし彼女は父の思いに応えようと心に決め、すぐに医学に夢中になっていった。

医師になるとよく言われたのが、仕事の成功か母親になるかを選ばねばならないということだった。最初の産休時には、ハラではなく彼女に比べれば適任でない男性が昇進したという。彼女が理由を尋ねると、子供を産んだのだから医師より母親になりたいのだろうと思っていた、と伝えられた。そんなこともあり、ハラは不安に襲われながら、子供が3人になったらどれほど大変になるだろうかと考えていた。夫は航空宇宙エンジニアとしてフルタイムで働いていた。追加でもうひとり乳母が必要になりそうだったが、それもどうすればうまくいくだろうか？

彼女には相談相手が誰もいなかった。ネット上には母親たちが集まる掲示板もあったが、「乳母を2人雇ってうまく回していくにはどうすればいいか」といった質問を投稿すれば、自分がひどく特権的な人間に見えてしまうだろうことを懸念していた。パニック発作のただなかで、患者がこういう状況に陥《おちい》っていたら自分はなんと声をかけるだろうと考えはじめた。妊娠中のリスクを考えると、アチバンやバリウムといった一般的なベンゾジアゼピン系の抗不安薬は服用したくなかった。セラピストに相談しても求めるものが十分に得られるようには思えなかった。彼女が求めていたのは、自分の状況を批判的でない協力的な形で理解してくれる他の女性医師たちとつながることだった。

彼女には自分を理解してくれそうな人として唯一頭に浮かんだ人がいた。それがディナだった。ディナは医師であり、生後3週間の双子の母親だった。幼いころからの知り合いだったが、親しい仲ではなく、しかもいまは夜の11時。それでもハラはとにかくメッセージを送ってみようと考え、ディナに子育ての様子を尋ねてみた。

幸運にも、ディナは偶然授乳中だったため、すぐにハラへ電話をかけた。ふたりは互いの不安や不満について長く語り合った。ディナもまったく同じ問題に悩んでいると聞いたハラは、医師として働く他の母親たちともつながったらよさそうだと考え、電話をしながらフェイスブックを開き、プライベートグループを作った。ディナも周りに聞きたいことを投稿すると約束してくれたので、ハラも過剰に自分が特権的であるとかダメな人間であると意識せずに済み、その場で20人の女性をグループに招待した。すると驚いたことに、20人全員が起きており、ハラが投稿していた乳母に関する質問にさっそく答えはじめた——そして他の友人もグループに招待していいかと尋ねてきた。ベッドへ向かうころには、ハラの胸の痛みは消えていた。

起きたらグループが100人になってたらすごいなあ、彼女はそんなことを思いながら眠りに落ちていった。

次の朝、「母親医師グループ（PMG／Physician Mom's Group）」のメンバーは200人を超えていた。1週間後には1000人にまで拡大した。月末までには3000人を超えた。5年後には7万人以上が集まるグループへと成長していた。

私は妻のアリスを通してPMGのことを知った。彼女は2015年の結婚直後にグループへ参加していたのだった。彼女はグループ内の多岐にわたる投稿について教えてくれた。子供の発疹に関する医学的なアドバイス。お勧めのおむつや、デートの夜に着るドレスについての意見交換。しかしこのグループで何より特筆すべきなのは、女性たちのオフラインの生活に大きな影響を与えている点だ。彼女たちは友人として互いに助け合うようになり、一年中あちこちでオフラインでの小さな集まりが開かれるだけでなく、「3日間のシスターフッド」とハラが言うリトリート合宿も年に1度おこなわれている。

私がハラと電話をしたとき、彼女は南カリフォルニアの自宅に停めた車のなかから話していた。「家に入ると、子供たちが騒がしすぎて話に集中できないから」と、5人の子供を持つベテランの母親として得た経験則を語った（彼女はPMGを始めて数年後にふたたび双子をもうけていた）。家族のことを話す口ぶりから、彼女にとって家族が支えであることが伝わってきた。同時に、PMGのメンバーたちも含め、自分が奉仕している多くの人々への深い責任感を持ち合わせていることも明白だった。

互いを元気づける人々のコミュニティを作るのは簡単なことではなかった。ハラは互いに敬意と尊厳を持って交流するための行動規範を定める必要があった（いちばん大変だったのは2016年のアメリカ大統領選の期間中や選挙後のことで、どちらの陣営の支持者も怒りを抱えていた）。彼女は27人のボランティアで構成されたモデレーターチームを作り、グループの規範に反した会話がないか監視を手伝ってもらっている。誰かにグループから退場してもらうようなときは、PMGのように熱心で私的なグループの場合、激しい反応を生むこともある。不満を抱いた元メンバーが報道機関に電話をかけて告発をしたこともある。その報道機関はハラに電話をかけて意見を求めることすらせずに、彼女とグループについての心ない記事を掲載した。ハラには嫌がらせのメールや脅迫が届いた。彼女はグループの解散を考えたこともあったという。しかしPMGが多くの女性の人生にポジティブな影響を与えていることを思い、いつも踏みとどまるのだった。

私はハラに何か強く印象に残っている出来事はなかったか尋ねてみた。しばらく間があったあと、彼女は言った。「たくさんありすぎて」。

数年前、メンバーのひとりがこんな投稿をした。夫が死んだばかりで、いま相談する相手もおらず、自分も死にたい気分だという。ハラは寝ようとしたときにその投稿に気づいた。自殺を考えるような人にはすぐに対応しようとグループで取り決めていたため、ハラはその女性にすかさずメッセージを送り、電話をつないだ。ＰＭＧのボランティア５人がすぐに名乗りを上げ、専属のサポートチームが結成された。食事を届ける体制も整えた。５人は交代で彼女のもとを訪ね、週末に彼女がひとりにならないようにした。そして彼女たちは友人になった。コミュニティの力によって苦しい時期を支えられ、彼女はいま元気に暮らしている。

また別のときには、産科医のメンバーが自分の担当する女性に子供が産まれたばかりだと投稿した。しかし出産にともない、母親に命の危険のある稀《まれ》な合併症が起きていた。それは羊水塞栓症《ようすいそくせんしょう》と言い、子宮内で胎児の周囲を満たす羊水が母体の血中に流入することを指す。産科医の投稿から数分も経たぬうちに救急医たちが返信し、治療法を提案した。しかしその治療法は母親が入院している病院では対応できないことが判明すると、また別の誰かが名乗り出て、近くにある自分の病院への転院を手配した。そうして最終的に患者の命を救うことができたのだった。「母親たちが母親たちを救う（ＭＯＭＳ　ＳＡＶＩＮＧ　ＭＯＭＳ）」、ハラは翌日そう投稿した。

それからハラは、胸のしめつけられるようなエピソードも教えてくれた。その物語はホスピスにいる赤ちゃんについての投稿から始まった。投稿したのは、この病気の赤ん坊の母親であり、医師として働く女性だった。彼女は生後６週間の赤ちゃんに捧げる詩や物語を投稿し、その内容にグループの誰もが心を引き裂かれた。グループの人々はサポートを申し出た。赤ん坊が亡くなると、グループのメンバーたちは治療費を肩代わりすることを提案したものの、母親はそれを断った。その後、メンバーたちはこの母親に赤ん坊以外の子供が２人いることを知った。そこでメンバーたちは母親のために、リノベーションされた子供用の棟がある地元の図書館を見つけてきた。そして金額は問わずグループ内で寄付を募り、いまでは子供用読書室の外にプレートが設置されている。そこには、この母親がＰＭＧに投稿した愛する子供についての文章から抜粋した言葉が記されている。

ＰＭＧを作る前は、子供が１人で仕事が１つでも、ハラはずいぶんストレスを抱えていたという。いまは５人の子供がいて、かつてないほど忙しい。しかしグループからの大きなサポートがあるおかげで、これまでよりも余裕を持って家族や患者と向き合うことができている。「いまのほうがずっといい医者になれていると思う」と彼女は言った。「このグループでは、友人として、女同士として、母親として、妻としての存在目的を強化できる。自分をさらけ出すことで強くなれるの」。

彼女と話してから、私はこれらのエピソードを何日も反芻《はんすう》した。印象に残ったのは、彼女が多くの人生に与えている影響の大きさだけでなく、他者に奉仕した結果として彼女自身の人生にポジティブな効果がもたらされていることだった。グループを作るまでは孤独だったと本人が言っていたわけではないが、テクノロジーによって可能になった社会的なつながりが彼女の仕事や家庭生活の質を高めたことは明らかだった。人とのつながりは充足感を得る最大の源泉であると同時に、究極のパフォーマンス増強薬でもある。そのことを考えると、テクノロジー企業や新世代の人道的な起業家が構想し設計すべきテクノロジーとは、人とのつながりを弱めるのではなく意識的に強め、人との交流の量よりも質を優先し、健全で人との関わりに積極的な社会を支えるものであるべきだ。

故郷を離れる

『ブルックリン』という映画の舞台は1950年代。誰もが知り合いであるようなアイルランドの小さな故郷を若い女性が旅立ち、船に乗って大西洋を渡り、ニューヨークのブルックリンにやってくる。ホームシックになり孤独感を抱くが、他の移民女性たちと下宿屋に暮らし、食事をともにしている。ダンスホールや職場や地元の牧師に勧められた夜学のクラスなどで人と出会い、次第に互いを気遣う新しいコミュニティを築いていった。彼女のたどる道はどれひとつとして簡単でも楽でもなかった。適応には何年もかかったが、その緩やかなペースのおかげで、彼女や仲間の移民たちはそれぞれの道をゆく人々と仲を深める時間を持つことができた。

現在、大陸間の移動はわずか数時間でできる。富があれば1晩で別の大陸に移り住むこともできるし、残してきた人たちとは理論上テクノロジーを利用して連絡をとりつづけることができる。しかし移り住んだ新しい場所でコミュニティを求める気持ちはどうなるだろう?

中国には「遠水は近火を救いがたし、遠親は近隣に如かず」という言葉がある。トム・テイトも似たような発言をしており、社会的なつながりがアナハイムの災害対策に不可欠な要素だと考えている。どこに暮らしていようと、人は互いを必要としている。私はそのことを、おじのラジェシュの例から痛感した。

私が中学生のころ、ラジェシュがマイアミのわが家に滞在することとなった。それは珍しいことではなく、インドからはよく人がやってきた。両親と訪問者はだいたい遅くまで何時間もいろいろな話をする。遠くからしか知らなかった国の話を聞くのが私は好きだった。しかしラジェシュは違った。あまりたくさん話すような人ではなかったのだ。それでも彼は私に最も強い印象を残した。

静かな声で人のよさそうな表情をした紳士であるラジェシュは、口数がきわめて少なく、口を開くときはほとんどが土木工事についてだった。「橋を作っているんだ」、土木技師というのがどんな仕事だか分かっていない様子の私に気づいて、彼は教えてくれた。

彼は少し猫背の中年で、着ているスーツパンツとボタンダウンシャツはいつもサイズが大きく見えた。真っ黒な髪をなでつけていたが、どうしても分厚いメガネに髪が垂れてきてしまう。あまり笑わないが、卑屈なわけでも不機嫌なわけでもなかった。表情は曖昧《あいまい》で、理解したり読み取ったりすることが難しかった。

年齢を重ねても、ラジェシュはアメリカンドリームを実現するのだという思いを持ちつづけ、家族のためにより大きな機会や繁栄を手に入れたいと考えていた。そのため、その「機会」が生じたとき――何年も試みたすえにビザが交付されたとき――アメリカへと向かわずにはいられなかった。まずはしっかりとした基盤を築いてから、妻と成人した子供たちをインドから連れてくるという計画だ。安定した生活を捨て、馴染みのない国でひとりきりのまったく新しい生活を始めるなんて、とても勇敢なことだと思ったのを覚えている。もちろん、そうした旅に出るのはラジェシュだけではない。私の両親を含め、彼の前には何世代もの移民たちがいるし、世界中ではるかに多くの人が故郷を離れて転々とし、もっと厳しい境遇にある人も多い。しかしそうした人々は自分とは縁遠い話だった。ラジェシュの物語はまさに目の前で繰り広げられていた。

毎日学校から帰ると、私はラジェシュと時間を過ごした。家が大規模なリノベーション中だったため、よく一緒に工事現場を歩いた。ある日、彼は言った。「あそこでやってる基礎工事、コンクリートが流し込まれたばかりだろ?」。

私は答えた。「うん。乾燥して固まるのを待ってるんでしょ、その上に建物を建てるために」。ラジェシュは私の説明から抜けていた工程を教えてくれた。「上に何かを建てる前に、間隔をおいてコンクリートに水をかける必要があるんだ。コンクリートの強度のほとんどは、コンクリートが流し込まれたあとの数日間の水かけ作業で決まる」。この話は、なぜかずっと記憶に残っている。

しかし不器用なラジェシュは新しい友人関係を築くのに苦戦した。私たちは彼をいろいろなハウスパーティに連れていったが、彼にとって社交は簡単なものではなかった。そして新しい環境での移動も簡単ではなかった。ラジェシュは車を持っておらず、慣れないマイアミの郊外は動きまわるのも簡単ではなかった。ある日、家の近くにバス停があることを知った彼は、翌朝バスに乗って街へ出かけてみることにした。しかし私が午後に学校から帰ってきたとき、彼はまだバス停に座っていた。当時のマイアミの公共交通機関は信頼できるものとはいえず、ラジェシュはずっとバス停で待っていたものの、バスが現れなかったのだ。いま思うと、バスを待っている彼の姿は移住の孤独を象徴しているようで胸がしめつけられる。

ラジェシュには知性と経験があり、英語も話すことができたが、アメリカのアクセントや言葉遣いを理解するのに苦しみ、コミュニケーションをとることは大変だった。しかし最終的には、私たち家族の友人の建築事務所を通じて仕事を確保することができ、ラジェシュは一軒家へと引越し、主にひとりで行動する30代の青年と、中年のロシア人女性、そして彼女の幼い息子とシェアして暮らした。家をシェアするなど慣れておらず――ましてや文化的背景が自分とはまったく異なる3人と暮らすなど言うまでもなく――ラジェシュは仕事以外の時間はほとんど自室に閉じこもっていた。

子供心にもこれは寂しい環境だと思ったが、数日、数週間、数ヶ月と過ぎても、ラジェシュは不満を漏らさなかった。彼が車の運転を覚えると、父はラジェシュが自力で通勤できるよう家族で使っていた古いブルーのシボレー・カプリス・クラシックを贈った。彼は仕事を楽しんでいるようだった。それは自分が愛する土木工事の分野に没頭できる機会だった。

ある日、私たちはラジェシュがインドにいる娘の結婚式の資金を上司から借りていたことを知った。インドの伝統的な父親の多くと同じように、ラジェシュも子供に豪華な結婚式をあげさせることを義務だと考えていたのだ。しかし娘が結婚した直後、ラジェシュは仕事を失ってしまった。彼の技術は事務所に求められるものとはマッチしないと告げられたのだ。新しい職場を探しはじめたが、面接までこぎつけるのは難しく、面接まで行った数少ない機会でも採用には至らなかった。それでも、ラジェシュはインドの家に帰って失敗した人間として地元のコミュニティと向き合う気にはなれなかった。

仕事を探して6週間ほど過ぎた日曜の午後、わが家の電話が鳴った。家にいたのは姉と私だけだったため、私が電話をとった。

「ソフィアだけど」。その淡々とした声の主は、ラジェシュのハウスメートのロシア人だった。「ノックしても彼が部屋から出てこないの。どうしたらいいか分からなくて」。

私は、きっとその呼びかけがラジェシュには聞こえていなかったに違いないと思ったのを覚えている。ラジェシュはとてつもなく耳が遠かったのだ。彼は1992年の夏、ハリケーン・アンドリューが南フロリダに壊滅的な被害を与えるあいだもずっと眠っていたほどである。私たち家族は身を寄せ合い、闇のなかで風がうなり金属が大きな音を立てるあいだ祈りつづけていた。翌朝起きてきたラジェシュは、ハリケーンが来たのかどうか尋ねてきたのだった。

そのため私はソフィアに提案した。「すごく大きな音でドアを叩いてみて。補聴器をつけてないのかもしれないから」。彼女は試してみると言ったが、それでもうまくいかなかったため、私は心配になった。病気なのかもしれない。あるいは倒れて頭を打って意識を失っているのかもしれない。

私は彼女に、救急車を呼んで救急隊員にドアをこじ開けてもらうよう伝えた。彼女はしばらく黙っていた。

「分かった」。ソフィアはそう言って電話を切った。

連絡が来るまでは何時間にも感じられたが、電話がかかってきたのはわずか10分ほどあとのことだった。

ソフィアの声は無感情なものだった。「救急隊員がドアを壊して開けたら、天井のファンで首を吊ってた。もう亡くなってる」。

私は声を出すことができなかった。病気による近親者の死は何度か経験していたが、自殺については、どう考え、どう対処すればいいか分からなかった。

しかし、それは私だけではなかった。家族の誰もがラジェシュの死を予期しておらず、彼の死は私たち全員に大きな衝撃を与えた。何よりつらかったのは父とおじで、インドにいるラジェシュの妻に非常に酷な電話をかけ、想像もしえなかった事態が起きたと伝えねばならなかった。近くにいるラジェシュの親類は私たちだけだったため、家族はみな責任を感じていた。どうすればもっとうまくサポートすることができただろうかと考えずにはいられなかった。見落としていた兆候があったのでは？　人が内側にどれほどの痛みを抱えているかは、外から見て分かるとは限らないということを初めて学んだ機会だった（その教訓は孤独についてもいえるもので、孤独感を抱きながらもそれを外に出さない人もいる）。

ラジェシュの死は、私と彼の交流の意味を考えるきっかけともなった。彼にとって私はただの小さな子供という位置づけだろうと考えていた。しかし彼が孤独だったのなら、あのコンクリートやその他の一見ありふれたことについての短い会話は、私が思っていたよりはるかに重要なものだったかもしれない。実際、どんなささいな交流が、その人にとって、あるいは自分にとって重要な意味を持つともしれない。たとえば、コンクリートが硬くなっていく過程を説明してくれた話に含まれた知恵。コンクリートが流し込まれたあとの数日間に水を注ぐことによって強度の大半が育まれるのと同じように、私たち一人ひとりも生まれただけで強くなるのではなく、生まれたあとの日々や歳月において注がれる愛によって強くなるのだということを、私は何年もあとになって理解した。その愛とは、周りのすべての人たちとの関わりから生まれてくるものだ。

ラジェシュが亡くなってから数年間、私たち家族は何が原因で彼がそのような愛とサポートから遠ざかってしまったのかを理解しようと努めた。彼のプレッシャーの一部は、もちろん一家の長である男性としての役割に起因することだろう。新しい仕事を探しているところだったため、いつも以上のストレスを抱えており、しかも娘の結婚式のために借金もしていた。インドに戻って良い仕事に就き、家族と一緒にいて比較的快適な生活に戻ることもできたが、彼にとってその選択肢は失敗を認めることに見えていたのかもしれない。

ラジェシュにとって苦境は初めてではなかった。彼は私の父と同じ村で育ち、貧困と病気に耐えながらなんとか学校を卒業し、切望していた土木工学を学べる大学に入ることができた。逆境にもめげず、土木工学の名門大学の教員にまで上り詰めた。しかし、ラジェシュの過去の苦難とマイアミでの新しい挑戦のあいだには、ひとつの決定的な違いがあった。国を移ったことで、核となる社会的なネットワークが失われてしまっていたのだ。

インドでは、彼のことをよく知り、サポートしてくれる家族や友人たちに囲まれていた。そうした人たちと毎日会い、何十年も付き合ってきた。家族と暮らし、しょっちゅう人が訪ねてくるため、求めずとも他者と会って話す機会があった。

マイアミでは、おじがラジェシュにとって最も友人に近しい存在だったが、そのおじはラジェシュが仕事を失う数ヶ月前にニュージャージーへと引越していた。ラジェシュはインドの人たちにサポートを求めればよかったではないかと思うかもしれないが、１９９０年代には彼の妻に国際電話をかけると1分で数ドルはかかった。その金額は、生活していくのがやっとの男にとっては高すぎるものだった。それに、仕事を探すのに苦労していることなど、家族には恥ずかしくて言えなかったのかもしれない。

振り返ってみると、ラジェシュがひどく孤独を抱えていただろうことは明らかだ。彼は孤独については何も語っていなかったが、それは私たちが秘密を打ち明け合うような関係ではなかったからだ。彼には、マイアミにそうした相手がひとりもいなかった。

移民・難民の時代に

悲しいことに、ラジェシュのような話は珍しいことではない。２０１８年、アメリカ疾病対策予防センター（ＣＤＣＰ）は、自殺で亡くなった人の54パーセントが精神疾患の診断を下されていなかったと報告している。さらに悪いことに、２０１６年には世界全体で79万３０００人の命が自殺によって失われたと見積もられている。[25] 世界全体の自殺率は減少しているものの、一部の国々ではここ数十年自殺率が増加している。アメリカはそうした国のひとつであり、１９９９年から2017年のあいだに自殺死亡率が33パーセントほど増加しており、特に田舎の地域の男性、[26] そして特定の難民コミュニティでその割合が高くなっている。[27]

ロンドンの移民・難民支援団体「ザ・フォーラム（The Forum）」が2014年におこなった小規模な調査では、メンバーのおよそ60パーセントが、母国を離れて暮らす際に直面する最大の問題として孤独や孤立をあげていた。[28] 孤独を誘発する要因をあげたリストは、まるでアメリカでのラジェシュの生活の詳細を読んでいるようだった。

- 家族や友人の喪失
- 社会的ネットワークの欠如
- 言語の壁
- サービスや社会資源へのアクセスの欠如
- 社会的地位の喪失
- アイデンティティの喪失
- 仕事やキャリアの喪失
- 文化の違い
- 外国人であることに付随する差別や汚名
- 政府の政策からの疎外

この団体の報告によると、ラジェシュのケースのように、これらの状況が複数重なった場合、移民の生活はきわめて厳しいものになる。言葉の壁や文化の違いが、社会的地位やアイデンティティの喪失、そしてどんどん高まる孤立感や恥の感覚を連鎖的に生む――そうすると病気や死のリスクが高まる。加えて高齢者や生活困窮者、そして精神的な問題を抱えている人は他にも増して影響を受けやすい。そして同じく子供たちも、クラスメートと見た目や発音が違うことでいじめられたり、からかわれたりすることが多いためリスクにさらされている。

このようにして向けられる敵意は、ヨーロッパやアメリカにおける人種差別や移民排斥の主張、そして移民コミュニティへの暴力的な攻撃を見ても明白だ。難民や亡命希望者であること、そして外国人――周りのマジョリティとは目に見えて違う存在――であることで、汚名を着せられたり危険な目に遭《あ》ったりする可能性があり、疎外感や自分の場所でないような感覚を抱く。ある女性はザ・フォーラムにこう語っている。「イギリスでは全然歓迎されてないような感じがした。ものすごくはっきりと、異国の人間である私は歓迎されていないのだと感じた」。

ザ・フォーラムによれば、メンタリングやボランティアなどを通して人との関わりやつながりを保ちつづけると、移民たちの孤独感の軽減に大きな効果があるという。[29] しかしながら、移民のペースが急速に増していることで、各支援団体からのサポートがどうにも追いつかなくなっている。

国連機関である国際移住機関（IOM）によると、2019年には世界総人口の3・5パーセント、つまり2億7200万人ほどが母国を離れて暮らしていたという。その数には2800万人以上の難民も含まれている。[30] 加えて2015年には6600万の成人が、宗教や民族的迫害、戦争、暴力、人権侵害などの理由で、今後1年以内に他国に移って永住することを計画していた。気候変動も移住の要因となっており、2017年には135ヶ国で1800万人が気象災害に見舞われて住む場所を失った。そのうえこうしたデータには、各国内で故郷から遠く離れたところに移り住む大量の「国内移民」は含まれていない。[31]

ロンリネス・エコノミー

中国だけでも2億4100万人の国内移民がいるとされており、多くは16歳から40歳で、工場や建設現場で働くために地方から都市へ移ってくるのだという。[32] 海外移民の場合と同じで、こうした地方からの移住者は成功への強いプレッシャーを抱え、都会では私的にも公的にも差別され、都市の市民に与えられているサービスの多くを受けることができない。[33][34] 中国のこうした移民たちは「流動人口」と呼ばれている。移動は少ないが同じように精神的な孤立を抱える「空巣青年」(都会の独身ひとり暮らし)と「流動人口」は、アジア全体に広がっている「孤独経済(Loneliness Economy)」の象徴だ。

孤独経済のおかげで、アジアで人気のグループ活動であるカラオケは、いまやショッピングモールにブースが設置されてひとりで楽しむことができる。しゃぶしゃぶは、家族やグループでひとつの大きな鍋を囲んで食べるものだが、『サウスチャイナ・モーニング・ポスト』紙によれば、香港には「一人一鍋」を特徴としたチェーン店があり、株価も1年で3倍になったという。孤独な人はコンパニオンロボットやペットを買うこともできるし、日本の人気ゲームアプリ「旅かえる」のように、アプリ上の架空の友達と親交を深めることもできる。「旅かえる」では、休暇で旅行に出かけてきた友人のように、カエルが各旅先での写真やお土産を持って帰ってきてくれる。カエルがひとりで旅をしている点が、独身の人を惹きつける理由のひとつだと言う人もいる。このアプリは中国で人気となり、2018年前半の段階では1000万ダウンロードのうち95パーセントを中国のプレーヤーが占めていた。

高齢化が進み、若者の結婚や子育て開始が遅くなっている日本では、孤独経済はより人の顔を持った形で生まれている。現在の日本の出生率は、同国の近代史上最低水準にある。日本では、2040年までに5世帯のうち2世帯が単身者になると予測されている。[35] そうした背景から同伴者を求めるニーズがとても高く、東京では食事や活動に同行してくれる人を雇える点が人気となっているサービスもある。[36]

こうした孤独経済のサービスの多くは極端な例に見えるかもしれないが、このビジネスがブームになっているという事実は、どの国に住んでいる人であっても注意すべきニーズがあることを示している。ますます疎遠になっていく世界で人とつながりたければ、本能的に楽な行動をとったり遠慮したりする気持ちを乗り越えねばならない。自分にとって快適な場所から遠く離れて暮らす移住者は、外からは元気にやっているように見えるかもしれない。だが、自分の属す場所から離れる経験はさまざまなストレスを生み、その蓄積が孤独感や孤立を招く可能性がある。救いの手や友好的な言葉の存在――それから人は誰しも目に映る以上の共通点を持っているものだという認識――は、人生を変えるほど大きな変化を生み出しうる。

世界に広がる孤独に拍車をかけるもの

世界に広がる孤独に拍車をかけている現代的なトレンドがある。そのトレンドは、聞くかぎりでは良いニュースのように思える。つまり、現代にはいまだかつてないほどの高齢者が暮らし、その寿命はますます延びている。長生きできるのは望ましいことだ。しかしこの傾向にも、テクノロジーや移動手段の発達と同じように良い面と悪い面がある。年齢を重ねると、健康問題やさまざまな喪失が押し寄せてくる。いまの最高齢層は自分のパートナーや、友人たちや、愛する身内よりも長生きしている――自分の子供たちよりも長く生きている場合だってある。多くは身体に不調をきたしている。そして、多くが比較的孤独に暮らしている。

この問題は中国や韓国のように急速に近代化している国では特に深刻で、若い「流動人口」は高齢の親類を残して都会に出てくることが多い。元来そうした社会では、年長者が敬意と名誉を受ける地位を占めてきた。彼らは複数の世代が同居する世帯の長として君臨し、知恵や人生経験を伝える存在で、それが若い世代の生活に組み込まれていた。敬意や配慮を受けられるものとして育てられてきた高齢者世代がひとりで取り残されると、見捨てられ、裏切られたと感じる可能性がある。絶望することだってあるかもしれない。韓国では、高齢者の自殺率が1990年から

2009年にかけて5倍以上となり、2017年時点においては先進国のなかで最も高い水準にある。[37] 台湾では、他の年齢層に比べて高齢者層の自殺率が倍となっている。そして中国では、都市部に暮らす高齢者の自殺率は1990年代から2倍以上に増えている。[38]

一方、欧米ではアジアに比べて高齢者がひとりで暮らすことに慣れているものの、それゆえに助けを求めることに恥じらいや困難が生じる可能性がある。家族は高齢者をサポートすることに慣れていないかもしれないし、協力的でないかもしれない。20世紀のベビーブーマーが高齢化していくにともなって今後高まるばかりであるニーズに、社会的サービスは対応しはじめたばかりだ。アメリカでは、ベビーブーマー世代は人口の約4分の1を占めており、[39] その最初の世代は2011年に定年を迎えている。[40] かつて家族や親類が高齢者に対しておこなってきた役割——あるいは高齢者が家族に対しておこなってきた役割を社会的サービスが代替することが可能かは分からない。

高齢者は家族にとって替えの利かない拠りどころであり、家族の歴史、伝統、儀式などを伝えてくれることで、帰属意識やアイデンティティを強固にしていく手助けとなる。しかしアメリカの大多数の人は、3世代以上が同居する世帯に暮らしていない。そして高齢者の年齢が上がるにつれ、仲間が減っていき、孤独感を抱くリスクが高まっていく。

この年齢層の多くの人と同じように、アンは夫を失ってからというもの孤独感に苦しんできた。夫の死は2年前のことで、現在アンは3人の息子を育てた郊外の質素な家にひとりで暮らしている。細身で小柄な彼女は、白髪を洒落《しゃれ》たボブにしている。88歳だが、足腰はしっかりしているようだ。カリフォルニアのベイエリアにある自宅近くの山道を定期的に散歩し、いまだに運転もしている。どちらかと言えば控えめだが、夫のジェームスや、ふたりで育てた家族のことを話すのが大好きだ。

かつて、家は嵐のようにせわしなく、自分はそれが好きだった、とアンは語る。週末は近所の人たちと集まったり、息子たちの試合を観にいったり、ジェームスが勤務していた新聞社の仲間たちをもてなしたりと忙しかった。ジェームスは社交的で心が広く、アンはコミュニティと積極的に関わっていた。そしてしばらくすると祖父母になった。息子たちは思いやりがあり、それぞれ近くに暮らしていたため、彼らが実家を離れてからもアンはあまり孤独感を抱かなかった。

それは、アンとジェームスが身体をよく動かし、健康であり、互いに尽くし合っていたことも一因だった。1956年に結婚してからというもの、愛が衰えることはなかった。アンは、そうやって互いが支え合っていく関係を愛おしく感じていた。「支えてくれる人がいるような感覚だった。何があっても味方でいてくれる」。

ジェームスの退職後は、より長い時間をふたりで過ごすようになった。ジェームスは絵を始め、ふたりとも孫を家に招くのが大好きだった。ふたりには友人もたくさんいた。

しかし年齢を重ねるにつれ、友人の多くががんや心臓の病気で亡くなり、ふたりの社会的ネットワークは縮小していった。そして2012年、ジェームスの健康状態も悪化しだした。息が切れ、身体が弱りはじめた。転倒してからは常時介護が必要になり、そのストレスがアンの健康にも影響を与えだした。

やがてふたりは、ジェームスを24時間体制でケアをおこなう施設に移すことに決めた。アンがひとりで暮らすのはおよそ60年ぶりのことで、慣れるまで時間はかかったものの、ジェームスの介護に関わって忙しく動くようにしていた。ジェームスを病院の診察に連れていくなど、ほとんどの日を彼のそばで過ごした。数ヶ月が経つと、古い友人たちがさらに死んでいき、施設の入居者たちも多く亡くなっていった。

そして施設に入って2年ほどが経ったころ、ジェームスもこの世を去った。89歳だった。心の準備をしていたとはいえ、彼の死は大きな衝撃だった。時間が経てども癒えることはなかった。息子たちは代わる代わる訪ねてきて、家事や庭仕事を手伝ってくれる。孫たちはほとんどが10代になり、可能なときは寄ってくれるが、スポーツや友達付き合いに忙しかった。さまざまな文化や技術の変化もせわしなかったが、孫たちは息をするように簡単に適応していた。

一方でアンは、変化への対応がますます難しくなってきている。これは本当に悩ましい問題だ。年をとっていくと、あらゆる状況が変化するからである。「これまでは活き活きと先のことを計画していたのに、いまはそうではなくなった」。容易に取り残されたような気持ちになる一方で、ついていくことも難しい。

頭脳は明晰で若々しいが、アンの低い声は年齢とともにかすれてきている。最近乳がんと診断されたものの、進行は遅く、積極的な治療が必要とされる段階ではない。しかし活力が低下し、昔ほど多くのことができる状態ではない。そしていつまでひとりで生活できるかも分からないという。

「少し感覚が麻痺してきている」と彼女は言う。「もちろん、死はいつもそばにある。でもどこか遠くのことに感じられる」。死にひとりで向き合うことは、彼女に孤独感をもたらしている。

ソフィー・アンドリュースは、アンのような高齢者を数多く知っている。アンドリュースはイギリスの高齢者向け電話相談サービス「シルバーライン」の代表を務めている。この会社のモットーはこうだ。「大きすぎる悩みなんてない、小さすぎる問題なんてない、孤独になる必要なんてない」。

シルバーラインは2013年の創業以来、200万件の電話に対応してきた。電話の数は毎月10パーセントずつ増加してきたが、すべて口コミで広がっていったのだという。「孤独は恥ずべきこととされてしまっている」と彼女は言う。「多くの人にとって、この会社が相談できる唯一の場所になっている」。

シルバーラインにかかってくる電話にはパターンがある。日中の電話はだいたい情報を求めてかかってくる。サービスを見つける方法や、他の高齢者とつながる方法を知りたい人たちからの電話だ。夜になると、「私たちは一緒にソファに腰掛けた友人のようになる。おやすみを言うために電話をかけてくる」とアンドリュースは言う。そして夜が深まると「精神的にきつくなって電話をかけてくる。孤独を感じるから。そして朝になると、おはようと言って、誰かと話すためにかけてくる」。

しかし、シルバーラインは電話をかけてきた人しかサポートすることができない。多くの高齢者、特に第二次世界大戦を生き抜き、自立に誇りを抱く高齢者は、助けを求めることは失敗を認めることだと考えている。「家族から負担だと思われてしまうのではないか」「自分のアイデンティティにも等しい家や慣れ親しんだ環境を離れ、新しい生活へ移るはめになるのではないか」という不安も、援助の要請へのためらいを強める要因となっている。大切な自立した暮らしを失う恐怖を前にして、多くの高齢者は人知れず孤独に苦しむことを「選択」してしまうのだ。

高齢者たちの「互助」

また一方で、高齢者の増加は社会的な強みとなることを発見した人たちもいる。1999年、ボストンで暮らす高齢の友人グループに、こんな考えが浮かんだ。「一緒に暮らして、互いのサポートシステムになってみてはどうだろう？」。

これが、「ビレッジ・ムーブメント」として知られるようになる地元のシニア主導の非営利団体の始まりだった。「ビレッジ」は現在全米で350箇所以上に拡大している。

最初のビレッジの設立者たちは、自分の家から老人ホームには移りたくない、あるいは移されたくないと考えていた。そこで彼らはビーコンヒル・ビレッジという会員制コミュニティを作り、「自分たちの人生は自分で舵を取り、みずから未来を切り開くことで豊かに暮らす」ために助け合うというミッションを掲げた。ビレッジでは、病院までの車の送迎や、食料品の買い出しや家事にいたるまで、日々の生活で生じる大変な作業へのサポートを提供し合っている。そこでは、配管工からファイナンシャル・アドバイザーにいたるまで、信頼できる専門家たちのリストも共有している。そして何より重要であろうことに、ビレッジの人たちはワークショップやコンサートやボランティア活動などのプログラムを作り、同じ関心を持つ者たちが定期的に集まっている。

ビーコンヒルに触発され、国内に数百のビレッジが生まれた。そのうちサンフランシスコ・ビレッジなどでは、郵便番号ごとに組織された「ネイバーフッド・サークル」というきわめてローカルな小規模ネットワークを持っている。このサークルの狙いは地域や近隣との強いつながりを育むことである。そうしたつながりは、ますます進行する地域の高級化や住居からの強制立ち退きが高齢者たちの孤立を加速させる恐れのあるサンフランシスコのような都市では、特に貴重なものだ。

サンフランシスコ・ビレッジの事務局長を務めるケイト・ホープケによると、ビレッジが提供するプログラムが特に心がけているのは、「現在のサンフランシスコの変わりゆく文化や経済にうまく対処する」サポートだという。メンバーが互いに対してだけでなく、まちに対しても積極的に一員として関われるようにするためだ。プログラムでは、メンターとして高校生と交流したり、ギグエコノミーについての講義を受けたりすることもできる。多くはメンバー自身が企画や主催をしており、ビレッジの精神の中核を成す「互助」の文化を体現している。

ケイトは私にこう語った。「メンバーは助けを求めるときもあれば、助けを与えるときもある。互助とは、周りに頼りながら老いを迎えていくこと。そうした集団的なニーズがサンフランシスコ・ビレッジの社会的なつながりを後押しする一因になっていると思う」。

71歳のジュディ・ジェイコブスは、サンフランシスコ・ビレッジのメンバーになって数年になる。彼女にとって、そこは高齢者のための大学のようだという。「努力の分だけ得られるものがある」。彼女は最初のころに受けた脳の健康についてのワークショップを振り返ってくれた。「毎週開かれていて、そこで会った女性たちの何人かとは誰より親しい友人になった。毎週会っていたから、仲間のような感じがする」。

ジュディが最も貴重だと感じたのは、文章やアートや語りを通して自分の物語を伝える方法を学ぶプログラムだった。「人は自分の物語を共有したいもの。誰だって、自分は大切な存在であり、互いの人生に影響を与え合ってきたのだと思いたいものだから」。

彼女の言葉は、つながりを求める人間の気持ちを見事に捉えたものであり、万人に通じる普遍的なものだった。

政治的・社会的分断と孤独の関係

悲しいことに、現代の孤独に拍車をかけているもうひとつの変化は、広く世界を覆っている政治的な不信と分断の風潮だ。この分断にはさまざまな要素が関わっているものの、根本的な要因は社会的つながりの欠如だ。

健全なつながりが人間関係の難題を乗りきる助けになるのと同じように、強いつながりは私たちが社会的な難題を乗りきる助けになる。世界各地のコミュニティは、気候変動や、テロリズムや、貧困や、人種的・経済的不平等といった喫緊の問題に取り組んでいる。こうした問題への取り組みには対話と協力が必要になる。しかし多様性が増すなかで暮らしているにもかかわらず、オフラインでもオンラインでも、外見や価値観や趣味が似た人とだけ交流することはいまだかつてなく簡単になっている。そのため、相手の人間性を知らないのに、その人の信条や所属だけで否定することも簡単になっている。その結果、分断の連鎖が生まれ、現在の市民社会の解体を招いている。

これは悪循環だ。分断されていると、相手の話に耳を傾けることが難しくなる。すぐに判断を下してしまい、意見の違う相手のいちばん悪い部分を見てしまう。それによって、力を合わせて問題を乗り越えていくことがますます難しくなる。そうすると、問題が起こるたびに怒りは大きくなり、不安や不信のサイクルが加速して、社会からの孤立や疎外感が全体として高まってしまう。どうしてこのようなことになってしまったのだろう?

ひとつの要因は社会集団の分布にある。現在、アメリカ人の大半が郊外に暮らしており、しかもその数は増加傾向にある。[41] しかしピュー・リサーチ・センターによると、郊外居住者における白人の割合は68パーセントであるのに対し、都市居住者では44パーセントしかいない。この構成の違いは都市と郊外の住民のあいだに人種的な分断を生んでいる。[42] 都心部であっても、人種や社会・経済的地位によって棲み分けられていることが多い。

また、所得格差が広がるなかで多くの人の実質賃金は停滞しており、都市部でも郊外でも農村部でも、アメリカの何百万という人が、貧困や、給与の高い仕事がないことに苦しんでいる。こうした状況により、得られるはずだった地位を失ったと感じている人たちだけでなく、長らく公平な分配を受けられなかったと感じている人たちのなかでも不安や怒りが高まっている。ネット上で、街頭のデモで、ラジオ番組で、議会のなかで、噴出した怒りが聞こえてくる。２０１８年の大きな調査では、アメリカの成人の79パーセントが「政府の否定的な論調や非礼な態度が暴力やテロ行為につながる」のを懸念していることが明らかとなった。[43] この懸念は、政治的信条、年齢、所得水準、学歴、地域を問わず大多数のあいだに広がっていた。こうした不安が流れていると、人は自分の意見にしがみつき、会話の時間は減り、責め合う時間が増え、理解し合うことは減り、孤立感が増す。

しかし、こんな姿であるべきではない。テクノロジーのおかげもあり、現代の私たちには自分と違う人と関わり共通項を探すための手段が、かつてないほどたくさんある。私たちを分断している偏見やさまざまに異なる視点や生活体験を乗り越え、節度ある議論を回復し、健全な話し合いへと促す運動が活発になってきている。目標は、これらの問題を一夜にして解決することではなく、人々が一緒に問題と向き合っていくようサポートすることだ。

国際社会における平和構築と紛争解決の専門家であるジョン・ポール・レデラック博士は、人をひとつにしたり引き裂いたりするメカニズムについて長らく熱心に考えつづけてきた。彼は率直に教えてくれた。「今世紀のこれからの課題は、グローバルファミリーとして、基本的な共通基盤である帰属の権利をどうやって作っていくかに目を向けることだ。この問題に直面していないコミュニティはない」。

では、何が必要なのだろう？

レデラックによると、最初のステップは相互の帰属意識を育むことだという。それは、物理的に自分の家や近隣の家を行き来することで、住んでいる地域の人と顔を合わせたり奉仕したりすることを意味する。「相手の暮らす場所を訪れ、その人と膝を突き合わせると、集団的な共感が芽生えだす――そこで生き、暮らしている人たちの視点から世界を見るようになる」。

こうした視点を持つことは、自分と違う種類の相手と対峙し、不安や不信がありながらもつながりを築いていきたい場合にとりわけ重要になる、と彼は言う。このようにして初めて、互いの人生の背景を真に理解していくことができるのだ。

レデラックの話は、医師が往診をおこなっており、医者と患者がいまよりはるかに親密で互いのことをよく知っていた時代のことを思い出させるものだった。私は研修医時代に往診を経験し、その価値を知った。記憶に残っているのは、ボストン郊外の家に住む病弱な高齢女性を訪ねたときのことだ。病院で何度か顔を合わせていたが、彼女の家への訪問診察は私たちの関係を変化させるものだった。つまり、私のほうから彼女を訪ね、私が労力をかけて彼女の生活圏へと出向くのだ。

患者としてだけでなく、ひとりの人間として見られ理解されていると感じるにつれて、私に対する彼女の信頼は深まっていった。彼女の家で、私は彼女の家族と会い、彼女の人生全体のさまざまな断片――家族との特別な瞬間の写真、本棚の本、サイドテーブルに置かれた思い出の品などを目にした。10回病院に来てもらうよりも、1回自宅を訪問するほうが、ひとりの人間としての全体像をより理解することができた。

また、家族のことや家の修繕といった心配事や問題なども含め、以前より気軽に悩みを話してくれたため、彼女の健康状態についてもよく知ることができた。それらは医学的な問題ではないものの、健康状態に影響を与えるものであることには変わらなかった。現代の医療で往診がほとんどなくなったからといって、患者をひとりの人間として診る最善の方法は住んでいる場所に会いにいくことである、という事実に変わりはない。

レデラックは言う。「孤立感の多くは、人から目を向けられていないという感覚に起因している。周りから見えていない状態は、自分が存在しないような深い心許なさを生む。そのため、誰かがその人の家を訪れて気遣ったり会話を持ったりすることにより、深いレベルでのつながりを失っていた状況に人間らしさを取り戻すことができる」。

この人間性の回復が帰属の始まりであり、空間をともにすると相互の帰属意識が育まれる。だからこそ、これまでコミュニティは意識的に街や都市に共有スペースを作ってきたという面がある。世界のどこでも、住居は市場やバザーやコンサートといった街単位での催事がおこなわれる公共広場の周りに集まっていた。植民地時代のアメリカでは、子供たちが遊び、人々が親交を深める共有緑地を中心としてコミュニティが形成されていた。1880年代にエベネザー・ハワード卿が近代都市計画の先駆けとして活動していたころ、彼が思い描いていたユートピアとは、公園に囲まれ、産業や農業から隔てられた自給自足のコミュニティだった。このような街は、その地の経済的利益を共有する市民たちによって管理され、コミュニティへの確固とした帰属意識を生み出していた。このような理想もまた、「郊外」の誕生や、人間文化以上に自動車文化が席巻したことで犠牲となった。

同じ空間を共有し、そこで時間を過ごし、その場に生じる責任や見返りを分かち合うことで、誰もがその地と結びついた感覚を得られるとレデラックは言う。彼は、その完璧な事例としてコミュニティガーデン運動をあげた。公共の場所であれ私有の土地であれ、世界各地で人々が果物や野菜を一緒に育て、ともに利益を分かち合っている。「こうした想像力は、心の底に流れる『自分には根ざす場所がない』という感覚に(対処するのに)役立つ。この感覚は現代社会の一部となっているように思われる」。

ジョン・ポール・レデラックの発言は、私たちの時代の重要な課題を示唆している。移住やテレワークやEコマースといった多くの潮流は、コミュニティを構築したり優先したりすることを難しくするものである。そのため、私たちがこれまで以上に必要としているのは、ともに暮らし、働き、遊び、何かに属するために集まる空間という形をとった物理的な共通基盤だといえる。

対立を乗り越えていくには

しかし、空間を共有することを拒み、互いへの不信感に火がついて恐怖や怒りへと発展し、グループ間で対立している場合はどうだろう。その恐怖や怒りは相手への共感や配慮を鈍らせる。そして両者間の距離を遠ざけ、溝の深さをより強く認識させる。歴史的に見れば、このようにして戦争が起こっていったといえるだろう。戦場でしか会わない敵のことは、悪者として仕立て上げるのも簡単だったからだ。この対立の方程式は、24時間年中無休の放送やソーシャルメディアの出現によってますます強化されていった。

現代のテクノロジーは、自分たちは敵のことをよく知っているという幻想を作り出す。いつ何時であれ、そうした敵を家にいながら目にし、耳にすることができる。私たちが「知っている」敵の像は、真実ではない一面的なものが多い。にもかかわらず、完全にでっち上げられた動画であっても、自分が見聞きしたものを信じてしまう。結果的に、恐怖を抱く「敵」の存在は、いまだかつてなく近く、そして怖いものに感じるようになっていく。共和党と民主党の敵対であろうと、中東での紛争であろうと、敵による脅威が迫っているような感覚があると、世界が安全で快適だと感じにくくなってしまう。みんな同じ場所に属しているのだという感覚が薄れてしまうのだ。

分断によって生まれる不安は、はじめのうちは孤立からくる孤独感とは違うものに感じるかもしれない。ネガティブな形ではあれ、敵に対する熱心な関与だと感じるかもしれない。しかし敵の脅威に直面した自分を守ろうとする場合、心を開いてまずは信じてみるのではなく、心を閉じ、相手に対して偏見を持つほうが自然な反応だ。怒りや恐怖を感じているときは、自分と別の見方に耳を傾けることがほとんどできない――そのことは、誰もが個人的な対立の経験から知っている。そうやって私たちはバラバラになっていく。相手への軽蔑の気持ちでいっぱいになり、それがともに生きていくにあたり大きな障害となることがあまりにも多い。

2014年に『米国科学アカデミー紀要』で発表された一連の研究によると[44]、こうした恐怖や怒りの大部分は、「動機帰属の非対称性（motive attribution asymmetry）」という認知バイアスによって拍車がかかっているという。自分たちの信念は愛に基づくものだが、敵の信念は憎しみに基づくものだと考えてしまう偏見である。この研究によると、たとえばイスラエルの場合、自分たちは自国民への愛のために戦っている一方で、パレスチナの人々は憎しみに駆られて戦っていると考えており、逆もまたしかりだという。同様のバイアスはアメリカの民主党と共和党にも当てはまり、自分たちの熱い信念は「この国への愛」に突き動かされたものであり、なぜ相手は「こちらのことを憎んでいる」のか疑問に思っている。

このタイプの偏見から生まれる軽蔑の感情は本能的で当然のように生まれるものであり、不寛容を生むだけでなく、孤独が有害なものになるときと同じような精神状態を招く。あなたのことを「憎しみに駆られた奴だ」と信じ込んでいる人間を相手にしなければならないとき、あなたは拒絶やいら立ちを感じることになる。一方で、あなたが「あいつは憎しみに駆られた奴だ」と信じ込んでいる対象と接する際は、恐怖や不信からストレスレベルが跳ね上がる。

ストレスのかかる仕事に取り組んでいるときや経済的に苦しいときには、人間関係を育むのに必要なエネルギーが奪われてしまう。それと同じで、このまん延する恐怖や怒りによるストレスからも、精神的な負担を強いられる。私はこれを「感情税」だと考える。この目に見えない危険な税金は、毎晩のニュースにウンザリして嘆く気持ちとして表れるかもしれない。建設的な関わりを持つためのエネルギーを奪ってしまうかもしれない。家族や友人とのやりとりにおいても寛容さや忍耐を欠いてしまうかもしれない。

この感情税があることで、ポジティブな関係性の存在を忘れ、周りのすべてから断絶しているとか、すべての出会いがネガティブだと考えてしまったりする。マンション住民との意見の相違であれ、市議会での議論であれ、アメリカ連邦議会のような国の立法府での審議であれ、こうした疎外感を抱いていると、対立への現実的な解決策を見つけるのがきわめて難しくなる。ほぼすべての問題解決にはある種の妥協が求められるが、争いの相手に共感を持つことができれば、妥協点を探して受け入れることがはるかに容易になる。

逆に共感がなければ、自分たちの意見に固執して0か100かの結果を求めてしまい、対立や疎外を深めるばかりである。

コロンビア、フィリピン、ネパール、東西アフリカの国々で平和構築に携わってきたジョン・ポール・レデラックは、こうした議論の行き詰まりにとても詳しい。彼が紛争地帯の対立を調停するために使っている方法論のなかで、身近に応用できる部分はないだろうか。

立場の違う相手と、怒りを爆発させることなく場を共有しながら意義ある対話をするにはどうすればいいだろう、と彼に尋ねてみた。

「友情関係を築く必要がある」と彼は言った。「行動で友情を示さなければならない」。

その「友情」には何が必要？

「オーセンティシティ（authenticity）だね。オーセンティシティとは、つながろうと働きかけ、心を開き、本当の自分を出し合うこと。違いやバラつきがある相手ともつながれるように、関係性に対して正直かつ積極的であることだ」

紛争地域では、対立が激しいだけでなく、家族や親類に降りかかる脅威や加虐を長く目にしてきてトラウマのようなものがある、とレデラックは言う。彼によれば、ネパールやコロンビアのような場所では、恨み合いや責め合いは何世代も前から続いている。対立するグループは、相手のことを脅威だとみなすように育てられてきた。こうした敵対意識は時間とともに固まっていくものであり、ほぐしていくのは非常に難しい。

「私たちが取り組んでいるテーマのひとつは、信頼と結束だ」と彼は言う。「十分な信頼があれば、人々はつながろうと働きかけ、心を開くことができる——より正直に、あるいはよりオーセンティシティを持って、自分の懸念や不安を伝えることができる。つながろうと働きかけることは、相手への恐怖、あるいはこちらが相手に対して着せていた汚名を振り払っていくことだ」。

彼は続ける。「つながろうと働きかけることと心を開くことは、市民の積極的な社会参加や民主主義に向けた力を生み出す柱であり、活き活きとしたコミュニティになるために欠かせない。真に本質的な友情とは、違いがあるにもかかわらずつながりを保ちつづけられることだと思う」。

では、その考え方を身近な対立にどうやって適用できるだろう？

彼はノートルダム大学の教授として発表した別の研究において、シンプルな対処法を提示してくれている。「私が学生たちに提案しているのは、クラスやキャンパスを眺めてみて、自分とは違う人を探してみること。そしてその人とつながる手段を探し、コーヒーやお茶を飲みにいかないかと働きかけてみることだ」。

つながろうと働きかける目的は、相手の意見を変えようとすることではなく、「自分の意見を押しつけることでも、相手の話を聞いてより強力な主張を展開しようとすることでもない」と彼は強調している。

目的はそうではない、と彼は言う。目的は、ただ相手と会って共通点を見つけ、「友情を再構築」するために必要な信頼を育むことだ。そのためには、「小さく始めつつも、より質の高い関係になるよう積極的に取り組むこと」が重要になる。

この積極的な関わりを実践するにあたり、ジョン・ポール・レデラックは学生たちに3つの基本的な課題を与えている。

1. 理解を目指して話を聞くこと。
2. 心からの気持ちを話すこと。
3. それらを続けること。残りの人生ずっと。粘り強く。

レデラックは言う。「私は『一緒に進んでいく《ムービングトゥギャザー》』という言い方をしている。事態全体を解決に進めていこうなんて思わず、何人かの人と、重力に逆らいながらも一緒に進んでいくことを考えればいい」。

重力に逆らいながら一緒に進んでいく――KKKの信者の子供であるデレク・ブラックが白人ナショナリズムから離れ、さまざまな文化の人を受け入れるきっかけとなった稀有《けう》な人間関係を説明するのに、これ以上適切な表現は思い浮かばない。

白人至上主義者とディナーを

マシュー・スティーヴンソンは、デレクが白人至上主義から離れて最初に作った友人のひとりだ。マシューは正統派ユダヤ人で、彼とデレクがニューカレッジ・オブ・フロリダの学生だったころ、シャバットディナー（安息日のディナーパーティ）を主催していた。ふたりとも大学院に進学し、デレクは歴史を、マシューはビジネスを専攻してそれぞれの道を歩んだが、その友情の成就はいまでも互いの人生にとって重要な意味を持ちつづけている。

「どのようにして分断に橋をかけていったのですか？」２０１９年に会った際、私はマシューに尋ねた。

マシューはデレクと同じ寮の廊下を挟んだ部屋で暮らしていたときのことを振り返った。「彼はギターでカントリー＆ウェスタンなんかを弾いていた。ときには僕も一緒になって、彼の演奏を聴き、ギターに合わせて歌った。それはデレクの経歴について誰も知らないころのことだったけど、僕はヤムルカをかぶっていて、ユダヤ教徒としての出自についてはかなりオープンだった」。

デレクは、同じ授業をとっているマシューたちと寮の自分の部屋で映画を観たときのことを覚えているという。仲よくはなっていたものの、まだ完全に親しい関係というわけではなかった。このころはまだデレクも自分が白人ナショナリストだと考えていたが、それについて口にすることはなかった。

ついに秘密が明るみに出たとき、デレクはドイツに一学期間の留学中だった。ニューカレッジのある上級生が、デレクの写真にタグを付けてネットに投稿したのだ。「デレク・ブラック‥白人至上主義者、ラジオ司会者……ニューカレッジの学生？？？」。

「デレクの父親がストームフロントの創設者だという話を知ったときは、もちろん大きなショックを受けた」とマシューは言う。キャンパスは大騒ぎだった。デレクのクラスメートの多くは騙されたと言って腹を立てていた。しかしデレクがドイツから戻ってくると、マシューは彼とつながりを持とうと手を差し伸べ、安息日のディナーに誘った。そして友人たちを説得し、争いを抜きに食事に参加してもらった。

「それは勇気のいることでしたね」と私は言った。「どういう意図があったんですか？」。

マシューの答えは、シンプルだが深いものだった。「僕は基本的に信じているんだ。どんな人にも、根っこには神のきらめきが宿ってる。僕たちすべてをつなぐものは存在する。僕から見て非難に値する行動をとっている相手であっても、僕たちには人間として共通する部分がある。そうした部分を消し去ることはできない。僕と正反対のことをしたり、僕や社会の害になるようなことをする人であっても、僕はその人に対していくらかの責任を感じる」。

どうやってそうした類い稀《まれ》な世界観を持つようになったのか尋ねてみた。するとマシューは、自分の母親がアルコール中毒者であり、断酒を目指す自助グループ「アルコホーリクス・アノニマス」の集まりに少年時代の自分を連れて参加していたのだと語った。「そこで人生のとても暗い時期を過ごした人たちをたくさん目にした。酔っているときに私有車道で意図せず息子を轢《ひ》き殺してしまった男性もいた。そうした人たちの多くが、脆《もろ》さに振り回されるような存在だった人生を変え、希望の導き手となっていくのを目の当たりにしてきた」。

彼はそこで少し間を置いた。「だからデレクのような人も変われるということに疑いはなかったんだ」。

ジョン・ポール・レデラックの助言と同じように、マシューは相手を説得するためではなく、親交を深めるために手を差し伸べた。「ディナーに参加する全員に、デレクの政治的見解を尋ねないよう伝えたんだ。怒鳴り合いの論争になることは避けたかったから。僕は、このディナーが彼を知るための特別な機会になると考えていた。大人になるまでデレクは、白人ナショナリズムが糾弾しているような人とじかに触れる機会が多くなかったはずだからね」。

私はデレクに、そのディナーの様子について尋ねた。

「グループで対立が起きるものだと思っていた」とデレクは認めた。「でもそういう対立は起きなかった」。

マシューは言う。「音楽とか歴史とか、共通の関心があることは分かっていたから。それ以前の交流がなかったらデレクをディナーに誘っていたとは思わないし、彼も誘いを受けたとは思わない」。

驚いたことに、デレクが誘いを受けようという気になった理由の一部は、それがユダヤ教の安息日のディナーだったからだという。「そこでは会話の内容や交流の仕方が変わるからね。神聖な時間だから、激しい議論をして台無しにはできない」。

　そして、ディナーは繰り返された。デレクは有色人種の学生や、移民、ユダヤ人、ＬＧＢＴＱコミュニティのメンバーなどとともに常連のひとりとなった。やがて、マシューとデレクは一緒に時間を過ごすようになった。ユダヤ教の安息日であるため、マシューは金曜にディナー以外のパーティに出かけることはなかった。「デレクもパーティを好んでいるわけではなかったから、結果的によくふたりで過ごし、僕の部屋のリビングで会話をしていた。でも白人ナショナリズムは2年間触れられない話題だった」。

「その話題について触れたいと思ったことはなかった？」。私はそう尋ねずにはいられなかった。

「すごく気になってはいた」とマシューは認めた。「自分も旅行中に反ユダヤ的な考えを持つ人に唾を吐きかけられたり、突き飛ばされたりした経験があったから。自分にとっては具体的な問題だったんだ。でもその話題を持ち出したら、防衛的になってしまうだろうことも分かっていた。彼にとっては、僕の好奇心を満たすことよりも、ディナーに来つづけることのほうが重要だろうと思っていた」。

　デレクは言う。「はじめのころは、相手の思想を変えるつもりはなかったから、議論しないことが重要だった。打ち明けるまでに長い時間がかかった理由もうなずけるね」。

「じゃあ、どんなことを話していたんですか？」

　マシューは答えた。「デレクの父親は体調を崩していた。それで僕の母親ががんと診断されたとき、互いの経験について話した。宗教や精神性についても話したけど、具体的に白人ナショナリズムの話題に言及することはなかった。そのテーマで友情が左右されるのは嫌だったから、デレクが切り出してくるときを待つことにしたんだ」。

しかし、その話題について遠回しに触れたことはある、とマシューは言う。ストームフロントの会合でデレクが父と講演をおこなう予定であることを知ると、マシューはデレクに「週末の予定は?」と尋ねてみたという。デレクはテネシーに行って家族と会うと答えただけだった。

そんなデレクとより率直に接することをいとわなかったのが、マシューと同じ棟に住むアリソンだった。彼女はマシューがデレクを誘うことに決めてから安息日のディナーに姿を見せなくなっていたものの、最終的には戻ってきていた。彼女はユダヤ人ではない白人であり、つまり白人ナショナリズムが標的とする人間ではなかったため、そんな自分こそデレクの信念についてはっきりと語り合う役を担う必要があると感じたのだった。「彼女は、どうしてあなたのような信条を持ちながら安息日のディナーに顔を出すことができるのか、葛藤はないのかと聞いてきたんだ」。デレクはそう振り返っている。数えきれないほどの個人的な会話を通して、彼女はデレクに、自分の信条を見つめ、説明するように求めていった。

次第に、彼の信条は変化を見せはじめた。大学を卒業するころには、まさにこれまで憎めと教えられてきたようなタイプの人たちと、親しい友人関係を持っていた。「どんどんかつての信条と相容れなくなっていったんだ。しまいには、自分の家族の信条を批判し、そこから離れざるをえなくなった」。そのころには交際相手となっていたアリソンはデレクに対し、静かに自分の信条に終止符を打つだけでは十分でなく、それをはっきりと宣言するべきだと伝えた。

デレクは白人至上主義の思想を放棄することを宣言した記事を書き、それが大きな話題を呼んだ。そしてようやく、デレクとマシューもこのテーマについて話すことになった。デレクは、その会話を切り出したときのことを振り返った。「『俺の家族のこと、きっと知ってると思うんだけど、一度も話したことなかったよな。知ってるだろ？』と話しかけたのを覚えてる。マシューは『ああ、もちろん』と答えたよ」。バーで酒を飲みながら、ふたりはその2年間の思いを包み隠さず語り合った――デレクの過去のこと、これまでの歩みのこと、安息日のディナーが信条の変化に与えた大きな影響のこと。

とはいえデレクは、新しい自分に完全に馴染むまでには時間がかかった。デレクの変貌を本にしようとしていたジャーナリストのイーライ・サスローに自身の体験を語ったことが、自分のなかで整理をつける役に立ったことには驚いたという。「その本への反応はきっとすごくネガティブなものだろうと思っていた。自分の出自がすごくネガティブなものだったからね。でも、自分の身に起こったことをしっかりと説明できると思った」。自身の体験をあらゆる角度から振り返った結果、彼は自身の幼少期を形作っていた力と、自分を変貌へと導いた力の両方についてより深く理解できたという。「良い面にも悪い面にもオープンになることができた。その過程は、やってみると思いのほか心地よいものだった」。

しかし、この変化は個人的な犠牲をともなうものでもあった。彼が白人ナショナリズムの思想を正式に放棄したことによって家族に生じた怒りや痛みは、いまだにおさまっていない。私に話をしてくれたとき、彼はフロリダにいる両親を訪ね、深く傷ついた関係を修復していく長い道を歩んでいるところだった。これこそ人間の真の姿だ。たとえどれほど深く意見が対立していても、私たちには人を――家族を、友人を、見知らぬ人を――愛する力がある。

小さな民主政治

ある日、社会学者で本も出版しているパーカー・J・パーマー博士と話しながら、私は気がついた。マシューとデレクは政治的信条の話をする前に、信頼や受容する心や共通の基盤を築き、積み重ねていった。この過程は、1800年代のフランスの歴史家アレクシ・ド・トクヴィルの言う「政治以前のつながり（prepolitical association）」の例だと気づいたのだ。

分断や見解の相違を超えた友情を促進するために「勇気と自己改善センター」を創設したパーマーは、『アメリカにおけるデモクラシーについて』（中央公論新社）に記された社会および政治システムに対するド・トクヴィルの考えを次のように語った。「ド・トクヴィルが言ったのは、家族、友人グループ、教室、職場、宗教コミュニティ、市民空間など、さまざまな形で人が集うような、政治以前の自発的なつながりの層がなければアメリカの民主主義は成り立たなかっただろうということだ」。パーマーによれば、こうした集まりにおいて起きているのは、「相互のつながりを確認し、大きな民主政治の土台となる無数の小さな民主政治を作り出すこと」だという。

この「小さな民主政治」で起きていることは、単なる投票などではない。市民による積極的な関与や参加だ。もし近隣の子供たちとつながっていたら、自分に子供がいなくても学校理事会に参加する気になるかもしれない。運転ができない友達を持っていたら、より良い公共交通機関を求める取り組みに積極的に関与する可能性が高まる。コミュニティガーデンに参加していたら、緑地の増減に影響を与える土地の用途区分変更にもっと注意を払うようになるだろう。人とつながることで、自分の利益よりも広い関心が生まれる。その関心がさらにコミュニティ全体へと拡大され、それゆえに一緒に取り組もうというモチベーションが増すのである。

同じように、孤独にともなうつながりの欠如は、人が市民活動に参加する可能性を低下させる。人は、どんな知り合いにも影響しない問題は無視したり見過ごしたりするものだ。知らない地域の公園清掃など、手伝ったりするだろうか？　家を借りている人をひとりも知らなければ、家賃の不当上昇の問題に注意を払ったりするだろうか？　選挙の結果によって影響を受ける可能性のある人を知らなければ、わざわざ投票に行ったりなどするだろうか？　まさにこうした理由から、ド・トクヴィルの言う「小さな民主政治」が重要なのである。その活動を通して、すべての人が未来への関心を共有することになるからだ。

マシューとデレクと大学の友人たちが築いていたのは、事実上の小さな民主政治だった。それ抜きには、政治的意見の違いを乗り越えることはできなかっただろう。デレクは白人ナショナリストの考えに反する意見に対して無視や中傷を続けていただろう。デレクも同じような主旨のことを語っており、大学時代の友人関係のおかげで「コミュニティ」とそこへの「勧誘」の関係に対する考えが変わったという。

彼は白人ナショナリストとして、勧誘するうえで重要なのは理性やデータや議論であり、人は説得されてからコミュニティに参加するものだと考えていた。しかしマシューのおかげで、その反対が真実であることを知った。「まずコミュニティを見つけ、それから勧誘を受け入れるんだ」。

このシンプルな気づきは、現在の社会を引き裂いている根深い対立の多くに大きな影響を与える可能性を秘めている。性と生殖に関する権利、気候変動、刑事司法といったテーマにおいて共通基盤を探っていく場合、かならずしも最初から話し合って全員の主張を聞く必要はない。まずは、意見が対立している人と関係を築くことが大切なのである——政治的立場ではなく、まず同じ人間としてだ。デレクの言うとおり、価値観や関心をともにしている部分が見つかれば、互いに心が開かれる。そうやって初めて、私たちは「重力に逆らって一緒に進む」ことができる。

かつては政治家たちもこのことを理解していた。かなり最近まで、どの政党の議員たちも、子供が同じ学校に通っていたりして学校行事で顔を合わせていた。一緒にソフトボールをしたり、ジムで会ったりしていた。そして同じパーティにも数多く出席していた。しかし現在の議員たちは週末になると自分の選挙区に戻り、家族も故郷の州にとどまることが多く、イデオロギーの違いを超えた交流は裏切りとみなされるようになっている。その結果、パーマーの言う「政治以前のつながりの層」はほころび、互いの意見に賛同したあとにしか生まれない「政治以後」のつながりに取って代わられようとしている。これだと分断は避けられず、政治家が違いを超えて取り組むことがかつてなく難しくなる。そうして国全体でも議論が膠着《こうちゃく》状態に陥《おちい》る。

ひとりでありながらもつながる

残念ながら、現在のアメリカ人の多くは、デレクがかつて持っていた次のような考え方を支持しているとパーマーは言う。「こちらと同じような行動、見た目、思考をしているかぎり参加が許される」。そして、ある場所に属するのにこうした制限がある状況下では、唯一残された別の道は「好きなように発言し、好きなように行動することができるが、誰も気にかけてくれない」ということになる。

パーマーはまるで、伝統文化と個人主義文化の違いについて話しているかのようだった。私は文化の第3の器の話を思い出しながら言った。「でも、それ以外の第3の道があるような言い方ですね」。

パーマーは「勇気と自己改善センター」[45]において、コミュニティ内でつながる別のあり方を作り出そうと試みているという。「ひとりでありながらもつながっている。個人が独立して存在しながらも、人々が関心を向け合うコミュニティだ」。このコミュニティでは、人がみずからの物語を語り、周りがそれを見届ける——語るのを見守り、耳を傾けることで、周りから糾弾されることなく安全な共有空間で自分が知られ、認識されていると感じることができる。パーマーが語っているのは、ビュイトナーが「模合《もあい》」に、トム・テイトが「親切心」に見いだしていたような、第3の器の文化を築く仕組みを作り出そうという試みだった。

彼が強く指摘していたのは、個人の物語の力を過小評価すべきではないという点だった。そうした物語は大きく複雑な問題に人間味を与え、身動きがとれなくなってしまうような大きな問題や解決策を身近なものにしてくれる。その物語のおかげで共通した問題を抱えていることに気づき、解決へ向けて手を組むことができる。「社会問題という大きなストーリーは、人間が身を置くには冷たすぎるんだ。個人の人生という小さなストーリーとつながることで、大きなストーリーを温めることができる――そうやって大きなストーリーに光が当たっていく。そのことを通じて、自分たちの経験が重要な役割を果たしているのだと理解することができる」。つまり、個人の物語を共有することによって初めて私たちはつながり、分断された社会を癒やせるようになっていくのだ。

しかし現代では、自分を鎮《しず》め、話を遮《さえぎ》って異議を唱えたくなる衝動を抑え、自分には馴染みのない話を尊重しながらオープンに耳を傾けるのは簡単なことではない。だからこそ、パーマーの「勇気と自己改善センター」では人とつながるにあたって明確なルールを定めている。「ルールのひとつは、相手の意見を正そうとしてはならない、というものだ。実際やってみると、みんな気に入ってくれる。普段とはまったく違った種類の会話に道が開ける」。

「ひとりでありながらもつながる」と、相手への恐怖は少なくなるため、そこには仲間同士の会話が生まれると彼は言う。「見知らぬ相手は、こちらを刺す角《つの》を持っているわけではない。危険を運んでくるわけではない。私たちが知る必要のある情報を、別の場所から運んできてくれる存在だ」。

「ひとりでありながらもつながっている」という意味を再定義することで、私たちは偏見を克服し、愛と恐怖のあいだの溝に橋をかけることができるとパーマーは言う。「自分の物語を語れる安全な空間を作れば、人は社会的な孤立から抜け出していく」。

ここでは「安全」がキーワードになる。こうした種類のコミュニティにはファシリテーターが必要だ。そのファシリテーターはリスクを把握し、「惨事を未然に防ぐために、厳しい事態にも対処していく勇気」を持っていなければならない。「なぜなら惨事が起きてしまったら、多くの人がその場所が安全だとは二度と信じなくなり、戻ってこなくなるだろうからだ」。

そのためパーマーは、「勇気と自己改善センター」にやってくるリーダーたちに対して、こうした集まりを「家族」や「友人」という言葉で説明しないように伝えていると教えてくれた。どちらも親密な帰属意識を前提とする言葉であり、自分は異質だと感じた人が恐怖を感じたり、意欲を削がれたりしてしまう可能性があるからだ。「たとえば教会が『教会家族』について話すのを耳にすると、私は大いに心配になる」と彼は言う。「家族のイメージに傾倒してはいけない。リーダーには私的生活と公的生活の架け橋になる機会が与えられているのだから」。

その発言の意味を説明するために、パーマーは「勇気と自己改善センター」でリーダーシップのトレーニングを受けた牧師たちのことを教えてくれた。彼らはみずからの資金で地元に安全な空間を作ったという。そこではティーンエイジャーと警官が「ひとりでありながらもつながる」ことができる——それは命を救う結果をもたらす可能性もある。「互いに物語を語ることで、次に街で会ったときの意味合いが違ってくる。語り合う経験から生まれるものは、他の場面においてこそ実感される」。

このアプローチは、社会の両極端にいる人々には効果を発揮しにくいとパーマーは認めている。

デレク・ブラックのような希少な例外を除き、過激な意見を持つ人々は自分の立場に固執するばかりで、対話（conversation）ではなく説得（conversion）にしか関心がない場合が多い。しかしパーマーの推定によれば、左であれ右であれ、そうした過激派は全体の40パーセント未満だという。「いちばん多く見積もったとしても、まだ中道派は60パーセントもいることになり、大きくポジティブな変化を生んでいくには十分すぎるほどの数だ」。

何より大事なのは、人は誰しもつながりを求めているという点だ。「人間には2つの基本的な願望がある」とパーマーは言う。「自分のありのままの姿で快適に過ごすことと、この素晴らしい地球で快適に過ごすことだ。自分自身のエゴとしかつながりを持っていない状態は、とても孤独な場所にいるに等しい。自分らしさという感覚は、周りと共同して生まれるものだ。神学的に言っても生物学的に言っても、人は共同するように作られている。コミュニティがなければ、私たちは苦しむことになる。呼吸をするための酸素がないようなものだ」。

Unmasking Loneliness

第5章　孤独の仮面を剥がす

月並みな言葉などで表現されたものでない、剥き出しの恐怖そのものとでもいうべき、真の孤独の何たるかを誰が知ろう？　孤独な者自身に対しても、真の孤独は仮面を付けて現れる。※

――『西欧人の眼に』コンラッド

孤独はさまざまな仮面をかぶっている。怒り、疎外感、悲しみなど、多くの感情的苦痛として表れる。また、こうした感情を引き起こす他の原因と結びつき、トラウマの影響を悪化させ痛みを強める一方で、そうした感情が癒やされるのを妨げる。傷や不安や絶望が絡まり合っていくうちに、苦しみの真の原因を突き止めることがほとんど不可能になる。しかしアンソニー・ドーランの苦悩の物語を詳しく見てみると、孤独というものが仮面のすぐ下に潜んでいるのだと分かる。

アンソニーにとって、アルファ中隊の男たちは家族のような存在だった。最初の配属であるオアフ島の陸軍基地スコフィールド・バラックスで出会い、９・11で芽生えた共通の目的意識の

※『西欧人の眼に（上）』コンラッド著、中島賢二訳、岩波書店、67頁。

もとに結束していた。アンソニーを含め、多くの兵士たちはツインタワーが倒壊するのを目にして入隊を志願した。彼らは12ヶ月間、ひとつの小グループになって作業し、訓練し、食事し、睡眠をともにした。肉体的な強さだけでなく、ためらいなく互いを頼れる支え合いの関係を築いていった。トレーニングが終わると、アルファ中隊は軍の輸送機に乗り込み、アフガニスタンでの1年間の任務へと向かった――それは人生で最高の1年だったと、のちにアンソニーは教えてくれた。

アンソニーは23歳の当時、戦争がこれほどの帰属意識をもたらすものだとは思いもしなかったと語る。「自分の左右にいる仲間のためなら死んでも構わない、という感じだったんだ。絆はそれほど強い」。また、彼らは自分たちがやっている仕事に誇りを持ち、自分たちのミッションと仲間のことを信じていた。

アフガニスタンで、アンソニーはFBIの捜査員に同行し、燃え尽きた建物などに潜む反乱分子を捕らえる活動をしていた。また、国内で初めて民主的に実施される大統領選挙を取り仕切り、命がけで投票しにいくアフガニスタン人たちを守る任務にも派遣された。そして彼のチームは、食料や物資を配給する人道的な任務に就くこともあった。気温は50度を超える日もあったが、そんな環境を兵士たちはフル装備の状態で耐えなければならなかった。毎日が命がけであり、誰か、あるいはチーム全員が二度と帰ってこられない可能性にさらされていた。しかし、まさにそのことが彼らをひとつにした。

そうした毎日を切り抜けることができたのは、間違いなく仲間の兵士に感じていたつながりのおかげだったとアンソニーは言う。そして、２００６年にアメリカに戻ってきてから、すぐにそうしたつながりを切望するようになった。10年以上が経ったいまも、その気持ちは変わらないという。「あの仲間たちといたときのことが恋しいね。仲間の多くは、あの感覚を味わうためならすぐにでも戦場に戻ろうとするんじゃないかな」。

他の兵士からも同じような言葉を聞いていたものの、アンソニーの力強い口調には驚かされた。仲間の兵士たちに感じていた（そして失った）絆は彼にとってあまりに大きなものであったため、それを取り戻すためならふたたび命を危険にさらしても構わないというのだ。どうして彼と仲間たちは、平和な環境では戦争時と同じようなつながりを保つことができなかったのだろう？

多くの帰還兵と同じように、アンソニーは軍という組織と任務のなかでは活き活きしていたものの、それに比べて市民生活は無秩序で目的がないものに感じられた。戦争は彼の人生に意味と明確な形を与えるものであったため、それがなくなると行き場を見失った。故郷のニュージャージーでは、彼の体験に共感できる人間はおらず、友人たちも見知らぬ人たちも彼のことを自己中心的で勝手な人間だとみなしていた。彼は、うつや深刻な不安の発作と戦っていた。

兵士時代の仲間に頼ろうともしたが、電話をかけるたびに、なんだか邪魔をしているような気分になった。アルファ中隊の仲間たちは以前の生活にすんなりと戻っているように見えたのだ。家族との時間を楽しみ、仕事を見つけている。孤独の深みにとらわれた多くの人と同じように、アンソニーは自分と比べて周りの感情的な孤立を小さく見積もっていたのだった。

「周りの奴らはすべてうまくやっているように思えたんだ」と彼は言った。「俺のこともそう思っている奴らがいたってことはあとになって分かった」。

実は彼らは、「タフであれ」という軍の規律により、本当の感情を隠すように訓練されていたのだった。強く、勤勉な精神を持つ。そうした感情の抑制は、戦争という危険や不安定な状況に対峙する際は役に立つものだった。彼らは感情を表に出したり個人的な悩みについて語ったりすることがなくなっただけでなく、軍では助けを求めるのは恥ずべきことだという風潮も特に強かった。「どうしても助けを求めることができないんだ」とアンソニーは言った。「戦闘に関しては高度な訓練を受けたが、国に戻ったあとの対処については訓練を受けていなかった」。

軍隊での経験は、アンソニーが幼いころからの刷り込みを強化するものだった。彼の父親はアイルランド系アメリカ人の警官で、12時間の勤務に加え、生活費を稼ぐために追加の勤務をこなしていた。ドーラン家の4人の息子たちは、幼いころから「男らしく」振る舞い、感情を表に出さないように求められていた。そのため、アンソニーは心的外傷後ストレスの症状を伝える手段がなく、ましてやその症状にうまく対処できるはずもなかった。

孤独感が募り、故郷でアフガニスタンの経験を誰にも話せず、アンソニーは苦しみを紛らわすために酒を飲みはじめ、ドラッグにも手を出すようになった——最初は背中の痛みのために処方されたオピオイド系鎮痛剤を、そして最終的にはヘロインを使用した。過剰摂取に近い状態も2度経験し、そのうち1度は遺書を残していた。違法に処方された薬を購入したことで何度も逮捕され、覚えていられないほど何度も治療施設への出入りを繰り返した。

そんな時期に兄のジョセフが命を落とした。イラクに従軍した経験を持つ彼は、依存症との戦いに敗れてヘロインの過剰摂取で亡くなった。この喪失は両親にとってほとんど耐えがたいものだったが、アンソニーが嘆くことはなかった。それほど感覚が麻痺していたのである。

ほどなくアンソニーはホームレスとなり、自分の車で暮らすようになった。最終的に、ボロボロになった家族にできることは、彼を実家の子供部屋に連れ戻すことだけだった。

2013年1月の寒い夜、両親がリビングでテレビを観ているころ、アンソニーはヘロインの入った袋を持ってベッドに潜り込んだ。次にハイになれる瞬間のことばかり考えつづけることに疲れ果て、自己嫌悪の痛みで心が擦り切れ、何より連絡の途絶えた友人たちとのつながりを欲する孤独感が苦しく、この世から消え去って楽になろうと考えたのだった。

アンソニーは輪っかを作ったロープをドアにかけ、そこに首を通した。しかし空中に身を投げ出して空気の供給が断たれるのを感じた瞬間、猛烈な恐怖に襲われた。生きたくないのと同じくらい、死にたくもなかった。なんとかロープから抜け出して床に倒れこんだ彼は、アザができ息は切れていたものの、無事に生きていた。

何か啓示があったわけでも、変わろうと強く誓ったわけでも、心配する家族や友人からの介入があったわけでもなかった。ただ、自分に取り憑《つ》いた亡霊と一緒に生きつづけることだけは決めたのだった。

残念ながら、依存症は続いた。短期の回復プログラムは役に立たなかった。長男の死による深い悲しみが拭《ぬぐ》い去れない両親は、さらなる治療に取り組むようアンソニーに懇願していた。そんななか、匿名の人物から治療施設に15万ドルの寄付があり、そのおかげでようやく、アンソニーは必要だった1年近くの入院治療を受けることができた。

彼が入院したのは2013年2月のことだった。はじめのうち、グループセッションでもただ静かに座っているだけで、会話や自分の物語の共有を拒んでいた。しかし他の人が話す内容は聞いていた。そして少しずつ、周りの人たちの物語に自分と共通した部分を見いだしていった。彼はゆっくりと心を開きはじめ、ときおり質問をしたり自分の意見を口にしたりするようになっていった。このコミュニティでは安全だと感じるようになると、自分の弱い部分をさらけ出し、長らく抱えていた苦しみを打ち明けるようになった。

長い道のりではあったが、アンソニーは孤独というものがいかに見えにくく、かつ強力に作用するかを理解するに至った。深い苦しみを紛らわすために薬物を求めた彼だったが、本当に必要としていたのは人とのつながりだった。新しい文化で友情を育みだしてからは、退役後に失っていた仲間意識をふたたび感じるようになった。彼はアルファ中隊の仲間たちと同じように、治療施設の新しいチームを信頼していった。そのチームからの信頼と励まし、そして家族からの献身的なサポートによって、彼は自身の内に潜む悪魔と向き合う力を得た。アンソニーはその年のうちに依存から抜け出し、いまもその状態を保っている。

ギリギリの状態から自分を引き戻してくれた「つながりの力」を知ったアンソニーは、自分が得たようなサポートを他の人にも提供していこうと心に誓った。彼は現在、帰還兵や、依存症に苦しむ人々や、苦しみを抱えた退役軍人の家族に向けて自身の物語を語ったり、彼らの物語に耳を傾けたりしている。彼によれば、大半の物語の奥には強い孤独感が流れているという。彼の願いは、そうした人々に自分はひとりではないのだと知ってもらうことだ。彼らのために動いているうちに、アンソニー自身の目的意識も強くなり、孤独をめぐる負のスパイラルから脱して新たな生きがいや行き先を見つけることができた。

さまざまな仮面を付けた痛み

１８８９年に生まれたユダヤ系ドイツ人の精神科医フリーダ・フロム＝ライヒマン博士は、複雑に混ざり合った症状の奥には孤独が潜んでいる傾向があると気づいた最初の人物かもしれない。彼女が孤独に関心を持ったのは、ある若い患者がきっかけだった。その女性患者は治療開始時にはまったくの無反応状態だったが、どれほどつらいのか共感を込めて尋ねると、彼女は親指を１本だけ立てて反応を示した。

そこでフロム＝ライヒマンは言った。「そんなに孤独なのね？」。すると、このシンプルな言葉が若い女性患者の態度を変えた。彼女は２週間ほど指の動きでコミュニケーションをとりつづけたのち、孤独の不安や苦しみから完全に抜け出すことができた。

この成功は、フロム＝ライヒマンにとって転機となった。彼女は、深い孤独感というものを、ただ「ひとりでいること」や喪失の悲しみという特別な経験とは大きく異なるものだと考えるようになったのである。さらに大きかったのが、孤独に苦しむ患者は自分が孤独だと認めたがらない場合が多いと気づいたことだった。「集団意識の強い文化において、孤独が最も嫌われる現象であるという事実が一因ではないかと思う」と彼女は書いている。[1]

孤独感を抱く人は、反社会的な行動を起こして最も身近な人たちを遠ざけてしまう場合があるとフロム＝ライヒマンは指摘している。怒りをあらわにしたり、ひきこもったり、侮辱の言葉を浴びせたり、無関心を装《よそお》ったりすることがあるのだという。人との関わりを強く求めているにもかかわらず、人を遠ざけてしまうのだ。まるで、アンソニー・ドーランのことを語っているかのようである。

人間の進化という面で言えば、このような行動の主な原因は、孤独というトラウマに埋め込まれた（恐怖ともいえるほどの）不安であることが研究から分かっている。それは、こちらを拒絶するかもしれない人に対して抱く、傷つけられることへの不安だ。また、見捨てられることへの不安でもあり、そうした気持ちはこちらを見捨て無視するような相手に対する怒りへと――場合によっては暴力へと――発展することもある。

長年、研究者たちは孤独と暴力の関連性について研究してきた。ある研究では、被験者に晩年は孤独になるという考えや、別の被験者があなたを拒絶していたという考えを吹き込んだ。するとその被験者たちは、自分を拒絶したという相手を激しく非難したり馬鹿にしたりといった反応を示す傾向が見られたという。[2] 大量射殺事件から連続殺人犯にいたるまで凶悪犯罪者のバックグラウンドを調査した各種の研究では、孤独が共通の要因としてあがっている。

こうした極端な暴力は、一般的な孤独の経験に対する反応としては稀《まれ》なものであり、暴力には孤独だけではない数多くの要因が関係している。しかし孤独が暴力を招く要因のひとつであるのなら、人とつながることは暴力を防ぐ策になるのではないだろうか？　そのことを探るために、私はロサンゼルスにある再犯防止連合（ＡＲＣ）を訪ねた。

２０１３年に創設されたＡＲＣは、多数の元受刑者たちに住宅・雇用・教育など多様なサポートを提供している。それだけでなく、協力的な人々からなる安全なコミュニティの提供もしている。この組織の目標は、元受刑者たちが「犯罪・ギャング・ドラッグと無縁で」暮らしながら、生活を立て直していく手助けをすることだ。そしてＡＲＣは、みずからの存在価値を証明してきた。２０１８年の時点で、再犯率がおよそ50パーセントのカリフォルニア州において、ＡＲＣのメンバーで刑務所に戻った割合は11パーセントほどとなっている。[3]

ＡＲＣの本部は、ロサンゼルスのダウンタウンにあるスキッド・ロウ地区の近くにある。きらびやかな広告看板や光を反射する官庁街の高層ビル群からわずか数ブロックのこの地区は、倉庫や駐車場が多い。私が訪ねた寒い雨の日に車で通り過ぎると、多くの建物の外壁には赤や青や黒の落書きがあり、剥がれかけた漆喰《しっくい》に言葉や絵が巧みに描かれていた。そんな地区だから、ＡＲＣが入っているのが新築ビルであるなんて予想もしていなかった。光あふれるオープンフロアと堅木のフローリングは、非営利の社会福祉事業というよりもシリコンバレーのスタートアップ企業のような趣だった。ガラスで仕切られた各会議室は、常に会議で埋まっていた。フロアはエネルギーに満ちていて、ＡＲＣのメンバー、インターン、政策研究者、セラピスト、ボランティアなどが廊下をいそいそと動きまわり、グループになって会話をしたり、笑ったり、問題解決に取り組んだりしていた。

その日、私は体験を語ってくれる複数のメンバーと会った。最初に会ったリチャード・ロペスは30代後半で、頭皮にまでタトゥーが入っていた。しかしカーキのズボンにボタンダウンのドレスシャツという格好で、タトゥーを除けばカジュアルフライデーの企業コンサルタントといっても通用しそうだった。犯罪歴を見れば暴力を振るった過去があることに間違いはないものの、9歳の息子のことは、溺愛《できあい》する親の優しさと揺るぎない愛情を持って語っていた。刑務所を出てから成し遂げてきたことに誇りを抱きながらも、彼の顔には深い悲しみが刻まれていた。

リチャードはカリフォルニア州ウィルミントンにある公営住宅で育った。このダナ・ストランド・ビレッジは、もともと第二次世界大戦中の1942年に造船所の臨時労働者向けの住宅として建設されたものだったが、リチャードが生まれたころにはドラッグやギャングや暴力に満ちた場所となっていた。「閉じた小さな世界のなかの、そのまた閉じた小さな世界のようだった」。リチャードは、子供のころの近隣の様子をそう表現した。「車で通り過ぎても、その団地のなかで銃撃戦が繰り広げられているなんて気づかないだろうね」。

上にも下にも兄弟がいるリチャードは、注目や愛情を集めるために競わねばならないと感じていた。父親は長年アルコールに関する問題を抱えており、控えめに言っても、子育てから目を背けていた。彼は子供が何をしているのか、どこにいるのか、ほとんど知らなかった。一方で、リチャードの母親は働き詰めだった――そしてリチャードが10代のころに突然家族のもとを去った。

リチャードは自分の家に居場所がないと感じるようになった。「家に入ったら涙が出てくるときもあったんだ、何かが欠けているような感じがしてね」と彼は言った。声からも、その痛みは伝わってきた。「孤独なのに、それに気づいていなかったんだ」。

自分の居場所だという感覚や受け入れられているという感覚を求め、彼は家庭内で孤独感を抱いている他の青年たちを拠り所とした。悲しみや弱さを見せてはならないと感じている多くの少年たちと同じように、リチャードたちの孤独はたいてい怒りとなって表れ、犯罪へと向けられた。13歳のときに、リチャードは車の窃盗罪で捕まった。それから5年間は、ロス・パドリノス少年院に出入りを繰り返した。少年院から出るとすぐに、ほとんどがギャングとなっていたストリートの友人たちとふたたび交流を持つのだった。最初のうち、彼はギャングの一員となることを断っていた。幼いころから見てきた周りのギャングが嫌いだったからだ。しかしある日友人たちと歩いていると、車が彼らの横に停まり、車内にいた地元のギャングメンバーたちから、どこの奴らだと尋ねられた。つまり、どこのギャングに属しているかと聞かれたのだ。

その瞬間、リチャードのなかの何かが変わった。彼は質問してきた相手の目を見て、大きな声で誇らしげに、地元の別のギャングに属していると言ったのだ。友人たちは驚きで言葉も出なかった。彼が口にしたギャングとは対立していなかったため、相手は何事もなく去っていった。リチャードは、ついに仲間になってくれたと周りがどれだけ喜んだかをいまでも覚えているという。

それ以降のリチャードは、あの場でギャングの一員になろうという気持ちに駆られた理由を長年探りつづけてきた。彼によれば、それまで抑えていた「どこかに属したい」という気持ちがついにあふれ出たのだろうという。この発言には、デレク・ブラックが白人ナショナリストのなかで過ごした子供時代の話に通じるものがあった。リチャードの言うように、ギャングには多くのネガティブな要素があるかもしれないが、同時にコミュニティや自分が大切な存在であるという感覚も与えてくれる。

「ギャングの世界に飛び込んで、その瞬間に得られる愛というのは、胸がいっぱいになるようなものだ。みんながハグをしてくれるからね」とリチャードは教えてくれた。「みんな『ギャングにようこそ。よくやった。お前はもう仲間だ、家族なんだ』という感じで話しかけてくれる。純朴な若者だった俺は、『ああ、愛を感じる』なんて思ってた。すごく愛されてるんだから、愛を返さなきゃと思ったんだ。そしてギャングの世界では、暴力を生み出し、外で大混乱を引き起こすことこそが愛を返す方法だった」。

リチャードは、家族への帰属意識も持てるようになりたいと願いつづけていた。しかし、ギャングに入ったことで兄弟とさらに距離を置くことになってしまった。家族が心配することが分かっていたため、ギャングに入ったと伝えることはできなかったのだ。そのため彼は家に帰ると、ギャングとしての暮らしについては心の箱に詰めて黙っておくことにした。ギャングでさまざまなことが起きるたび、箱の中身は膨《ふく》れ上がっていった。痛みや後悔は、あっという間に箱からあふれ出るほどになった。そうした感情を最も近しい関係であるはずの人々に伝えることができなかった彼は、さらに疎外感や孤独感を募らせていった。

リチャードが言うには、そうした孤独感が怒りに変わり、その怒りが暴力へと変わっていった。2005年、彼は殺人未遂容疑で逮捕された。警察は彼が銃器と弾薬を持っているのを発見したのだった。その銃器の不法所持罪はわずか180日の刑期だったが、2007年にも敵対するギャングのメンバーたちに対する暴行罪で逮捕された。前科があったことで刑罰が大幅に増え、最高レベルの警備が敷かれた州立刑務所で14年4ヶ月の判決を下された。

「そこで起きたさまざまなことは口にするのもはばかられる」とリチャードは力ない声で言った。

しかし、その隔離された独房のなかでリチャードは変わりはじめた。刑務所に入ったすぐあとに、ガールフレンドからリチャードが父になるという知らせが届いたのだ。彼は大いに喜ぶと同時に心を痛めた。息子も自分と同じように、愛を注いでくれる父の存在なしに育つことになるからだ。

「そこから自分は変わりはじめた。以前よりも本を読むようになった。祈るようになった。学校の勉強も始め、高卒認定も取得し、大学にも入学した。子育てに関するものも含め、あらゆる分野の資格も取得していった。いろんなことに積極的に取り組みはじめ、それが楽しかった」

私が会ったとき、リチャードは14年の刑のうち10年服役してから出所して半年が過ぎたばかりだった。すでに家族と新しい暮らしを築き、仕事を得て家賃を払い、車を持ち、銀行口座も開設していた。大部分は、ARCが雇用や住宅や社会復帰のプログラム、そして社会的サポートのグループを提供してくれたおかげだという。

しかし精神面での回復は、もっと時間のかかるものだという。「心のなかで毎日戦っているよ。過去からは逃れられないのだと囁《ささや》いてくる怪物に打ち勝つために。孤独感はいまも自分に影響を与えている」。

夫婦は愛し合っているものの、リチャードには妻に対しても語れないような体験があるという。戦争から故郷へ戻ってきたアンソニー・ドーランと同じように、リチャードもギャングや刑務所に入った人でなければ自分の話は理解できないだろうと感じていたのだった。過去の痕跡であるタトゥーが周りを怖がらせ、遠ざけてしまうことも追い打ちとなった。

そんな彼が完全に気兼ねなく話せる相手が9歳の息子だった。息子との会話は批判とは無縁だった。そこでは自分も普通の人間だと感じることができた。リチャードにとって、息子は天の恵みのような存在だった。「その会話は自分に人間性を取り戻させてくれる。もう何年も人間味を失っていたからね。毎朝目覚めて息子に愛を伝えると、息子も愛してると言ってくれる。それはとてつもなく素晴らしい気分だね」。

リチャードが会話のなかで何度も「愛」という言葉を持ち出すのが印象的だった。彼は「愛」を孤独の対極にあるものとみなしていた。愛は、つながりの欠如を解消するものだった。彼は、自分を愛することと他人を愛することは分かちがたく結びついていることに気づいていた。

彼が最後に話してくれたのは、若いころの自分へのアドバイスだった。「正しい方向に進んでいる人たちのなかに身を置こう。そこにいれば自分に必要な愛を見つけることができるはずだ。ネガティブなことをしている人たちのなかに身を置いても愛を得ることはできるが、それは偽りの愛で、フェイクなんだ。一時的なものにすぎない」。

私はこの言葉に興味をかき立てられると同時に、少し戸惑いもした。彼は大きく空いた心の穴を埋めるためにギャングに入り、それが機能した。ギャングが自分の家となり、忠誠を尽くすようになった。アンソニー・ドーランとアルファ中隊の兵士たちの関係と同じように、リチャードもギャングの仲間たちのために命をかけた。そうであるならば、なぜギャングたちの愛を「フェイクだ」と言ったのだろう？

それを理解するには、フィリップ・レスターの例が参考になった。

孤独と愛

あらゆる点で、フィリップとリチャードは似たような人生を送ってきた。現在40歳のフィリップは、細身で背が高く、長髪のドレッドヘアで口ぶりは穏やかだが、16歳のときに4件の殺人未遂事件を起こして裁判にかけられ、刑務所には2度服役し、合計21年を過ごした。フィリップはロサンゼルスのサウス・セントラルで育った。『ボーイズン・ザ・フッド』や『カラーズ／天使の消えた街』といったギャングを題材とした象徴的な映画に影響を与えたまちだ。

幼いころは祖母がフィリップを育て、彼に必要な愛情と安定を与えていた。しかしその後、彼の人生にギャングが侵食してきた。それぞれのグループの色の服を着て、ハンドサインを駆使した。やがて暴力もともなうようになった。

初めて銃撃戦に巻き込まれたのは8歳のときだった。「俺はおじと道の角に立ってたんだ」とフィリップは言う。「そしたら何人かの男がやってきて、お前らはどこの奴だと聞いてきた。おじはすぐに家のほうへ駆けていきながら撃ちはじめ、相手も撃ちだした。でも俺は怖いって感じじゃなかった。ただ『うわ、本物の銃撃戦だ』という感じだった。事の重大さには思いも及ばなかった。その後、祖母の家は標的になってしまい、通り過ぎる車から何度か銃撃を受けた。俺も祖母の家の庭で2度撃たれた。彼女の息子、つまりおじは庭で撃たれて死んでしまった」。

近所をギャングが支配するようになると、その状態が普通のこととなり、やがてフィリップもギャングに入った。しかし彼は、ギャング内での人間関係はそれ以外の場所での友人関係とは異なることに気づいた。ギャングにおける愛は条件つきだと感じたのだ。

「理解しなければならなかったのは、周りが忠誠を誓っているのは俺という人間に対してではないということだ。彼らが忠誠を誓っているのは掟《おきて》に対してだ。小学校のころから知っている奴であっても、たとえば密告なんかのタブーを犯したら、たちまち扉が閉ざされる」

フィリップやリチャードに孤独と暴力の関係についての考えを尋ねると、リチャードはためらいなくこう言った。「孤独と暴力は、ある意味で兄弟や姉妹のような関係だと思う。自分が育った地域には、はけ口を求める孤独な奴らがうじゃうじゃいた。孤独感を抱くと、周りに強い敵意を見せるようになる。俺だったら、どんなささいなものでもいいから気に障《さわ》ることを見つけて、暴力行為の口実にするだろうね」。リチャードは、オピオイドの効果を語ったアンソニーと同じように暴力の効果を語った。「暴力は孤独を少しのあいだ紛らわすけど、ハイの状態がおさまると、孤独はより強く、より飢えた状態で戻ってくる。それから逃れるすべはない。その孤独感に生活が支配される。なんとか対処しようとして堂々巡りになったり、アルコールやドラッグ、その他にも想像できるあらゆるもので鎮《しず》めようと試みたりする。でも結局、孤独感が消えることはない。

鏡に映った自分に向き合うしかないんだ」。

リチャードの分析は、マクシーン・チェイスリングがオーストラリアで経験したことを思い起こさせるものだった。年配男性たちの孤独に苦しむ気持ちは、不満や怒りや焦りとして表れ、生活全般に不機嫌がまん延する。そうした感情の標的に最もなりやすいのが配偶者だ。多くの妻たちがやり場のない気持ちを募らせ、為すすべがなくなってしまうのも無理はない。

精神的なものであれ肉体的な暴力であれ、怒りが何度も繰り返されると、次第に関わるすべての人の態度が硬化していく。フィリップは、そのことが人とのつながりをさらに難しくすると指摘した。「人間としての一部が麻痺するようなものだ。生涯ずっと麻痺したままの人もいる。そうすると、やがて周りが自分のことを理解してくれないと感じるようになり、自分が孤独で孤立した場所にいることに気づく」。孤独感が暴力を生み、暴力が孤独を永続させる。

では、何がそのサイクルを止めるのか。リチャードにとって、それは家族の愛だった。フィリップにとって、それはARCのコミュニティだった。出所してからの月日において、フィリップはARCのミッションに深く関わり、サポートサークルを通して周りを助け、自分も助けられてきた。暴力が要求されるコミュニティから離れた彼は、帰属意識やつながりを築いて確かなものにするための別の方法を知るようになった。ARCでは、ありのままの自分を出すことができ、批判的でない眼差しで自分を見てもらえる。「そこにいる人たちには偽りがない」と彼は言う。「ここが自分の家だ。ありのままの自分を受け入れてくれる」。

フィリップがARCでの人助けについて語ったことは、アンソニー・ドーランが孤独や絶望に苦しむ仲間の兵士や退役軍人を助けようと誓ったことと通じるものがある。また、息子が安全に、そして愛されて育つようサポートするというリチャードの誓いや、「男たちの小屋」のメンバーが密かに、しかし確実に持っていた周囲やコミュニティに貢献したいという欲求にも通じる。命が救われるようなつながりにおけるこれらの共通点は、カシオポ夫妻が現役の米軍兵士と協力して社会的レジリエンスの向上に取り組んだ際の発見を思い出させるものだった。彼らは、親切心や寛大さを示す行動が孤独感を軽減し、ウェルビーイングを高める最も強力な行為のひとつであることを突き止めたのだ。

「小さな善意は、その善意をお返しせねばという暗黙の義務感を生む」と、カシオポ夫妻は『ハーバード・ビジネス・レビュー』誌に書いている。[4]「最初の行為が親切心に満ちたものだとみなされると、贈り物への返礼をおこなう『互酬《ごしゅう》』という社会通念によって感謝や相互尊重の気持ちが呼び起こされ、協力関係が促され、互いの信頼や絆が強化される」。

まさにこれは、フリーダ・フロム=ライヒマンが無反応の患者に親切心や関心を見せた際に起きたことだった。ちょっとした親切な行為が孤独という仮面を剥がし、関係性の下地を作っていったのだ。

信仰においては、昔からこの関連性が理解されていた。だからこそ、主だった宗教では奉仕活動が重要な役割を担っている。かつて先祖の部族がそうであったように、信徒は互いに支えて助け合うものとされており、そうした行為を通して神を身近に感じていく。何より重要なのは、そんな神聖な三者の関係があるため、奉仕をする側も受ける側も、どちらも恩恵が得られると理解されていることだ。

ベンガルの詩人ラビンドラナート・タゴールが記したように、ゴータマ・ブッダは弟子たちに「仕事の放棄によってではなく、正しい行動を通して自己を捧げることによる解脱」を模索せよと説いた。[5] ヒンドゥー教のウパニシャッド（奥義書）には、「誰かの幸せが、別の誰かの自発的な献身の上に成り立っているとき、神々は喜ぶ」と記されている。[6]

キリスト教において、イエスが崇《あが》められているのは貧しい人や困っている人への寛大な心と献身的な行動からであり、慈善活動は中心的な美徳とされている。多くのキリスト教徒は、人を助けることは信仰の表現手段だと考えている。

それからユダヤ教のツェダカー（正義）という戒律は、イスラム教で「喜捨《きしゃ》」を指す「サダカ」と同じルーツを持っている。ユダヤ教のラビ（聖職者）たちは貧しい人々に時間や金銭を捧げることだけでなく、与えることの精神として「慈愛のおこない（Gemilut Hasadim）」を強調している。さらには、世界を修復する／癒やすという意味の古代ユダヤ教の言葉「ティックーン・オーラーム（tikkun olam）」も掲げており、オバマやクリントンなどの大統領たちが奉仕のあるべき姿として言及したことがある。

イスラム教においても、奉仕の精神は聖典に書き込まれている。富める者は貧しい者に奉仕することが求められているが、コーランは賢明にも、貧しい者であっても奉仕できる指針を与えている。預言者ムハンマドは、信仰の基盤として人のつながりの重要性を語ったうえで、かけがえのない善意の施《ほどこ》しとして「微笑む」というシンプルな行為を推奨した。

預言者ムハンマドと同じように、12世紀に活躍したユダヤ教のラビであるマイモニデスも、慈善活動の主たる目的は与える人と受け取る人の関係を高めることにあると理解していた。だからこそマイモニデスは、少なくとも慈善活動の内容と同じくらい交流の質も重要だと説いている。屈辱を与えたり、優越感を持ったり、相手に依存することは、思いやりある施《ほどこ》しにふさわしいものではない。あるいは、社会学者のクリスチャン・スミスとヒラリー・デヴィッドソンが言うように、私たちは与えることで受け取るのであり、しがみつくことで失うのである[7]。

この示唆こそが決定的に重要だ。奉仕という行為は、面倒なもの・集中を妨げるもの・気力が奪われるものではなく、思いやりのあるものでなければならない。理想的なのは、奉仕を通して人間の深い部分に思いやりが浸透し、人格に織り込まれていくことだ。それが、インドの偉大な精神的指導者であるマハトマ・ガンジーが「自分を知る最善の方法は、他者への奉仕に没頭することだ」という言葉で意味していたことである[8]。

神経科学から見る「奉仕」の効果

最近の研究者たちは、この点について神経科学的な観点からアプローチしている。そのひとりがスティーブ・コール博士だ[9]。奉仕は目的およびやりがいと結びついており、これら3つはどれも社会的なつながりにおいて重要な役割を果たしているとコールは言う。しかし特に、孤独のトラウマを癒やすにあたっては奉仕が大きなカギとなるかもしれない。

結局のところ、孤独感から生じる強い警戒状態は自己中心的な現象だとコールは指摘する。孤独感を強く抱いた人は、脅威を感じるあまり自分の心の安全ばかりを気にするようになり、他者を思いやったり心配したりするエネルギーがほとんど持てないのだという。しかし一方で「人間は自分の健康や安全以外の多くのことにも価値を置くものだ」とコールは言う。自然、芸術、政治、貧困問題などはそうした例のひとつであり、孤独を感じているときであっても地元の美術館やフードバンクでボランティアをしようと思うことだってある。「だからこそ、警戒状態になっている人たちに自分が大切だと思うものに没頭してもらうことは、神経生物学的な観点からするとかなり良い手段であることが分かっている」。

2016年、ナオミ・アイゼンバーガー博士らが発表した研究によると、人を助けるという経験はストレスや脅威を司《つかさど》る扁桃体、背側前帯状皮質、前島皮質などの活動を低下させるという。それと同時に、介助に関連する部位や報酬に関連する部位（腹側線条体と中隔野）では活動の増加が見られる。[10] これはつまり、他者を手助けするとストレスを減らすばかりかウェルビーイングが高まるということであり、孤独感や孤立の苦しみに対する重要な対抗手段になるということだ。

2017年に老年学会誌『ジャーナル・オブ・ジェロントロジー』で発表された別の研究でも、この傾向が確認された。その研究はアメリカの約6000人の未亡人と既婚女性の孤独感を測定して比較している。[11] あまり驚くことではないが、未亡人のほうが既婚女性よりも孤独感が強い傾向にあった。しかしながら、ひとつ特筆すべき例外があった。1週間に平均して2時間以上なんらかのボランティア活動を始めた未亡人は、同じくボランティアをしている既婚女性と孤独感の差がなかったのだ。人助けは、喪失による孤独感を効果的に解消していたのである。

この事実にあまり驚きはない。人を助けることは、自分にも能力や生きがいがあると感じることに役立つうえ、行動によって生まれる価値が他者に広がることで、その行動にさらなる意義がもたらされる。簡潔に言えば、人を助けることで自分が大切な存在だと感じることができるうえ、そうした感覚は気分がいいものなのだ。

奉仕の具体的な内容についてはあまり重要ではないとコールは言う。人助けには「最善の方法」や「万能の方法」などない。そのうえ相手が人間でなくても構わない。孤独であるとき、恵まれない子供たちや高齢者と直接触れ合うようなグループ活動に参加するのは腰が引けるかもしれないが、動物が好きなら動物保護施設でボランティアすることだってできる。環境に関心があるなら、海岸や森を清掃するグループに参加することだってできる。文学が好きであれば、公立図書館で棚を整理するボランティアに参加してもいい。心からそれを思い、自分にとって意義のあることであれば、どんな形の奉仕であってもよいのである。

コールによると、強い目的意識ややりがいを感じていると、「2つの強力な脳のシステムのバランスが変化する――なんとか危険や脅威を回避して対応しようとするシステムと、何かを探求し、発見し、欲するシステムだ」。求め、発見し、欲するシステムは、ひとたび活性化すると脅威を回避するシステムを覆《くつがえ》すことができる。そうするとある種の「治癒状態」となり、焦点が自分から逸《そ》れる――それで気持ちが楽になることがある。

こうして気持ちが楽になると今度は、ともに手助けをする人や助けを受ける人たちとの交流も楽になり、全員で共通の目標に向かって力を合わせ、互いに目的意識ややりがいを感じられるようになる。図書館や動物保護施設などで他者と協働しているとき、社会的にも感情的にもこうした相互作用が起こっている。

これは、ボランティア組織、活動家による運動、宗教団体、そしてARCのようなプログラムが人を孤独から救い出すために重要な役割を果たしている理由でもある。こうした組織や活動は、人とのつながりを持ちながら、やりがいや価値や目的意識をよみがえらせる安全な機会を提供しているのだ。

もちろん、なんらかの問題に関心を持つだけでは十分ではない。グループに参加するだけでも十分ではない。真に治癒的な相乗効果が生まれるのは、共通の目的を達成するために周りと一緒になって行動を起こすときだ。しかしながら、「少なくともはじめのうち、大切なのは他の人に会うことよりも、目的を見つけて自分より大きな何かに奉仕することだ」とコールは言う。

結局のところ、人間は社会的な生き物であるため、自分のことばかり考えている状態が正常でないことは身体が知っている。神経生物学的に言えば、だからこそ力を合わせて何かポジティブなことを成し遂げると、脳は報酬を与えてくれる。別の言い方をすれば、良いことをすると良い気分になるのだ。

孤独感への影響は、巡りめぐってもたらされる、とコールは強調する。「目標やミッションに意識を集中することは、孤独な人たちがふたたび物事に積極的に関与する助けとなる。そうして関与することで、自分の脅威となるような人ばかりではないのだと実感できるようになる。その結果、孤独だった人たちも、安心を感じるための社会的関係や社会資本を構築できるようになる」。

スティーブ・コールが示唆しているのは、奉仕は孤独から社会復帰へ向かう裏口のようなものだということだ。これは自分の経験に照らしても納得できることだったが、一歩引いて考えてみると、ある有名な組織も、この回復への裏口を1世紀近くにわたって活用していることに思い至った。

依存症とうまく付き合う

アルコホーリクス・アノニマス（AA）の共同創設者であるビル・ウィルソンは、孤独と依存症の関係と同じくらい、AAのメンバー同士による奉仕が持つ癒やしの役割についても明確に理解していた。この孤独と依存症と奉仕の関係は、アルコールのみならず、オピオイド、ギャンブル、ゲーム、そして食べ物などの依存症であっても当てはまる。ウィルソンはこの3つの要素をひとつにつなげた最初の人物であり、そのときの目標はアルコール依存症の人たちを手助けすることだった。

ウィルソンは次のように記している。「私たちアルコール依存の人間は、ほとんど例外なく孤独に苦しめられている。[12] 飲み方がひどくなって人と疎遠になる前から、ほとんど全員が自分には居場所がないという感覚に苦しんでいた。シャイで人に近づこうとしないか、注目や仲間を求めてうるさく騒いでも自分の居場所を得られない――少なくとも自分はそう感じてしまう。いつも不思議な壁があって、乗り越えることも理解することもできなかった」。

　そしてウィルソンは、その壁をみずからの依存症の経験を経て理解した。禁酒を始めて数ヶ月が経過したころ、ウィルソンはこのまま飲まずにいるためには、自分と同じようにアルコールと戦っている誰かとつながることが必要だと思い立った。飲みたいという気持ちが強烈にぶり返してきたときは特に、自分と対等に話ができる相手が必要だった。そうして見つけたのが、同じように禁酒と戦っていたボブ博士だった。ふたりが築いた関係はAA設立のきっかけとなっただけでなく、「スポンサーシップ」と呼ばれる奉仕活動の基礎となった。これは、アルコール依存症の人同士が信頼して心を打ち明けられるメンターとなり、互いの断酒を支え合う仕組みだ。AAのパンフレットにはスポンサーシップについて、「私たちは経験から、気持ちを打ち明けることで断酒の可能性が大きく高まることを知っています！」と記されている。[13]

　このスポンサーシップから分かるのは、奉仕とは双方向の贈り物であるということだ。スポンサーは、仲間のメンバーを導き、励まし、助けるために、自分の苦悩、成功、戦略、忍耐のすべてを引き合いに出しながら自分の断酒経験を「さらけ出す」が、これは自己犠牲の奉仕とは違う。実のところ、サポートされる側だけでなく、助けを提供するスポンサーも回復が強化されるのだ。これが、スティーブ・コールが言った「目的を見つけて自分より大きな何かに奉仕する」ことのポイントである。

孤独が人生に痛ましい穴を開けたとき、その痛みを和らげようとしてとってしまう不健全な行動は、暴力、ドラッグ、そしてアルコールだけではない。食べ物、セックス、さらには仕事すらも、その穴を隠すために使われる。多くの場合、こうした一時しのぎの行動は、ときに複数の行動が絡まり合いながら、見えない形で孤独へとつながっていく。どの行動も、私たちに害を及ぼしうる。

ブライアン・ロビンソン博士は心理療法家であり、仕事と孤独の関係について研究するだけでなく、自身も身をもって経験してきた。彼自身の人生や何百ものインタビューを通して、幼少期から仕事中毒に至るまでの軌跡を追い、著書『#チル』（未邦訳／*#Chill*）を記している。[14] インタビューした人たちと同じように、ブライアン本人にとっても、孤独が人生に大きな影響を与えていた。

ブライアンの父親はアルコール依存症だったが、飲酒の問題に決して助けを借りることがなかった。父親が帰宅して気分が荒れると、幼いブライアンや妹は面食らっていたという。「まだ子供なのにそうしたストレスを浴びせられると、身体はそれを受け止める準備が整っていないんだ。強い警戒状態となり、常に不安な気持ちがつきまとう。そしてその不安を忘れるために、ある人はアルコールに、別の人は食べ物に走り、また別の人は仕事に没頭する」。

仕事と義務が、ブライアンの2つの避難先となった。つまり、彼は家族のなかで自分が大人の役割を果たそうと決めたのである。「心理学では親役割代行（Parentification）と呼んでいる」と彼は言う。彼は妹を守ることを自分の仕事とした。家事をして、宿題もきちんと仕上げた。「そうすることで、偽りのコントロール感と安定感を得ていたんだ」。

彼は、トラブルに巻き込まれた子供たちの話を頭のなかであれこれ練り上げて自分を慰めていたという。「彼らをトラブルから救う。それが、抜け出せないでいる混沌をコントロールする自分なりの方法だったんだ。孤独とはこのことだね！」。

外からは、この若いブライアンはすべてを持ち合わせているように見えた。才能があり、能力があり、やる気に満ちあふれているように見えた。「その裏で、すべての行動は自分をつなぎとめておくためのものだった。でも皮肉なことに、どんな対処メカニズムを使っていても、自分をコントロールできなくなっていく」。

彼の行動は外からは「奉仕」に見えていた。高校では教会のクリスマスの演劇の脚本を書いた。演出もした。舞台のデザインと組み立てもした。そして主演も務めた。「そしてもちろん、周りの誰もがそれは素晴らしいことだと考えていた。背中を叩いて讃《たた》えてくれるけど、こちらの心のなかには傷がある」。心からの奉仕の精神で周りと積極的に関わっていたのではなく、実のところ彼は、両親からの愛や優しさの不足による深い孤独を遠ざけ隠しておくために、あらゆる作業に打ち込んでいたのだった。しかしそうした作業や称賛は、心の穴を埋めることも、他者とのつながりを豊かにすることもなかった。

このパターンは大学、大学院、そして教授となり人生の伴侶を得てからも続いた。「四六時中働いていた。休日も週末も働いた。友達はいなかった。主な人間関係もなくなっていた。胃腸に問題を抱えていたが、自分の本当の状況には自覚的じゃなかった」。なぜなら、心に穴を感じていながらも、外的な指標はどれも彼のことを「成功者」と告げていたからだった。

仕事に打ち込むほど、自分の内面に大きな危害を加えている恐れや不安を整理するという、苦しくも欠かせない作業から逃れることができる。彼は次第に人と会うのを意識して避けるようになったが、それは人といるのが楽しくないからではなかった。「人を招き入れたり、人に近づきすぎたりしなければ、また心が踏みにじられることもない。そうやって、ひとりでいることは心を傷つけないための対処法だと思っていたけど、実際は自分を独房に入れるようなものだ」。

ブライアンは、休暇でビーチに行ったときも、持っていった仕事道具を家族に見つからないように隠したと振り返る。「アルコール依存者が酒を隠し持つように、スペアタイヤの下に入れたり、ジーンズの裾《すそ》に入れたりして持ち運んでいた。みんなが『浜辺を散歩しよう』と言いだすと、自分はあくびをしながら伸びをして、疲れたから寝ておくよなんて嘘をつく。そしてみんなが見えなくなると、大学の仕事を引っ張り出して、必死に仕上げようとしていた」。

彼はすべての仕事中毒者がここまで極端なわけではないと語っている。しかし文化によっては、こうした行動から見返りが得られることもある。その結果日本では、そうした働きすぎの傾向が広く浸透し、「過労死」という言葉も生まれた。「働きすぎで死に至る」という意味だ。しかしアメリカでは「そうした文化には否定的であるため、その状態を表す言葉を持っていない」と彼は言う。

だがブライアンが孤独を否定する気持ちは、アルコール依存症者の家族をサポートするセラピーの集まりに参加しはじめたことで揺らいでいった。「自分自身の状況には無自覚だったが、その集まりをきっかけにして気づきはじめたんだ。自分も依存症の問題を抱えていることにね」。

彼は、アルコール依存症者の家族や友人をサポートする自助グループ「アラノン（Al-Anon）」に参加しつづけた。そこでは「12のステップ」が提唱されている。状況をコントロールすることを諦め、人生の舵取りが難しくなったことを認め、「恐れずに、徹底して、自分自身の棚卸しを行い、それを表に」※作るのだ。

「そこでのミーティングを終えると、すごく静かで穏やかな気持ちになった」と彼は言う。「ただ他の人の状況や対処法について聞いているだけなのにね」。やがて彼はワーカホリックス・アノニマスの集まりを知った。強迫的なまでに働いてしまうのをやめたいという気持ちを持っていることだけが、唯一の参加条件だ。「そうやって、父にとっての酒が、自分にとっての仕事に当たるのだと理解していった」。彼は仕事にのめり込むことで、いちばん必要としていた人たちを遠ざけていたのだった。

彼はヨガとマインドフルネス瞑想に取り組むようになった。「おかげで自分のなかを深く探り、これまで自分がしてきたことや、もっと違ったやり方について、より深く向き合うことができた。これまでとは違った形で、より深く、より本来に近い自分を理解できるようになった」。

自分の内面を見つめることは、多忙な社会人や孤独な大学生だけに必要なものではない、とブライアンは言う。自分を見つめ直し、活力を取り戻し、自分を整え直すために雑音を消すことができない人は、誰でも「忙しさに逃げる」というパターンに陥《おちい》る可能性がある。彼は、ひとたび余白や時間を取り戻してみると、以前よりもうまく他者を自分の人生に招き入れ、人間関係に注意を払うことができるようになったという。「ひとりでいるときや、他者と一緒にいるときに、

※「AA12のステップ」AA日本ゼネラルサービスHPより（aajapan.org/12steps/）

これまで経験したことのない何かがもたらされるようになった」。

彼は土曜のマチネ（昼公演）や、蘭《らん》を育てるのが好きな夫との庭仕事が自分にとっての楽しみであることを発見した。また、美しいものや音楽にも新たな価値を見いだした。次は何をすべきかとばかり考えるのではなく、目の前の相手に集中できるようになった。「いまこの瞬間に落ち着いて腰を据《す》えることができるようになった。それは自分のなかのシステムにそれまでとはまったく違う影響を与える」。

ブライアンはこの決定的な変化について、「外から内面にプレッシャーをかけられるのではなく、内側から導かれて行動するようになった」と語っている。

この変化による最初の、そして最も顕著な効果は、結婚生活が改善されたことだった。ブライアンによると、自身による以前の研究で、仕事中毒は離婚率を高めるうえ、その子供は不安や抑うつのリスクが高くなることが明らかとなっていた。「仕事中毒になると、自分の仕事が最も重要な事柄になる。そして人との関係が義務のように感じられるようになることが多い」とブライアンは言う。仕事中毒の人の配偶者は、孤独やないがしろにされているという感情を抱いても無理はない。真のつながりに見られるような互酬《ごしゅう》性が壊れているのだ。

ブライアンは彼の夫との関係について、こう振り返っている。「自分との時間を作ってほしいと膝をついて頼んできたことがあった。でも私は、人生のなかでもかなり大切な物事を邪魔されていると感じた。ありえないよね。相手への共感も、思いやりもないことだった」。

現在は優先順位を改めたとブライアンは言う。「愛する人との関わりを何よりも優先しているよ」。

仕事中毒と孤独の悪循環を断ち切ると、仕事のパフォーマンスにも思いがけず良い影響があった。「逆に前より生産的で効率よくなったんだ。ペースを落として、より自覚的になり、自分を深く知るほどにね」。イソップ童話の『ウサギとカメ』の現代版かのように、ブライアンは「ゆっくりと着実に」進むほうがレースに勝つのだと証明した。

しかし最後に彼が得た恩恵は、次のような完全に個人的なものだった。「より幸せで、より充実感を抱くようになった」と彼は言う。「忙しいけど、楽しめている。仕事がのしかかって追い立てられているような感じはしない。自分でコントロールしている感覚があるんだ」。

見えない傷

こうした孤独にまつわる物語の実に多くが、子供時代のなんらかのトラウマに起因することに気づかずにはいられなかった。家庭内暴力、ギャングの暴力、殺人、親の離婚、育児放棄などは、幸せな子供時代や健全な子供に資するものではない。こうした幼いころの傷は長く傷跡として残る。そうやって残る傷のひとつが、社会への大きな恐怖だ。ブライアンが語ったように、傷つくかもしれないという恐怖から、孤独に満ちた心の独房が生まれてしまう。

幼いころの人間関係は、社会的な力の基礎となりうるものであり、またそうあるべきものだ。どんな新生児も、社会的な交流や指導や愛情を十分に与えてくれる家に生まれ、確かなアイデンティティと強い帰属意識を持って育つのが理想である。親友や親族たちも、思いやりと知恵を持って子供に接してくれる。そうした人々から、子供は社会的交流の価値と複雑さ、強く健全な友情の築き方、信頼の育み方を学び、社会の成員として信頼される優れた存在になっていく。しかしこれまで見てきたように、世界は完璧ではなく、どんな家庭も、ましてやどんな人間関係も、理想的なものはない。

公衆衛生の専門家は、子供時代に起こるトラウマ的な体験を「逆境的小児期体験（ＡＣＥｓ）」と呼ぶことが多い。この言葉には、身体的・精神的・性的な虐待、身体的・精神的な育児放棄、アルコール依存症の親を持つこと、家庭内暴力の被害、家族が刑務所に入った経験、精神疾患と診断された家族を持つこと、そして離婚、死亡、育児放棄による親の喪失などが含まれる。[15]

愛情に満ちた人間関係というクッションがない状態でＡＣＥｓにより高レベルの有害なストレスを受けると、子供は発達中の脳の構造と機能にダメージを負う。これによって学習や行動に問題が生じる可能性がある。生理学的には、免疫や成長が阻害され、遺伝子レベルにも影響を与える場合がある。ＡＣＥスコアが高い子供は、依存症、うつ病、自殺、心臓病、肺疾患、がんになりやすい傾向にある。信頼できる人間関係を築くことに問題を抱える可能性も高く、孤独になるリスクも大きい。

２０１８年に米国医師会が発行する雑誌『*JAMA Pediatrics*』で発表された研究によると、アメリカ23州の成人のうち60パーセントが少なくともひとつのＡＣＥを抱えて育ち、25パーセントが3つ以上のＡＣＥｓを抱えていたという。[16] そういう人たちは、人とつながり、受け入れられたいと切実に願っていても、それを行動に移せないかもしれない。人から不当に扱われたり傷つけられたりすることへの怯えが経験から身に染みついているからだ。「まず、ほんのわずかにでも脅威の兆しがないか探そうとするんだ」とスティーブ・コールは言う。彼は、心の傷があると脅威や拒絶に対する感受性が高くなることが多いのだと教えてくれた人物だ。

では、解決策はないのだろうか？　こうした子供たちは虐待や育児放棄の被害者なのだから、ただその状況を書くだけで済ますわけにはいかない。

また一方で、幼いころのトラウマが子供たちに与えうるダメージについて悲惨な証拠がたくさんあるというのに、なぜかそうした逆境にも負けず、強く協力的な社会的ネットワークを持って、自分を見失わず健全に育つ子もたくさんいるのはなぜなのだろう？

この2つの火急の問いに突き動かされ、カリフォルニア大学デービス校の教授だったエミー・ワーナーは、60年以上前にハワイのカウアイ島で子供のレジリエンスに関する画期的な長期研究を立ち上げた。[17]

「傷つきやすいが挫《くじ》けない」子供たち

ハワイは、ヤシの木と自然のままのビーチ、穏やかな貿易風、蘭《らん》の花が香るレイ、優雅なフラダンスなどで世界に知られている。しかしハワイの貧困率は全米13位であり、そこに暮らすさまざまな人種の住民たちは、アメリカ本土の人々と同じ苦難を経験している。1955年に研究を開始したワーナーと彼女のチームにとってさいわいだったのは、その年にカウアイ島で生まれた

698人全員を容易に特定し、その健康と成長を追跡することができた点だ。チームは、この子供たちを40歳になるまで定期的に追いつづけた。

この研究が真に画期的だったのは、トラウマや病気などの困難が被験者の成長に与えるダメージではなく、そうした困難にもかかわらず多くの子供たちが活き活きと過ごせる強さの源の特定を最重要視したことである。

調査の対象となった子供の約3分の1は、家庭の貧困、家族の不仲や親の離婚、家族の薬物乱用や精神疾患などの問題に直面していた。そしてこうしたリスク因子を4つ以上抱える子供の3分の2は、学習障害、行動障害、精神疾患などの深刻な問題を抱えていた。しかし研究者たちが何より注目していたのは、残りの3分の1のほうだった——このハイリスクグループのうち、「能力を持ち、自信を備えた、思いやりのある」大人に成長した子供たちだ。このたくましい子供たちは40歳になるまでに結婚してキャリアを築き、多くは献身的な親となっていた。逆境のなか、なぜ立ち直ることができたのだろう？

答えは、幼少期を守る最も大きな要因は主に「社会的なつながり」だからだ。[18] もちろん遺伝的要素も影響し、穏やかで愛想がいい性格を持って生まれた子供は自然と世話やサポートを受けていたが、何より違いをもたらしているのは社会的なサポートだった。赤ん坊のころに両親や主な養育者との絆を築くことができた子供は、社会的なアドバンテージを得ていたといえる。また、家族のなかで親代わりの人と強い絆を築いた子供にも同じことがいえる。ここでいう「親代わり」の存在とは年上の兄姉でも、おじやおばでも、祖父母でもよく、子供ひとりには、いずれかひとりいればいい。重要なのは、この親代わりの人が愛情深く、身近で対応してくれて、感情的に安定していて、成熟していることだった。

大きくなるにつれ、愛情深く育てられた子供たちは、信用があり信頼できるコミュニティを頼ることを学んでいった。教師、牧師、近所の人、教会員、友達の親などを頼り、家族以外の親切な大人を「採用」して、危機が訪れた際に精神的なサポートや助言を求めた。さらにその後、真に思いやりのある精神的に安定したパートナーを見つけ、恋人としても友人としてもともに健全な結婚生活を送り、健全な家庭を築いていた。

ワーナーは、逆境からうまく立ち直ったグループを「傷つきやすいが挫《くじ》けない」グループと呼んだ。このグループは、男性よりも女性の割合がかなり高かった。この研究における女性たちは「ストレスのかかる出来事や悩みに対処するために、より大きな社会的サポートのネットワークに頼っていた」とワーナーは指摘している。[19]

ＡＣＥｓによる悪影響を減らすにあたっては、こうしたネットワークの重要性はどれだけ強調しても足りない。そのことはワーナーも明確にしている。２０１２年のインタビューで、これらの子供たちの成功を説明するうえで帰属意識や愛着はどれほど重要かと尋ねられ、彼女はこう答えた。[20]「本当にいちばんの基礎だと思う。他のすべてのものは、その上に成り立つ」。愛着を生むのに特別な遺伝子や資質は必要ない。必要なのは人とのつながり、そして愛や親切心を分かち合うなかで学ぶ社会的スキルだ。

このレジリエンスに関するカウアイ島での発見は、その後さまざまな研究で裏付けられている。[21] 現在では、子供への有害なストレスを防いだり対処したりするうえで最も重要な要素のひとつが健全な社会的つながりであることは広く認識されている。[22,23]

トラウマ的な過去は悪い事態を引き起こすリスクを高めるとはいえ、それを負う人が身を滅ぼす運命にあるわけではない。逆境だからといって、破滅するわけではない。ワーナーをはじめとする人々の研究は、私たちは互いに救い合える存在なのだと教えてくれている。人との関係のなかにこそ、癒やしや、より良い道を見いだすことができる。

フィリップがARCで教えてくれたことのひとつが、次の格言だった。「（強い）子供を育てれば、（壊れた）大人を修理する必要はなくなる」。私はこの言葉を思い浮かべながらカウアイ島の研究を振り返り、ワーナーの発見から導き出される教訓を大きな規模で活かせないだろうかと考えていた。非営利団体「ビッグ・ブラザーズ・ビッグ・シスターズ・オブ・アメリカ」は、そうした問いに力強い答えを提示してくれている。

アメリカで最も古く、最も大きい若者向けメンタリング・プログラムを運営するビッグ・ブラザーズ・ビッグ・シスターズ（BBBS）は、いまから100年以上前の1904年に、少年犯罪を減らす手段として始まった。現在の組織のビジョンは、すべての子供が、それぞれのバックグラウンドに関係なく、人生の成功を手に入れることができるというものだ。リスクを抱えた子供たち（リトル）と大人のボランティア（ビッグ）を一対一のメンタリング関係で結ぶことで子供たちの成功を支援している。子供たちは若ければ5歳のころから青年になるまで、定期的にメンターと一緒に好きな環境や活動を選んで時間を過ごす。
BBBSが2018年に実施した調査によると、リトルたちは、「親への信頼」「危険な行動に対する態度」「成績」「教育への期待」「学業をこなす自信」「仲間への帰属意識」「特別な大人の存在」という7つの分野すべてで改善が見られた。[24] それ以前の研究では、ビッグと18ヶ月過ごしたリトルたちは、対照群と比較して、違法薬物を使用したり、学校をサボったり、人を殴ったりする割合が低くなった。学業にも自信を持ち、家族との関係も良好になったという。[25]
これは、たったひとりの思いやりのある大人が違いをもたらしうるという確かな証拠だ。思慮深く愛に満ちた両親に恵まれた人たちが社会的にバランスを保っていられる理由の大部分も、基本的にそうした両親のおかげだといえる。私の両親は寂しいときの避難先というだけでなく、私の導き手となり、どうすれば自信、思いやり、寛大さを持って関係を築いていけるかを教えてくれた。しかし、どんなに協力的な大人であっても、自分のいないところで起こる社会的なトラウマから子供を守ることはできない。学校でいじめに遭《あ》うと、どんなに愛されている子供でも一種のストレス反応に見舞われることがある。
私も、そのことは知っている。自分もそのひとりだったからだ。

いじめと孤独

中学生のころ、木工の授業で果てしなく長い8週間を過ごした。2人のクラスメートが私を

「ガンジー」と（敬意ある言い方ではなく）呼び、私のインドのルーツと浅黒い肌をしつこく馬鹿にしてきた。中学1年時のつらい経験のひとつで、授業に行くのが怖くなった。親分格のほうは子分よりはるかに身体が大きくて力も強く、子分のほうは世を拗《す》ねたような顔をして、他に友達はほとんどいないに等しかった。いま振り返るとこの関係性には、この身体が小さいほうの子の孤独感が要因として働いていたのではないかと思う。彼は間違いなく、いじめに参加することが親分格の子に認められる条件だと感じていただろうからだ。もしいじめを断れば彼は排除され、今度は彼自身がからかいの対象となってしまう。こうした心理作用はリチャード・ロペスが言うギャングにおける「偽りの愛」に通じるものがある。所属すること自体が大きな目標となってしまっているため、排除されるかもしれないという恐怖は集団内での強制力として働きうる。

しかし私自身の孤独も、この関係性に間違いなく影響していた。研究によると、いじめっ子は守ってくれる人が少ないであろう孤独な子供をターゲットにする傾向があると分かっている。[26]同時に、いじめられるという経験は子供をより怯えさせ、ひきこもらせ、それまで以上に孤独にする。

孤独といじめに関する2015年の調査において、カリフォルニア州立大学で教授を務めるシリーン・パブリ博士は、スティーブ・コールが語ったのと同じ循環増幅的な効果を指摘した。「少なくとも1週間以上いじめられていると感じると報告した少年少女は、孤独感、無力感、そして疎外感といった症状の発生率が最も高かった」[27]。さらに悪いことに、こうした増幅サイクルは一方向にしか進まないようで、いじめられると子供はますます孤独になるが、そのいじめが止まったとしても孤独はすぐには改善していかない。これはつまり、社会的・精神的影響は実際のいじめの期間よりも長く続く可能性があるということだ。パブリによると、「子供のころにいじめの被害を受けた大人は、相対的に自尊心が低く、孤独感が強く、友人関係を維持することに大きな困難を抱え、大人になっても被害が続くリスクが高い」ことが研究から分かっているという。[28]

いじめが稀《まれ》な事象であれば、そこまで懸念すべきことではない。しかし世界におけるいじめの発生率と影響は警戒すべきレベルに達している。アメリカの国立教育統計センターによると、２０１５年にはアメリカの子供たちの21パーセントが、その年度内にいじめを受けたと回答した。[29] 世界保健機関が28ヶ国の思春期の若者におこなった調査では、平均して男子の18パーセント、女子の15パーセントが過去30日以内にいじめを受けたと回答している。いじめられた回数が多いほど、頭痛、睡眠障害、神経過敏、孤独感、疎外感など、身体的・精神的な不調を訴える生徒が多かった。[30]

もちろん、すべてのいじめ被害者が永続的にトラウマを抱えるわけではない。たとえ小さなものであっても、心から協力してくれる友人たちがいる社会的サークルがひとつでもあれば、いじめという逆境から立ち直れることが多い。そして子供も大人の場合と同じように、他者への奉仕が孤独を癒やす最も有効な方法のひとつとなっている。

ガウチャー大学の学生であるノア・ブロックは、14歳のときに偶然にも奉仕という解決策を知った。それまで長年いじめに遭《あ》っていたノアだったが、学校で好きな社会奉仕活動を選んで参加する機会があったという。「小学校では特別な支援を必要とする子たちだけが友達だった」とノアは振り返る。「9歳か10歳のとき、朝起きたくないと思ったのを覚えている。結局、それを母に相談した。自殺したい気持ちだけど、助けを得たいとも思っていると伝えたんだ」。

両親からの確かなサポートが支えとなり、ノアはこの暗黒期を生き延びることができた。両親はともに心理学者だった。両親はノアが直面している経験を理解し、気遣ってくれた。学校が彼を守る対応をしなかったため、ノアを転校させもした。両親はノアの味方であり、相談相手であり、社会的なメンターでもあった。しかし両親だけではノアの孤独を癒やすことも学校での関係性を変えることもできなかった。ノアだって、社会奉仕活動がそれを変えることになろうとは想像もしていなかった。

しかしＹＭＣＡマリン郡青少年裁判所でボランティアをすると、ノアの人生が変わりはじめた。マリン郡青少年裁判所は、更生を促すＹＭＣＡの修復的奉仕部門と上位裁判所の共同で運営されている。これは従来の少年司法制度に代わる新たな手段のひとつであり、当事者同士を裁判で争わせる対審型ではなく、青少年が同世代同士で更生を目指していく修復活動を基本としている。ノアのような若いボランティアは、陪審員、法廷の雑務を担当する廷吏《ていり》、弁護人、そして裁判官の役割を務める。そこには法を犯した少年少女が説明責任を果たすためにやってくる。その若者たちの話を聞くことで、ノアは自分以外のトラウマや苦しみを知っただけでなく、自分が人の役に立てることも知った。

ある女の子はベーグルを盗んだ。「98セントのベーグルだったから、そういう事件が回されてくることはほとんどなかった」とノアは言う。「でも彼女は心を開いて話しはじめ、最終的にはオピオイド依存症であることや、家庭内で性的虐待を受けたことを話してくれた」。

また別の少女は、貧しい友人が子供のために買えなかった粉ミルクやウェットティッシュを万引きして逮捕されていた。「僕たちは彼女とその友人をサポートサービスにつなぐことができた」。

青少年裁判所の目的は、若者が刑務所に戻ってこないようにして、その生活と将来を軌道に戻すことだ。「どんなときでも、最初のステップは助けを求めることだ。頼れる人はいる。そういう人を見つけていかなくちゃならない」。ノアは若者たちに、そう伝えるようになった。そしてこのプログラムの経験から、ノアは同じ言葉を自分自身にも向けるようになった。

「それぞれ経験は違うけど、青少年裁判所に集まる人たちには共通点がある。だからこそ互いに家庭生活やトラウマについて話すことができた。僕は若者たちの身に起きたことを聞き、それらの問題解決に情熱を注いでいる他の若者と一緒に働くことができた。それはいじめられてから初めて、本物の友情を築いた経験だった」

孤独が招く影響のひとつは、深い無力感と絶望感だ。そしていじめっ子たちはそのメッセージを被害者に深く刷り込み、弱く無価値な存在だと感じさせようとしてくる。ノアが青少年裁判所で知ったのは、自分の人生に意義と目的があるということだった。自分が経験したのと別種の危険や難題に向き合う仲間たちの人生に、大きな変化をもたらす力を持っているのだ。そのことを彼は、同世代の若者たちとつながり、彼らの問題を聞き、相手の身になって想像することで学んでいった。自分にはしっかりと相談に乗る思いやりや知恵があることを知り、その過程で自分の問題に対する貴重な観点を得た。問題を抱えた他の若者たちの進むべき道が見えたように、自分の未来も見えるようになったのだ。

現在19歳のノアは、青少年裁判所での奉仕が「自分を人間として根本的に変えた」と言う。人を助けることが彼を癒やした。自分は大切な存在であり、世界に属しているという感覚がもたらされたのだった。

生まれてから死ぬまで、誰もが必要としているのが、学び、成長し、癒やされ、奉仕し合うことを支えてくれる居場所や人だ。奉仕を通して築く絆は孤独の負のスパイラルを断ち切るだけでなく、トラウマを癒やし、誰もが必要としている永続的な安心感の源にもなる。

私の父方の祖父は、この真理を体現していた。祖母が結核で亡くなったあと、インドの小さな村で極貧の生活を送り、ひとりで6人の子供を育てながら、毎年村から村を渡り歩き、村の子供たちが勉強しつづけられるよう寄宿施設の維持費を集めていた。彼自身は小学校すら卒業していなかったものの、村の次世代がより良い環境でいられるよう尽力したのだ。人との絆はかけがえのないものであり、その絆から支援や奉仕の責任感が生じるというのが彼の固い信念だった。この信念は彼を形作っただけでなく、彼に力を与えた。

祖父は、優先順位が違うのではないかと指摘されることもあったという。「自分の子供すら食べるのに困っているのに、他人の子供のために資金を集めるなんて。何を考えてるんだ?」。そう言われることもあった。

そうした言葉には、祖父はシンプルに――そして力強く――こう答えるのだった。「その子たちだって、我々の子供じゃないか」。

祖父は私が幼いころにこの世を去ったが、父がよくこの話をしてくれたため、祖父の優しくも力強い言葉は私の胸に刻まれてきた。その言葉は、私が知っている「つながり」の定義のなかでも最良のもののひとつだ。

第2部

よりつながりのある人生を築く

Building a More Connected Life

Relating Inside Out

第6章　外側より先に、内側とつながる

最も多い絶望の形態は、ありのままの自分でないことだ。
――セーレン・キルケゴール

まず自分を愛さなければ、それ以外の誰かを本当には愛することができない。
――『You Are Special』フレッド・ロジャース

セリーナ・ビアンは、前年の住人が使っていた紙くずと寝具が残っているだけの空っぽの寮の部屋に到着した瞬間、これから自分に待ち受ける新しい環境にどこか深い不安を感じた。ペンシルベニア大学に入学して1年目が始まるところで、フィラデルフィアに来たのは初めてだった。知り合いはひとりもおらず、これからも知り合いができなかったらどうなるだろう。そんな思いが押し寄せ、セリーナは自分を見失っていくような感じがした。当時の記憶を振り返ると、6年

経った現在でも思わず身震いがすると彼女は語った。

セリーナが経験したのは孤独を予感したかすかな慄《おのの》きだった。そしてその反応は20年前にジョン・カシオポが指摘した典型的なパターンに当てはまるものだった。まるでツンドラに取り残されたヒト科の動物のように、彼女の身体が警告信号を発していたのだ。仲間たちから離れてしまった。見慣れない土地にいる。これから会う部族には敵がいるかもしれない。隙を見せず、警戒を強めたまま、早く仲間を見つけなければならない。残念ながら、もともとの仲間は何百マイルも離れたところにいた。そして彼女は、どうやって新しい仲間を見つければいいのか分からなかった。

ミシガン郊外に生まれ育ったセリーナは、１９７０年代にチャンスを求めて中国を離れた移民の子供だった。１６８センチほどの身長で、思慮深げな表情を浮かべながらもときおり眩《まぶ》しい笑顔を見せる現在のセリーナは、静かな強さと喜びを体現した人物だ。初めて会ったセリーナは優しい声と柔らかなトーンで話していたが、好奇心と理想に満ちあふれ、人間を強く信じているのだと感じた。彼女は幼いころの話を教えてくれた。「白人ばかりの環境のなかで唯一のアジア系アメリカ人として、文化的孤立に対処する方法を学んだ」。しかしそうした環境が彼女の幼少期を台無しにすることはなかった。それどころか、彼女はたくさんのものに関心を抱き、小さな私立の学校内では「よく理解されている」と感じていた。10代のころには「持続可能性」というテーマに情熱を膨《ふく》らませ、環境を守りたいという思いを強くしていった。「養蜂クラブに入って、素晴らしい友達も何人かでき、学校には私を信じてくれるメンターたちがいた」。そして初めての恋もした。

しかし多くの人がそうであるように、セリーナは大学に入ったとき、次の目標が定まらないフラフラした状態だった。家を発つ直前にはボーイフレンドとも別れていたため、キャンパスにやってきた彼女には、心の痛み、ホームシック、そして急に知り合いのいない環境へ移った衝撃が一気に押し寄せた。「いったいどうすれば、18年ゆっくりと築いてきた人生を置き去りにして、すべてをもう一度、このまったく知らない場所で新しくやり直せるというのだろう?」。

彼女が想像もせず、この時点で気づいていなかったのは、自分が置いてきたのはこれまでの人生だけではないという点だった。故郷には自分自身――自分というアイデンティティ――を置いてきたのだった。多くの人と同じように、セリーナの子供時代のアイデンティティは自分の家族、友人、学校、隣人といった「仲間」たちのなかで形成されていった。そうした関係性や帰属意識と離れたところで自分を形作ってきた経験がなかったため、大学というまったく違う環境にひとりで足を踏み入れたとき、自分を認識するための目印をすべて失ってしまったかのようだった。突如として、自分が周りにとってだけでなく自分にとっても透明な存在に感じられるようになってしまったのだ。

新入生に向けたオリエンテーションの際に、ペンシルベニア大学での最初の1週間は、日が暮れてから明け方までキャンパス中でパーティが繰り広げられ、「人生で最高の1週間」になると言われた。だが、それも彼女の助けにはならなかった。セリーナにとって、何百人もの新入生と出会う「チャンス」は、この新しい大学生活へと突入していく最後通牒《つうちょう》のように感じられた。

本来はかなり内向的な彼女だったが、馴染んでいこうと努力した。勇気を出して2晩パーティに参加したが、知らない人たちに囲まれて酔いつぶれるだけだった。オリエンテーション期間最終日の夜は、たまたま彼女の18歳の誕生日でもあった。「気がつくとどこかの知らない男と歩いていて、必然的に誘われた。彼の部屋に着いてすぐ、これはまったく自分らしくない行動だと気づいた。家に帰りたいと伝えると、さいわいにも彼は親切な男で私の寮まで歩いて送ってくれた」。

それは火遊びにすぎないほどで終わったものの、セリーナは動揺して自信を失い、強い不安を抱いた。自分は間違った大学を選んでしまったのだろうか、自分が何か間違っているのだろうか？　馴染むために自分は変わるべきだろうか、それとも自分の殻《から》に閉じこもり、用心や警戒を続けるべきだろうか？　すべてを必要以上に難しくしていたのは、不安や心配事について信頼して話せる相手がいなかったことだ。自分以外の人たちは、誰もがこの熱狂を楽しんでいるように思えた。孤独による認識の歪《ゆが》みは、自分自身に対してだけでなく、周りに対する認識も疑わしいものにしていた。

「大学の最初の1年がどれほど大変か、誰も教えてくれない」と彼女は振り返った。「慣れた環境から人生で初めて離れるんだから、スムーズな移行を期待するなんて非現実的だと思う」。だが本当の問題は、ひとりの人間として初めて広い世界と出会うことになる瞬間に、自分がどんな人間であるか分かっていないことだ。

彼女が、他の学生の多くも同じような状態であることを知っていたらどれほどよかっただろう。学生の60パーセント以上が過去1年以内に強い孤独を感じたといい、30パーセント近くが過去2週間以内にそう感じたことがあるという。[1]　2019年にカリフォルニア大学デービス校でおこなわれた調査では、大学1年生の半数が、友達を作るのは予想以上に難しかったと回答している。[2]

セリーナにとっては、大学の規模もさらなるハードルだった。ペンシルベニア大学はフィラデルフィアという都市のなかにもうひとつ都市があるような大きさで、彼女には自分が群衆のなかのちっぽけな存在に感じられた。「大量の学生がキャンパスで同じような経験をすると、群衆心理が生まれてくる。目立たないようにして、群れの一部としてついていく。もし取り残されても、だいたい誰も見ていない。そしてクラスのサイズがあまりに大きいと、さらに状況は厳しくなるし、教授との個人的な関係を築くのも難しい」。

最初の数週間、セリーナは授業の合間にトイレの個室で涙を流していた。授業後、周りの学生たちがランチは何にしようかと話しているときも、ついていこうとはしなかった。「誰かと時間を過ごす予定を立てていないときは、いつも孤独感や取り残されたような気分を抱いた。でも実際にそういう予定を立てても、すごく浅いやりとりしかできない。社交クラブのこととか、パーティとか、学校や成績についての不安を話したり」。彼女は高校の友人たちとしていたような深い会話を求めていた。そうした友人はセリーナのことを――そしてセリーナも友人たちのことを――内側から知っていた。しかし彼女はそうした絆をフィラデルフィアのクラスメートとはまだ築くことができていなかった。

「自分が完全なよそ者のように感じた。たくさんの人がまた別のパーティに行っているのが聞こえるのに、私はベッドでネットフリックスを観てる。自分は何者でもないような気分だった」

学期が進むにつれ、セリーナの孤独との付き合い方は変わっていったものの、孤独感が弱まることはなかった。「ずっと忙しくしていた。授業のために勉強していないときは、新しいクラブに参加申請をしてみたり、いろんな講演会やカンファレンスに出席してみたり、図書館やカフェで宿題をやったり。そういう作業や課外活動をたくさんすることで、孤独感も部分的には紛らわすことができた。ほとんど病的に忙しくしてたの！」。彼女の言葉は、仕事中毒について語るブライアン・ロビンソンの言葉と重なる。

それでもまだ友人はできなかった。ペンシルベニア大学のクラブは競争率が高く、申請しても参加できる新入生の数は限られており、セリーナも例外ではなかった。そのため大学は孤独な場所というだけでなく、拒絶の場所ともなった。「途方に暮れちゃって、自分の人生すべてに深い戸惑いを覚えた」。

セリーナの孤独は、自責の念や自己批判をともなうことも多かった。「大学で自分の居場所が見つけられなかったから、自分が間違ってるとか、何か自分に問題があるんだと思っていた」。繰り返すが、そんな気持ちを抱いている人は彼女の想像以上にたくさんいた。カリフォルニア大学デービス校でおこなわれた調査では、大学1年生のときに友人を作るのが難しかったと回答した学生の4分の3が、周りは自分より簡単に友人を作っていると思っていた。[3] これは孤独が持つ残酷なパターンが表れている状態だ。孤立を強め、自己認識を歪《ゆが》める。

冬休みとなって地元に戻ると、セリーナは高校時代のメンターのひとりと会った。彼女はすぐにセリーナの声に張りがなく、目に生気がないことに気づいた。彼女は身を乗り出して尋ねた。

「セリーナ、あなたもしかして、うつになってない?」。
「そう言われて、きっとそうだと思った。うつの多くは孤独を経験することで起こるから」

セリーナは持続可能性や養蜂に情熱を感じなくなっていた。新しい人たちに会いたいという気持ちも持てなくなっていた。自分が好きだったもの、自分がかけがえのない存在である根拠、自分の人生に生きがいを与えるもの、すべてを見失っていた。まるで自分が自分という人間に属していないような――あるいは誰にも属していないような――感覚だった。

セリーナは両親に相談し、別の大学への転入を検討した。この点でも、セリーナと同じような境遇の学生はたくさんいた。孤独とうつは、大学中退者における2つの大きな予測因子となっている。[45] たとえば2014年にワシントン大学を中退もしくは転出した学生の41パーセントは、「社会的に孤独を感じていた」ことを退学の要因のひとつにあげていた。[6]

しかしセリーナは退学ではなく、春に大学に戻ってからセラピーを受けはじめた。自転車を手に入れて美術館に行ったり川沿いを走ったり、自分が楽しいと思うことをしたり、自分が何を大切にしているか思い出させてくれることをして過ごした。それは自分自身を取り戻すのには役立ったが、人との交流に関してはまだ調子が戻らず、おずおずと接していた。「大学を辞めてキャンパスに戻らなかったとしても、自分が会いたいと思う人も、私に会いたいと思う人もいなかったと思う」。

自分の弱さを共有する文化

しかしその夏、すべてが変わった。地元で都市部の農場の仕事を見つけたのだ。彼女はそこで手を汚しながら愛する仕事に没頭した。それから、1ヶ月のヨガ講師トレーニングにも参加し、これが「自分を変えた」という。

「ヨガというよりも、そのコミュニティが私を癒やしたの」。それは、年齢も背景もバラバラの15人のグループだった。孫がいるような女性たち、新米の父親、働く母親、大学院生、そしてこのトレーニングのためだけにハワイからミシガンにやってきた夫婦。見ず知らずの人たちだったが、同じ目標のもとに集まった面々は、たちまちつながりを築いていった。

このヨガトレーニングの文化は、大学とはまったく違ったとセリーナは言う。安全で、温かく、忍耐強く、友好的だった。「さっと人を判断してしまうのではなく、時間をとって互いの物語を理解しようとする。このコミュニティから、人生のどんな瞬間であっても、それぞれがそれぞれの悩みを抱えていることを学んだ。外からはすべてを持ち合わせているように見える人でも、実際にそうとは限らない」。

トレーニングの参加者たちは、優しく正直であるといった価値観や、ヨガのような趣味など、それぞれが大切にしているものを共通の基盤として結束していた。このグループはセリーナの自分らしさが反映された場所であり、彼女は帰属意識を強めていった。しかしこれらの新しい関係は、人生をかけて築いてきた親しい友人関係とは違う形で彼女を形成していった。彼女にとってメンバーたちは新しく、独自の存在であるのと同じように、メンバーたちにとっても彼女はそのような存在であった。それぞれが自分らしさを持って、自分なりの形でグループに参加しなければならない。そうしてグループに参加して本当の自分をさらけ出すというプロセスを経たことで、セリーナはキャンパスで見失っていた心のバランスや自分の信念を見つけたのだった。

彼女は、ヨガのコミュニティが持つ強みの大きな源泉は、自分の弱さを共有する文化であることに気づいた。そこではオープンで正直でいられるだけでなく、自分の本当の気持ちや不安を打ち明けてともに過ごすことが推奨されていた。「人間としての共通点を見つけることが持つ力をあらためて思い知った」。

そのコミュニティでセリーナは、自分という人間を認め、自分をよりオープンに伝え、自分を受け入れ、自分を許すことを学んだ。彼女は自分が真に大切にしているものや自分の核となるアイデンティティだけでなく、他者との交流や関係を通じてアイデンティティを表現し謳歌《おうか》する能力を取り戻した。しっかりと地に足をつけて自分のことに集中できていると感じ、それによって大学1年のときに失っていた自信が回復した。

「本当の自分」でいられる場所を作る

「2年生のはじまりに大学へ戻ったときは、もっとキャンパスでつながりを作っていこうと心に決めていた」と彼女は言う。

はじめは、クラスメートを個別にお茶に誘うなど、ごく小さな歩みだった。しかし何気ない雑談で済ますのではなく、セリーナは1年生のころの孤独について正直に語った。驚いたのは、話したほとんど全員が自分もなんらかの孤独を経験していたと答えたことだった。「フェイスブックでたくさんの友達がいたり、インスタグラムで何千人もフォロワーがいたりするような人でさえもそうだった！」。

この発見に興味を抱いたセリーナは、大学での経験について簡単な匿名のアンケートを作成し、ペンシルベニア大学の学生72人にランダムに配布した。「ペンシルベニア大学にいちばんあればよかったこととして『より深く、より自分らしい会話と友情』をあげた人の多さにショックを受けた」。

同時に、セリーナは物理的な空間や建物が人の交流および文化の変化に及ぼす影響についても関心を抱いた。彼女はキャンパスのどの場所からも、既定の文化があると感じていたのだった。「つまり、このキャンパスにいるときはいつでも、競争、忙しさ、社会的ヒエラルキーといった文化が支配的になっている」。そこで彼女は、「深い人間の交流を最大限に促す」物理空間を作ることができないかと考えた。ヨガのトレーニング参加者たちが経験したような交流が可能になる空間だ。そこでは自由と安全を感じながら、真の自分をさらけ出し、個人的な情熱や関心を語り、「本当の自分」でいることができる。自分がそうされたいと願うような形で、心からの思いやりと優しさを持って相手と接する。表面的ではなく、自分に深く根ざした考えや感情で動くことができる。要するに、外から内に影響されるのではなく、内から外に向かって関わり合うことができる場所だ。

実験として、セリーナはキャンパスの外にエアビーアンドビーで家を借り、初対面同士のペンシルベニア大生たちを招き、個人的な会話やストーリーを語る晩の集いを開いた。彼女はこれを「スペース・ギャザリング（Space Gathering）」と名付けた。

「私はただ、道を歩いている学生に声をかけて、他の学生たちと数時間過ごして、互いのことを知ったり、意識的な会話をしたりすることに関心はないかと尋ねただけ」。セリーナが声をかけた人の多くは、彼女と同じようにオープンで正直な関係を求めていた。

最初の集いには、さまざまなクラスから多様なバックグラウンドを持つ20人の学生が集まった。雑談や注意が削がれることは避けたかったため、入場の際は携帯電話をしまっておくようお願いし、全員が揃うまで静かに待ってもらった。「3分間、参加者の目を見つめ合うエクササイズをしてから、自己紹介に移った。自分にステレオタイプのラベルを貼るようなものではなく、自分のストーリーに焦点を当ててもらった。人生でひとつ、とてもうまくいっていることはなんですか、苦しんでいるのはどんな部分ですか、といった問いかけをして」。それから続く3時間、参加者たちはキャンパスでの社会生活についてみずからの経験や意見、そして自分の情熱や不安について語り合った。セリーナは言う。「その晩の終わりに部屋に満ちていたエネルギーは、励みにも希望にもなった」。

いったいどうして、初対面同士だったグループがわずか3時間を過ごしただけで、これほどのつながりを感じることができたのだろう？　そのカギは、参加者が社会的な先入観を捨て、批判を恐れず率直に語り合える空間を作ることにある、とセリーナは信じている。「人は誰もが不安や野心や希望を持っている。それに私たちは、思っている以上に孤独や不安やうつなどの共通した出来事を経験している」。

最初のスペース・ギャザリングは大成功だったため、数週間ごとに新しい参加者を募って会を開くようになった。彼女の目的は各グループを親友のようにすることではなく、人間には共通する部分があるという事実に目を開かせること、そしてあわよくば、キャンパスに戻ってから他の学生にもっと優しく思いやりを持って接するよう背中を押すことだった。彼女が目指したのは、文化の価値体系を更新していくことだった——ひとりの物語で一歩ずつ。

セリーナは、1年生のときに自分を誤った方向へ導いてしまった考え方からも解放されることを願っていた。「人は善良で、誰もがなんらかの葛藤を経験しているのだという考えに変えていかなくちゃならなかった。私たちはただそのことを、みんなで集まって理解しようとしているだけ。私は、高校時代のような友人を作れないという事実に固執してはいけなかった。独自の形をしたそれぞれの関係を大切にする方法を学ばなければならなかった」。

この変化により、彼女は自分自身の新たな一面にも気づいた。「自分以外の人に前よりもオープンになり、はるかに関心を持つようになったの！」。

セリーナは、自分と同じようにより深い心からのつながりを求める人たちを見つけていった。2年次には何人かと親しい友人にもなり、3年になるころにはそうした幾重もの友人関係に真の帰属意識を感じるようになった。このスペース・ギャザリングで親しい友人たちができたセリーナだが、その集いですぐに仲よくなったわけではないという。「この集いでたくさんの気の合う人と出会い、その人たちが信頼できる相談相手になっていった理由は、ひとえに何時間もかけて互いを深く知っていったからだと思う」。つまり、スペース・ギャザリングでの心からの会話が、互いの付き合いを開始することや、長く続く友情を築くことのハードルを下げていた。そしてこの会話のあり方は、会を離れたところでも友情を築き、深めるために活用された。

セリーナにとって消えない教訓となったのは、誰もが親しい友人を持つべきだという点ではなく、本当の自分らしさを表現して伝え合うことを後押しする文化を育むべきだ、という点である。それを実現する方法のひとつは、顔を合わせた対面での会話が持つ力を活用することだ。そのためセリーナが作った文化は、たいていオフラインで実践された。

「毎回集まりのあとには、各参加者に知り合いをひとり――それも、できるだけ自分とは違う人を――次の集まりに紹介してもらっていた」。人とのつながりへの欲求は非常に強く、この集まりはほとんど口コミだけで広まっていった。卒業するまでに、セリーナは45回ものスペース・ギャザリングを開催し、自分たちで開きたいという仲間のために運営マニュアルも作成した。

ペンシルベニア大学で学生の健全性を高めるコミュニケーション・コーディネーターをしているベン・ボルニックも一度参加し、学生新聞『デイリー・ペンシルベニアン』にセリーナのスペース・ギャザリングが重要なニーズを満たしていると語った。「どんな人も、自分以外の人と一緒に自分を見つめ、議論し、アイデアや意見や葛藤を具体的に話し合いたいと願っています。それなのに、私たちは十分な機会を得ていないことが多いのです」[7]。

自分と友達になる

結局のところ、セリーナが孤独と向き合えた要因はなんだったのだろう？　協力的な両親、地元の友人、そしてヨガのコミュニティはたしかに重要な役割を果たしている。しかし最も重要な要因は、あの転換点となった夏に自分自身とのつながりを取り戻したことだろう。自分自身としっかりつながったことが土台となり、内側から外に働きかける形で新しい人間関係を築くことができるようになった。

自分を取り戻すセリーナの旅は、神学者トーマス・マートンが1960年に発表した『砂漠の知恵』（未邦訳／*The Wisdom of the Desert*）の一節を思い出させた。「月へと向かうことで何が得られるというのだろうか、自分と本来の自分のあいだに横たわる深い溝を乗り越えることすらできないというのに。自分を知ることこそ、すべての発見の旅のなかで最も重要なものであり、それ抜きにはどんな旅も無益であるばかりか壊滅的なことになる[8]」。

マートンの鋭い指摘は、「自分は何者でもないような気分だった」というセリーナの言葉に通じるものがある。社会的につながりが断たれると、自分は周りから知られていない存在だという感覚を抱くことが多い。アミ・ロカシュが語ったように、周りの世界から見えない存在になってしまったような感覚だ。しかし問題は、周りからこちらの存在がはっきりと見えないという点だけではない。孤独という霧は、自分を映す内面の鏡をも曇らせる。その霧は、自分の強み、自分が提供する価値、自分の人生の意味、つながりを実感させてくれる喜びや驚きの源などを見えにくする。それらを見失うと、自分が何を愛しているかを忘れ、しかるべき思いやりや理解を持って自分を受け入れ慈しむことができなくなり、あらぬ方向へと進んでしまう。

セリーナの場合のように、環境の急激な変化によって自分とのつながりを失うこともある。ポジティブな環境だった高校時代、セリーナは自分が物静かで、好奇心が強く、想像力豊かにものを考える自然主義者として知られ、評価されていると感じていた。しかしペンシルベニア大学では、周りの学生たちが彼女の情熱や関心を知るまでには時間がかかった。最終的には自分と同じような情熱を持った人たちがキャンパスにもあふれていると気づくことになるが、入学当初は初めて会う学生たちへの困惑から、そうした同志たちが他の群衆と同じように目に見えなくなっていた。私たちの多くは、新しい学校や職場に通いはじめたり、知人やつながりのない地域や国に引越したりしたときに、似たような深い断絶を経験する。自分たちの文化と違って見える、違って聞こえる、あるいは違った行動をしていると批判されるのではないかと恐れているときは特にそうだ。新しい環境で周りと共通点を見いだせない孤独と恐怖を感じていると、そのカルチャーショックの感覚は深い疎外感へと通じていく。

しかし、慣れ親しんだ場所を離れることがなくても、本当の自分とのつながりが途切れてしまうことがある。人の環境はかならず変化していく。人間は歳をとる。仕事や関係が始まったり終わったりする。自分や世界に対する考えを揺るがすような経験や人に出会う。また、多くの人が常に自分自身を「向上」あるいは「改革」しようと考えている。こうした変化の多くは自然で、必要で、健全なものだ。私たちは学び、成長し、自身のスキルを伸ばし、知識を――そして自分についての知識を——深めていきたいと願っている。これは決定的に重要な、生涯にわたるプロセスだ。しかしその道のりにおいては、かならずしも自分にとって自然でも健全でもない形で変化を迫ってくる外圧が存在する。そうした外部からの影響は私たちの内部に染み込み、意思決定を歪《ゆが》める可能性がある。

現代社会は、富、名声、そして完璧な健康といった理想を浴びせてくる。これらはめったに手に入らず、多くの人にとってかならずしも必要とは限らないが、人を引き寄せるため商業的に利用されている。しかしそうした宣伝はほとんど真実ではないと指摘されており、物質的な理想や表面的な目標に価値を置きすぎると、自分にとって本当に大切な目標を見失ってしまうリスクがある。そしてまた、私の元患者であるジェームスが宝くじに当選して裕福になったあとで気づいたように、人生に深みや意義を与えてくれる友人や活動まで失う可能性もある。

現在のメディア主導の世界で何より有害な理想のいくつかは社会生活に関するものだ。ソーシャルメディアの投稿を見ていると、ネット上で何百人もの友達やフォロワーを持つことや、デート、旅行、パーティなどでスケジュールを埋めることに社会生活がかかっていると信じ込んでしまう。こうした圧により、ひとりで映画を観たいとか、金曜の夜に家にいたいと心から思ってしまう自分は浮いていると感じてしまう可能性がある。

また、社会には野心に関してもある種の規範のようなものがある。自分のダメな部分を反省するほどに、活動の量や質を向上させようという意欲が高まると考えられているのだ。このような自己批判は、孤独による強い警戒状態と危険な形で結びついている。セリーナがそうであったように、孤独なときは自分ではない自分になっている状態を「失敗」だとみなして、自分を責めたい気持ちに駆られる。そのうち、自分の弱点を過剰に意識したり、長所を軽視したり、自分の本能を信じられなくなっていったりする。

こうした自己批判は、非難めいた、呪いとさえいえる内なる声として表れることもある。特にストレスを感じているときは、親しい友人には言わないような言葉を自分に投げかけてしまう。たとえば、うまくいかなかったデートや会議のあと、自分に励ましの言葉をかけて慰めるだろうか、それとも期待外れに終わった自分を激しく責めるだろうか。意図せず数キロ太ってしまったとき、より良い食事選びをして運動の時間をとろうと決意するだろうか、それとも自分の身体や性格を非難するだろうか。

ネガティブな内なる声は、身に染み付いた競争意識や、価値観の食い違いからも強まる。私はそれを医療の現場で目撃してきた。研修医だったある日、同期のひとりが小グループでおこなっていたディスカッションに入ってきて、腹立たしそうに書類をテーブルの上に投げた。「私ってほんとにダメ」。彼女はほとんど自分に向けるようにして言った。「朝の症例検討会で私の事例が最初に取り上げられたことなんてないし、他の同期みたいにいろんな臨床試験をすらすら説明することもできない。私にできるのは、患者のそばにいて少しでも気を楽にしてもらうことだけ！」。この人は当時もいまも才能ある医師だ。しかし彼女は思いやりよりも科学的知識や専門知識が讃《たた》えられるきわめて競争的な文化のなかに生きていた。彼女が在籍している医学部の教員たちが昇進したのは、患者に優しく接し、身体的・精神的なニーズに気を配ってきたからではなかった。

多くの場合、研究論文を発表したり、大学に助成金をもたらしたりすることで評価を得てきたのだ。研究室での発見のほうが人間の共感や思いやりよりも尊重される。そのため、彼女は人を癒やす優れた才能を持っているのに、それでは不十分だと自分に否定的になっているのだった。自分の職業から才能を軽視されているような気がして、彼女は医療のどんな部分を愛していたのかを見失いはじめた。それに合わせて、自分のことも過小評価するようになった。

心の羅針盤を失うと、地に足のついた感覚やアイデンティティが揺らぎはじめる。自分には価値があり、周りの人生に光をもたらせると頭では分かっていても、本来の自分とは違う人物像を押し付けてくるメッセージを無視することは難しい。

そんなとき多くの人は、最初にセリーナがやったように、自分とは違う人間になったフリをする。周りの人をまねて、幸せなフリや忙しいフリをする。あるいは葛藤などなく、自信や自立心に満ちていて、人とのつながりなど自分には無縁で不要だというフリをする。そうした「フリ」は四六時中続く場合もあれば、限定された期間だけの場合もある。自分の家や数少ない親友の前では本来の自分を出すことができ、家の外でだけ自分を装《よそお》うかもしれない。あるいは何ヶ月も、下手をすれば何年も、「フリ」を続けているかもしれない。しかしそれは非常に疲弊するものであり、自分を装《よそお》って築いた関係は、どうしてもうまくいかなくなる。「普通の」社会生活を送っているようなフリをしたところで、その奥で孤独感は積み上がり、霧が晴れることはない。

大学1年のときの感情的な混乱や目まぐるしい「忙しさ」によって、セリーナは自身の温かさやユーモアや創造性や寛大さといった、かつて最も自分らしくかけがえのないものだと感じていた資質から遠ざかるばかりだった。高校時代の親しい人間関係のなかでは、そうした資質を自然に発揮することができ、そのおかげで自尊心も高まり、自分らしく生きているという感覚が深まっていた。しかし彼女は、友人たちとの親しい関係と同じように、自分自身とも心のなかで親しい関係を築いてサポートすることが重要だとはまだ知らなかった。

自立して生きていくためには、親しい友人と接する際の優しさ、励まし、率直さを持って自分に接していく必要がある。それはたとえば、つらい日々に自分自身を励ましたり、ストレスを発散するために穏やかな散歩をしたり、風邪をひきそうだと感じたら早く寝るよう自分に言い聞かせたりするようなことである。人は、自分を愛してくれる人たちがくれた慰めに満ちた励ましの言葉を取り込み、その言葉を自分で自分に投げかけていくものだ。この建設的な内面の声は、親しい友人と同じような役割を果たし、自分が何者であるか、何を愛し、何を大切にしているか、そしてなぜ自分は進みつづけるのかを思い出させてくれる。自分自身を思いやる習慣を身につけるには、自力で継続的に訓練する必要があるが、高校時代のセリーナは親しい友人たちが近くにいたため、みずから自分を思いやって支える必要がなかった。しかし大学生になり、自分が大切な存在であると思い出させてくれる人がいなくなると、彼女はもがき苦しむようになった。弱ってしまった筋肉のように、心もパワーやモチベーションを絞り出すことが難しくなっていった。ペンシルベニア大学での最初の学期が終わるころには、孤独によって自分自身を見失っていた。

しかしあの魔法のような夏に彼女が自分を取り戻せた要因は、緑や養蜂への無二の愛を呼び覚ましたこと、そして、比較的安全な地元という環境や、自分らしくいながら充実した友人関係を築く方法を学んだヨガグループのなかで、ゆっくりと過ごしながら自分を見つめ直したことだった。彼女は、偽りのないありのままの自分を映し出してくれる人たちと一緒に過ごすことが、どれほど充実した時間であるかを思い知った。1年生のころは自分のことを社交が苦手だとか居心地が悪いと感じていたかもしれないが、それは自分ではない誰かのように振る舞わねばならないというプレッシャーを感じていたからだった。また一方で、大きな変化を経験すると多少自分というものへの信頼が揺らぐのは普通のことであり、決して彼女が間違っていたとか彼女に問題があったということではなかった。ヨガグループの友人たちは、自分にとって何より自然に感じられる長所や、何より大切にしている特徴を思い出させてくれたのだった。

人生に進むべき方向性や目的意識をもたらしてくれる関心や情熱や価値観を取り戻すにつれ、セリーナはふたたび落ち着きや自信を感じるようになった。彼女はもう、自分がどういう人間か表現するために家族や幼いころの友人たちを頼ることがなくなった。もちろん、家族や昔の友人とは深くつながりつづけていたが、その人たちとは切り離して自分を価値ある個人だと見ることができるようになったのだ。自分が誰かの友として価値がある人間だということを再確認でき、それによって自分自身ともうまく付き合えるというポジティブな循環が作られていった。

友人の存在と同じくらい、持続可能性というテーマへの貢献、深く重要な人間関係を築きたいという願望、環境と社会的行動の影響関係への大きな関心、そのどれもが自分に価値をもたらすものである――そのことをセリーナは理解し、そのうえで自分がまだ気づいていない他の価値もたくさんあるのだと思うに至った。すべての人と同じように、彼女も人生の途上にあり、成功と同じくらい多くの失敗をし、そこから学んでいくのだった。

　自分の弱さを見せ合うヨガのトレーニングからセリーナが学んだのは、完璧な人、あるいは完璧に環境へ適応している人など誰もいないということだった。誰もが欠点を持っていて、失敗を経験する。大事なのは、障害に直面した際に、怒りや恨みを募らせるのではなく、より深い思いやりを学び取ることだ。こうした新しい知見を得て、自分自身についてより深く知ったセリーナは、怯えではなく友好的な感情を持って、以前より優しく自分や周りに接することができるようになった。また、自分を苦しめる原因となっていたキャンパスでの生活を変える勇気も得ることができた。そのおかげで、大人になるにあたり待ち受けている不可避の変化や不安に直面しても、地に足をつけて自分を見失わないでいられるようになった。

自分を知る

「汝《なんじ》自身を知れ」という言葉は、古代ギリシャの聖地デルフォイにあるアポロン神殿の入り口や古代エジプトの石棺《せっかん》に刻まれていた。新約聖書では、イエスの教えのなかでも最も知見に満ちたもののひとつとされる「山上の説教」に、この助言が比喩的に盛り込まれている。「また、とも し火《び》をともして升《ます》の下《した》に置《お》く者《もの》はいない。燭台《しょくだい》の上《うえ》に置《お》く。そうすれば、家《いえ》の中《なか》のものすべてを照《て》らすのである」※。

　こうした言葉を、どう理解すればいいだろう？　何よりもまず「自分を知る」とは、人とつな

※『聖書　新共同訳』日本聖書協会、新約聖書「マタイによる福音書」5章15節、7頁。

がるにあたり想像以上に難しく大切な要素だ。実のところ、自分自身についてよりも他人の本質を見抜き何者かを理解するほうがはるかに簡単であることが多い。なぜなら「知る」という行為はある程度の客観性を持つ必要があり、自分を知ろうとする際にはそれが難しいからだ。また、自分を知るとは生涯続くプロセスでもある。自分自身を深く見つめることによって自分に対する知見が得られ、その知見がまた自分自身に影響を与えていく。

自分をより良く知っていくためには、一歩引いて、自分に問いかけて、みずからの価値や、いまのような形で世界や他者と接している理由を明らかにしていく必要がある。「何をするのがいちばん好きだろうか、それはなぜだろう？　自分は何に怯えているだろう？　どのようにストレスに反応しているだろう？　何にいちばん感謝しているだろう？　何を願っているだろう？」。私たちは、自分の特徴や傾向が人とどう違い、どう対立し、どう補完するかを見極めるために、自分の性格を観察する必要がある。また、人間にはさまざまな度合いの不安、社会的欲求、気分のムラがあることを知る必要がある。自分の信念や関心を理解するためには、自分を取り巻く文化的傾向を知り、何が「本当の」自分で、何が周りから影響を受けた可能性のあるものかを選り分けていく必要がある。こうした要素は自己認識を困難にするものの一部にすぎない。

生まれつき自分を知っている人はおらず、一夜にして自分を理解できる人もいない。私たちは人生の大きな変化の時期に、自分について普段より多くを知る傾向にある。たとえば思春期や成人する前後など、自分の性格のあらゆる面が試されたり、新しい多様な状況にさらされたりする時期だ。セリーナの例で言えば、大学での最初の2年に相当する。しかし本来、そうした学びは強いられるものとも、期間限定のものとも限らない。私たちは、普段から自分を振り返り、生涯を通じて積極的に周りの人や難題に向き合うことで、いつでも自分を学ぶことができる。

自己認識とは、何か輝かしい完成品を手に入れることではなく、自分を発見し受け入れていく過程だ。つまり自分を知るとは、自分の抱えた問題をすべて解決することではない。変わらない自分でいることでもない。また、自己認識は自分勝手なものでも、自分を誇示するものでもない。自己認識の目標は、自分の自然な本能、感情、行動を正直に眺め、それらをより良く理解することで、本来の自分に反することのない意思決定を下せるようになることだ。自分の性格や行動に居心地の悪さを感じる部分があるとしても、自分を知ることはそれに建設的な形で対処する手助けとなる。

特に孤独との関係においては、自分の内向性や外向性が人との付き合い方の好みにどう影響を与えているかを理解することが重要になる。内向性と外向性は、ひとつの広い指標の両端に位置する言葉だ。極端に内向的な人や外向的な人はあまりいないが、ほとんどの人はどちらかに寄っている。内向性に寄っている人は、基本的に外向的な人よりも社会活動を好まない。片方がもう片方より「優れている」ことなどないのに、私たちの文化においては外向的な人のほうが社会的に有利かのように見えることがある。商品の宣伝なども、それがまるで標準であるかのように、社交的な人にスポットを当てる傾向にある。大学では新入生のための交流会が開かれるが、それはまるで新入生は誰もが見知らぬ大勢とのネットワーク作りに積極的でなければいけないと言われているかのようだ。政治家は何千人もの人と会って挨拶することを求められるが、まるで賢明なるリーダーの資格として途方もない外向性が必須であるかのようである。そしてソーシャルメディアのユーザーは、友人やデートや夜遊びを楽しんでいるように見える。こうした暗黙のメッセージを受け入れると、外向的であるほうが楽しいのだと感じてしまうことだろう。

外向的な人がもともと人との関わりに飢えているのは事実だ。きわめて外向的な人は、大人数や、たくさんの社会的な関わりを好む。新しい人と会うことが好きで、周りに誰もいなければ積極的に交流を求めにいくだろう。スタジアムでのコンサートからグループでの外出にいたるまで、ひとつの大きな社交イベントのようなものが、このタイプの人にとっての楽しみとなる。

かなり内向的なタイプにとっての楽しみは、ひとりの親しい友人と図書館の隅で深い会話を交わすようなものだ。あるいはひとりで図書館の棚を見てまわっているようなときである。かなり内向的である場合、多くの時間をひとりで過ごすことを好み、人とつながる際も、大人数より1人か2人の親しい友人と付き合う。ひとりでいることが好きなのである。

この違いをより良く知るために、2012年に内向性についての画期的な著書『内向型人間のすごい力』[9]（講談社）を記したスーザン・ケイン博士に話を聞いた。彼女によると、内向性と外向性の違いは、自分にとって自然にエネルギーを得られる方法が大きく関係しているという。外向型の人はひとりで過ごした夜は気力が削がれ退屈してしまうことがあるが、大勢が集まる場に数時間いると、たとえ周りに誰も知り合いがいなかったとしても活力が得られる。反対に、内向型の人はひとりでいることや静かな会話でエネルギーを得られるが、大人数のなかでは、たとえ楽しい時間であってもすぐに疲弊する。

「内向型の人は、もっと地域のパーティや教会の集まりに参加して人とつながりたいとは願わないかもしれない」とケインは言う。「でもそれは、人とつながることで気分が高まらないということではなく、ただ自分に合ったやり方ではないというだけ」。

内向的でも外向的でも孤独になりうるが、そのなり方は違う。「人はそれぞれ違う欲求を持っている」とケインは言う。「そしてそうした欲求が満たされないと、私たちは孤独感を抱く」。そのため、外向型の人は物理的に長いあいだ孤立していると孤独感を抱き、内向型の人は見知らぬ人たちに囲まれていながら孤独を感じる場合が多い。確認しておくが、誰にとっても充実した関係は必要だ。ただそのペースや、頻度や、関わりの強度の好みが、外向型・内向型の度合いによって違うだけだ。

どれほど内向的でも外向的でも、人といる時間とひとりでいる時間の適切なバランスを見いだすのは大変な作業だ。このバランスの一部は、日常生活の実情によって規定される。多くの人は仕事や家族に関連したイベント、たとえばミーティングやグループでの食事やたまにある誕生パーティに出席しなければならない。同時に、多くの人は一日の一定時間はひとりで、通勤や仕事や待ち時間や、ただただボーッと過ごすことに費やしている。重要なのは、それぞれの場面における自分の反応に注意を向けてみることだ。どの瞬間が落ち着くだろう？　どんな瞬間に気力を削がれる？　この問いに正解も間違いもないが、自分なりの答えを知ることが重要だ。そうすることで自分の好みを大切にしながら、公私にわたる生活の基盤となるつながりを維持する方法を見つけることができる。自分本来の性質を明確に理解するほど、ストレスなく時間の使い方のバランスを保つことができるようになる。

自分を知ることはきわめて重要だが、それだけでは十分ではない。自分のことをどう感じるかは時間とともに変化していくものであり、人との関係や内省を通して、自分がどういう人間になっているか、これからどうなっていきたいかをより深く学ぶことができる。アイデンティティや好みや欲求も進化していくものであり、ときにはストレスや圧力によっても変化する。そうした変化のなかでも自分らしく、地に足をつけ、確実に自分自身とつながりつづけるためには、セルフ・コンパッション（自分への思いやり）も必要になる。これこそが、自分を知ったあと、その自分を受け入れていくことを可能にする。

セルフ・コンパッション

アメリカで最もよく知られた僧侶のひとりであり瞑想指導者であるジャック・コーンフィールド博士は、16年前に初めて私に「セルフ・コンパッション」という概念を教えてくれた。それは彼がカリフォルニア州ウッドエーカーに共同設立した「スピリット・ロック瞑想センター」でおこなわれたジャックの講義に参加したときのことだった。ジャックがこの概念と出会ったのは、何年も前にインドのダラムサラでダライ・ラマ法王と初めて対面したときのことだという。ジャックら指導者グループは法王に尋ねた。どうすれば我々は人々が自己嫌悪や自尊心の低さを消し去る手助けができるでしょう？

「法王と通訳は戸惑っているように見えた」とジャックは笑いながら語った。「チベットの文化では、自分自身に思いやりや愛を向けないなんて、ひどく異質なことだったんだ」。

そしてその戸惑いこそが、やんわりと伝わってきた教訓だった。思いやりが自己認識と自己受容に自然な橋をかける。そして自分への愛情に満ちた優しさは、その橋へと向かう最初の道となる。この教訓を得て、ジャックは自分に向けた思いやりと愛を育むことをライフワークの核にした。

セルフ・コンパッションは、自分を理解してくれない人からの批判や嘲笑から守ってくれる――少なくともダメージを和らげてくれる。痛みに引きずられるのではなく、痛みをもとに成長を促してくれる。さらに、心の闇や疑念に消耗させられるのではなく、どれだけぼんやりとではあっても光を見いだす手助けをしてくれる。それほどの力を持つものであるため、簡単な説明では済まず「セルフ・コンパッション」をテーマにした本も書かれているほどだ。孤独感を和らげ、自分にしっかり目を向けるためには、まずセルフ・コンパッションが果たしている重要な役割を認識することが第一歩となる。

セルフ・コンパッションを育む手助けをするため、ジャックは仏教の教えをベースにした「メッタ（慈悲）の瞑想」という方法を導入した。頭（自己認識）と心（慈悲）を融合させる瞑想法である。

もちろんこの瞑想の目標のひとつは頭と心を自分へと向かわせることだが、ジャックは次のように語っている。「さあどうぞと言われてすぐ自分に慈悲を向けるのは難しいことなのだと気がついた。自己批判や自己嫌悪の文化のせいでね。だからまずは愛する人や大切にしている人への慈悲から始めることにしている」。

この瞑想は、次のような言葉を唱えることで感情を呼び起こすものだ。「あなたの心が慈悲で満たされますように。あなたが内側と外側の危機から守られますように。あなたの身体と心が健康でありますように。あなたが安らかで幸せでありますように」。

こうした言葉を唱えながら、瞑想者は愛する人のことを思い浮かべる。「心を開きやすいところから始めるのが原則だ」とジャックは言う。「私たち全員に備わっている愛という資質を育んでいく」。

心を感謝や思いやりに浸すことは、自分を回復させ、落ち着かせる経験になる。「他の感情が出てくるときもあるだろうが、あるがままにしておこう」。

愛する友人を１人か２人思い浮かべながら数分間瞑想を繰り返したら、次のステップは、その友人たちがこちらを見つめ返し、同じ愛や親切心を送り返してくるところを想像してみることだ。「それらの友人があなたの幸せをどんなふうに祈っているか考えてみる」とジャックは言う。「その人たちがあなたに向かって、こう言うところを想像する。『あなたが安全で守られていますように。あなたが平和で元気でありますように』。胸に手を当てて、その言葉を取り込む。そして彼らが唱えたように、自分自身に唱えてみる。しばらく時間をかけて何度か復唱し、その感情を自分に取り込んでいく。自分のなかに愛が感じられたら、それを他者に対して広げていくことができる。うまく付き合えず苦労している相手であってもだ」。

この瞑想は、自分の良いところや善意を理解し、自分の期待や願望に応えられなかったときに自分を許すことを促すものだとジャックは言う。この瞑想のような優しさをベースにした瞑想法の研究はまだ始まったばかりだが、先立っておこなわれている研究では、これらの実践が自他への思いやり、そしてポジティブな感情を高めることが指摘されている。[10][11]

立ち止まる時間

慈悲の瞑想は、他の内省の形態と同様に、ひとりの時間を必要とする。意識を内面に向け、思考や感情を集中させ、心からの目的意識や価値観の源泉を見定めるためには、忍耐と静寂が必要になる。心理学者たちによれば、こうしてひとりになって集中した状態に身を浸すと、創造性や情愛が増すことが分かっている。そうした状態は、人生に意義を感じる脳の部位を活性化させる。さらに、自分とつながる場がもたらされることで、自分のアイデンティティが強化されていく。[12]

問題は、私たちが生きている世界が絶えず競争をともなうものであり、ペースについていくことを迫ってくる点だ。テクノロジー、メディア、世界のニュース、流行、経済競争、気候変動、政治的対立は――そしてあまりに多くの場所では戦争も――私たちに対して、次の予期せぬ難題に後《おく》れをとらないように動き、変化し、働き、努力し、競争しつづけることを強いてくる。多くの人は仕事でも家庭でもプレッシャーを感じている。経済や健康の問題はほんの一例で、私たちはさまざまな物事に気をとられているがゆえに、気持ちを整理し自分に集中するための静寂が奪われている。オンラインでもオフラインでも、注意や反応や決定や関与をあちこちから迫られる。こうした騒々しさのなかでは、ひとりになることがつまらないこと、無駄なこと、あるいは単純に不可能なことに感じられる。

　現代において、ひとりになる機会を取り戻すためには断固たる努力が欠かせない。必要なのは余白である。そこで意図的に心を落ち着かせ、自分の感情や思考を存分に体験する。多くの人は、静寂の時間を確保するために、こちらの集中を削いでくる物事を厳しく制限する必要がある。発達心理学者によると、自分の奥深くにある思考や感情にアクセスするためには、携帯やパソコンのメール、ニュース投稿の通知などによる妨害から逃れなければならない。現代においては簡単なことではないが、だからこそ定期的にひとりになる時間を確保することが重要になる。

　ひとりになるといっても、自然のなかにひきこもったり、沈黙を誓ったりする必要はない。内省の実践には、さまざまな形態がある。瞑想や祈り、自然散策、あるいは公園のなかや通勤中や寝る前などに数分間自分を静かに振り返るだけでもいい。

　こうした立ち止まる時間を持つことで自分自身と向き合うことができる。それは同時に、他者と向き合う準備にもなる。計画や目標などを抜きに、ただ心が赴《おもむ》くままに任せることで、自分の感情や感覚をくみ取り、自分の身体に耳をすまし、自分の思考をたどれるようになる。リラックスして、自分の行動・選択の意味や結果について考えることができる。相手の反応の意味を理解することができる。たとえば失望や最近あった対立の痛みなど、つらい思考が浮上してきたときは自分と向き合うのが難しいかもしれない。多くの人は、そうした経験から距離をとり、向き合うことを避けがちだ。それはまさに、忙しさで気を紛らわせていた大学1年生のセリーナがやっていたことだった。しかし重要なのは、つらいことにも向き合って、そこから学び取るための時間を作ることだ。多くの場合、そうやって向き合うことでかえって決断が早まり、結果として安堵《あんど》が訪れる。

しかしひとりになるだけでは、自分を知ったり自分への思いやりを持ったりすることはできない――大切なのは、その時間をどう使うかだ。その時間は、自分自身に耳を傾け、湧き上がってくるアイデア、インスピレーション、感情、反応を聞き、その思考が痛みをともなうものや好ましくないものであっても、なるべく優しさと思いやりを持ってアプローチする機会となる。

立ち止まる時間は、感謝や愛の気持ちと結びつくと特に大きな効果を発揮する。私の医学部時代のある教授は、母親、医師、教員、研究者、責任者としての仕事に追われて苦労していた。彼女にとって瞑想やリトリートの時間を確保することは不可能に近かったが、患者を診察する前の手洗いの時間に、かならず温かい水を何秒か長めに手にかけるようにしていた。そのあいだ、患者の治療に携われることや、家族の健康、午前中に教員として学生を教えた喜びなど、自分が感謝している物事に想いを馳《は》せるのだ。彼女は、ほんのごくわずかな時間を使うだけでも感謝の力を活用できること、そうした時間は自分や周りへの見方を変える力を持っていることを教えてくれた最初の人物のひとりだった。

立ち止まることの大切さを忘れてしまったときは、私たちの心臓が伝えてくれる教訓を思い出しさえすればいい。心臓には2つの周期がある。重要な臓器に血液を送り出す収縮期と、心室がゆるんで広くなる拡張期だ。多くの人は、収縮期こそが活動のポイントであり、収縮期の時間が長ければ長いほどいいと考えるだろう。しかし拡張期――弛緩期――に、冠状動脈の血管が満たされ、心臓の筋肉に活動維持のための酸素が供給される。つまり立ち止まることこそ、心臓を支えているのだ。

だからこそ、ひとりきりの内省と自己認識は、他者との関係の準備にあたっても重要な役割を果たしている。自分の内面の信号や周波数に波長を合わせることができると、おのずと他者のなかの信号も共感的に（そしてほとんど無意識に）認識し、自分のことのように感じられる能力を手に入れることができる。自分のなかで波長を合わせることは、自分に集中し、自信を持ち、穏やかな気持ちでいることに役立ち、自己認識という土台を確保できるようになる。その土台の上に、他者のみならずより広い世界との強いつながりを築くことができる。虹色に輝くトンボの動きや雄大な雲の形など、自然のなかのパターンに気づいたり、天の川が見える満天の星空に感嘆したりするかもしれない。あるいは人間の素晴らしい点——親が子供に本を読み聞かせる愛情、通勤中に見知らぬ人に席を譲る寛大さ、幼い男の子が妹の手を取る優しさなどに目が向くかもしれない。ここで経験されているのは、ひとりであることを通して生まれたつながりだ。

芸術も、ひとりであることを通したつながりの手段だ。スーザン・ケインが指摘してくれたように、読者と著者のつながりや、作曲家と聴衆のつながりというのは、「これはまさに自分が経験したことだと感じられるものを読んだときの、魂の結合のような感覚」だ。ページ上の登場人物を通して、自分を超えた誰かの苦悩への共感や思いやりが鍛えられる。

私は読書に関するケインの発言を気に入っている。彼女は読書を「気の合う仲間たちのコミュニティ」に属することだと言った。「そうした仲間は、現実世界に必要なときもあれば、ページのなかに必要なときもある」。音楽は、より身体的だ。音楽を聴くことは、純粋な感情の和音を音楽家や作曲家と共有することに似ている。そしてライブコンサートを聴く場合は、他の観客とも共有することになる。ものすごく美しい音楽を聴いて鳥肌が立ったことがない人はいないはずだ。同じように、視覚芸術を通しても、画家や彫刻家の創造的なビジョンだけでなく、美の純粋な喜びを共有することができる。

こうした経験は、つながりや安心感にとって欠かせないものだ。自分が本当の意味では孤独でないことを思い知らせてくれる。自分のことばかりを気にしている状態から強制的にズームアウトされ、周りの人間やもっと大きなものへの穏やかな、スピリチュアルとさえいえるような帰属意識を感じさせてくれる。

他者や広い世界との関係は、誰もが本能的に求めているものである。なぜなら帰属意識には、自分が受け入れられ、周りから知られ、愛されているという感覚以上のものが含まれているからだ。また、何かに帰属するとは他者への配慮や責任を共有することでもある。こうした基本的な欲求は、人類のルーツとなっている原始的な部族の一員だったころに由来するものだ。つまり私たちのＤＮＡに組み込まれている。

畏敬の念も同じだ。カリフォルニア大学バークレー校の心理学教授であるダッカー・ケルトナー博士は、「鳥肌が立つ」瞬間の原因や効力を理解することにキャリアの多くを注いできた（他の哺乳類は恐怖を感じたときに鳥肌が立つが、ケルトナーは人間だけが畏敬の念を感じたときに鳥肌が立つと指摘している）。彼は畏敬の念について、自分の現在の世界観を覆すような神秘的で大きなものへの反応として抱く感情だと定義している。ケルトナーは『ニューヨーク・タイムズ』紙の記事のなかで、このような瞬間には「狭い自己利益から集団の利益へと関心を移す」力があると語っている。[13] 畏敬の念を抱くと自分たちの目的意識や存在意義が拡大され、私たち全員が属しているこの「家」の真の大きさを思い知らされる。他者や世界との一体感がもたらされるため、結果として思いやりや利他的な気持ちが高まる。

こうした効果を検証するために、ケルトナーらのチームはバークレー校で2グループに向けて実験をおこなった。[14] 1つ目のグループには、高さ約60メートルの息をのむほど美しいタスマニアブルーガムユーカリの木々の前に立ち、1分間見上げてもらった。もう一方のグループには、同じ場所に立ちながら、隣の高層ビルを1分間見上げてもらった。そして1分が経過すると、グループのそばを通りかかった人物が何本ものペンを「偶然」落とすように仕向けられていた。するとビルを見ていたグループよりも木を見ていたグループのほうが、落とした人を手伝って多くのペンを拾ったという。ユーカリを見つめるという畏敬の念に満ちた体験はわずか1分間の出来事だったが、被験者は行動に良い影響を受け、周りの世界に心を開き、より敏感かつ寛大に反応するようになったのだった。

ケルトナーは、私たちの文化においては畏敬の念に満ちた体験をする時間が非常に少なく、自然に関連した体験は特にそうだと嘆いていた。多くの人は仕事やテクノロジーに没頭して他のものには目もくれず、自分が何を失っているかすら気づいていない。「人とのつながりが希薄になっている現在、世界にはもっと畏敬の念が必要だ」と彼は言う。

ここで記したような体験はどれも、自分自身とのつながりを深めると同時に、自分という存在は見えない部分でつながり合った大きなものの一部であることを思い出させてくれる。それはおのれの卑小さを知ることでもあり、慰めでもある。誰であっても、感謝すべき対象はたくさんある。そして誰でも、人に提供できるものをたくさん持っている。自己認識と思いやりを土台にして互いに手を差し伸べ合うとき、私たちは人生を変え、世界を癒やす力を手にすることができる。

Circles of Connection

第7章　つながりの3つのサークル

友人を持つ唯一の方法は、自分が相手の友人になることである。
——「Of Friendship」ラルフ・ウォルドー・エマソン

絶望や混乱のときに静かに寄り添ってくれる友人、深い悲しみや死別のときにそばにいてくれる友人、理解できず、治せず、癒やせないことに耐えてくれる友人、自分たちは無力だという現実に向き合ってくれる友人、それこそが思いやりある友人だ。

——『Out of Solitude』ヘンリ・ナウエン

自分の内から始まり、外の人に働きかけ、互いをより密接に結びつけていくプロセスを通して築かれる人間のつながり。そのプロセスをなんと呼べばいいだろう？　最適な言葉は「友情(friendship)」かもしれない。人は誰しも、実質的に人生のすべての段階で友人を必要としている。

友情とは、本質的に言えば、パートナーや家族や気の合う仲間やコミュニティのつながりを保ちつづける社会的な接着剤だ。プライベートだけでなく、仕事においても、良好な関係を築くために欠かせないものである。しかし友人を作り維持するのが不得意な人もいて、苦手だと孤独のリスクは高まる。反対に、友情を築く技術に長けた人は孤独が長引いたり深刻になったりしないよう、自然な防衛力を持っているともいえる。さいわいにも、こうした技術は伸ばすことができる。

しかし友情形成に長けているとは、どういう意味だろう？　私は子供のころ、友情形成に手こずった覚えがある。当時の自分にサラ・ハーマイヤーのようなロールモデルがあれば、どれほどよかったことだろうか。

子供のころから、サラの人生は2つの大きな愛を中心に動いていたと教えてくれた。ひとつは食への愛、もうひとつは人への愛だ。若い時期に、彼女はこの2つの情熱がごく自然に結びつくものであることに気づいた。食事を人とともにすることは、祖先の時代から続く世界的な慣習である。人間は1日に何度も食事をするため、一緒に食べたほうが実用的であり、ひとり分の食事を作るより一度に大量に作ったほうが効率的だ。それだけでなく、一緒に集まって美味しい食事の味や香りや栄養を堪能《たんのう》したほうが楽しい。そして、このように楽しみを分かち合うことは絆を育む効果がある。そのため、家族の食卓であれ、学校のカフェテリアであれ、近所のレストランや喫茶店であれ、食事が友情形成に重要な役割を果たすことが多いのも自然なことである。

人を集めて食事をともにすることは、若いサラの最大の喜びのひとつになった。大学では、自分の寮の部屋で定期的にランチ会を開きさえしていた。しかし20代後半に地元のヒューストンからダラスへと引越し、イベントプランナーとしての仕事に夢中になるうち、こうした楽しみのことは忘れていった。結婚しておらず、ひとりで暮らしていた彼女には、新しく越してきた地域に知り合いが誰もいなかった。

「家の外に連れ出してくれる子供もいなかった」と8年前を振り返りながらサラは語った。「犬も飼っていなかったから、散歩で誰かと知り合うこともなかった」。しかし、牧師の友人が彼女のことを「人を集める人」と評したことで状況は変わっていった。

「彼はこう言った。『サラ、君は人のために体験の機会を作り出すのが好きだし、人と愛を分かち合い、本当の意味で人とつながるのが好きなんだ』」。彼は、その情熱を自分のコミュニティのなかで育み、分かち合う方法を考えてみてはどうかと提案した。

「それで私は、自分の人生で何より楽しかった瞬間を振り返ってみた」と彼女は言う。「すると、それはいつもテーブルを囲んでいる瞬間だった。それで、自分がどれほど人を集めるのが好きなのかが分かった」。

しかしサラの家は狭く、彼女が理想としていたテーブルは、少なくとも20人くらいが囲める大きなものだった。そのため裏庭でしか実現できそうになかった。また、それほど大きなテーブルを買うのは大変で、父親に作ってもらうしかなさそうだった。父親は木を削ることは好きだったものの、テーブルなど作ったことはなかった。

しかし、こうした障害はどれも問題にならなかった。父親は5メートル半ほどのテーブルを作り上げて庭に設置し、シャンデリアも用意した。「コミュニティ」作りを意識して、サラは

1年で500人をもてなしてテーブルを囲んでもらうという目標を設定した。

近隣の人たちの名前すら知らなかったため、「ネクストドア（Nextdoor）」というSNSアプリを活用した。近隣住民とつながることができるこのアプリで、彼女は近くの300ほどの家庭に連絡した。そして全員に対し、料理を持ち寄っての食事会へ誘うメッセージを送った。

「そのメッセージは、ものすごく正直に書いた」と彼女は振り返る。『近所の人に会いに出かける機会がなかった人は、今日の夜、私の家に来てみませんか？　知っている人はいませんが、ぜひみなさんにお会いできればと思います。飲み物と、シェアできる食べ物を持ってきてください。音楽の生演奏をご用意しています』。その夜は90人も集まった。こういう誘いをみんなが求めていたことを知って、すごく励まされた」。

サラは、人々がつながりを強く求めていることを知った。そして、つながりを求める近隣住民の熱量や、それぞれの職業・地位・文化的背景の違いを簡単に乗り越えていく様子に驚かされた。大きなテーブルは、あらゆる種類の人が共通点を見いだせる安全な大きなテント――ジョン・ポール・レデラックなら「共有空間」と呼ぶであろうもの――として機能しているようだった。

「テーブルはみんなのもの」とサラは言う。「誰もが自分らしくいて、互いから何か学べるものがあると感じられる。知り合いの配管工が企業の重役の隣に座っていたことだってある。中学2年の子供たちが先生たちの隣に座っているのも見たことがある。人種がなんであろうと、宗教や性的指向がなんであろうと、どんな人だってテーブルを囲んでいた」。

しかし、最初の晩に――そしてそれ以後開催されたたくさんの会に――多くの人が集まった大きな要因は、友情形成に必要な要素をサラが直感的に理解していたことと、そうした要素を惜しみなく育もうという意志があったことだった。友情形成に必要な1つ目の要素は、親近感と安心感だ。これについてサラは、見ず知らずの他人同士のなかでも、ちょっとした後押しがあれば育てられるものだと知った。

「テーブルに座る前に、私は参加者を名前つきで紹介してまわるの」とサラは言った。「たとえば、あなたと会ったとする。そしてあなたの名前がジョージだと覚えていたら、私はみんなに向かって言う。『みんな、この人はジョージ。素晴らしい父親よ。今朝あった息子の野球の試合について話していたときの笑顔を見てれば分かる。彼は弁護士でもある。何か聞きたいことがあったら、彼はこのテーブルの端にいるからね』。名前をみんなに伝えられたとき、その人の顔に心からの笑顔がこみ上げてくるのが分かる！　そうすれば自信を持って席に着き、周りの人と積極的に関わっていくことができる」。

すごくシンプルなことに聞こえるが、サラの行動には賛同するほかない。名前と個人的なエピソードというのは、人をつなげる強力な要素となりうる。名前がきちんと周りに告げられた場合は特にそうだ（名前を間違って発音されることが多い私としては、正確な発音で呼ぼうと努力してくれている人にはいつだって気づくし、ありがたいと感じる）。サラは主催者として、席札や座席表など、誰もが効果を認めるお馴染みのツールを活用し、互いの名前を覚えたり、会話が弾みそうな人たちをつなげる手助けもしている。

同時に、サラは参加者の行動を指示してコントロールすることをきっぱりと放棄し、各自が自発的に関わり奉仕し合う余地を残すことで、友情形成のもうひとつの重要な要素である「相互関係」を育んでいる。「こんな感じのことを言うの。『自分が主催者なのは分かっているけど、本当に、この会から何を得るかはみなさん次第です。だからグラスの飲み物が減っていたら、自分で立って入れてください。やりたければ、ついでにワインのボトルを手に取って、みんなに注いでまわってください。手伝いたければ、食器を下げにきてください。そしてやりたい人は食洗機に入れてください』」。

この次にサラが語った言葉からは、彼女が参加者のことを心から考えていることがうかがい知れる。いつも食器の片付けについて触れることには理由があるという。「内向的な人の多くは、作業を求めているものなの。あまりたくさん話をしなくて済むようにね」。

サラは、人の関わり方には実にさまざまな形があることを理解している。グループになって冗談を交わし合いながら仲よくなる人もいれば、静かに一対一で、たとえば食洗機に食器を入れながら会話をするほうが絆を築きやすい人もいる。

また、サラは健全な友情は双方向のコミュニケーションによって成り立つことも理解している。『今日はテーブルで、話すよりも聞くことを意識してもらえればと思います』って提案するくらいだから。変な言い方だから『何を言ってるんだ?』なんて囁《ささや》き合う姿も見える。でも本当に、相手から学び、相手とつながりたいという気持ちで集まれば何が起きると思う?」。

毎回、最後にサラは全員を集め、ひとつのアイデアや質問や言葉を投げかけて、グループでの議論を促す。それはセリーナ・ビアンの「スペース・ギャザリング」のようなもので、参加者が自発的に切り出すであろう議題よりも、内面に関わるパーソナルな議題をめぐる対話だ。まさにこのとき、サラが用意した「テーブル」では、誰もが友情に求めているものが体現される。「見ていると、みんな本当に心から語り合っている。関係がより深まるのが分かる。そしてテーブルには本物の敬意と、小さな愛がある」。

サラにとって愛とは単なる概念ではない。彼女にとって愛は人生のあり方であり、それが友情形成への中心的なアプローチとなってもいる。ある年、サラは隣人からクリスマスに家へ行っていいか尋ねられた。その人は近くに友人や家族がいないのだという。サラは彼の交友範囲を広げていこうと決意した。そして近隣の住民に招待状を送った。「初めて会う人とクリスマスにランチをしたい人」は誰でも歓迎した。その結果、彼女自身の交友範囲も広がった。「私が会ったことがない人たちもやってきたから」。その人たちは全員、クリスマスをひとりで過ごす予定だったという。そこに流れる感情は明白だった。参加者のひとりは、庭にある大きなアルファベット4文字の置物を指差しながら言った。「この言葉は、まさにこの場所の雰囲気を表してる」。その言葉は、ＬＯＶＥと綴《つづ》られていた。

現在、サラはほとんどすべての近隣住民と知り合いになっている。彼女は43歳で、結婚しておらず子供もいないが、友人という巨大な家族がいる。予備の懐中電灯であろうが、泣くために借りる肩であろうが、どんなとき誰に頼ればいいか知っている。それに、一度も会ったことがない隣人であっても、その人たちはサラからの招待を受け取った経験があるため、サラへのつながりを感じているのだった。

サラの経験は、誰もがみな「人を集める人」であることを思い出させてくれる。たしかに私たちは、新しい人間関係を自分の人生に招き入れるにあたり、サラほど恐れ知らずではなく、慣れてもいないかもしれない。パーティを開くのではなく、一度にひとりずつ友人を集めていくほうが好みに合っているかもしれない。しかし、テーブルを囲んで友情を築くというサラのエピソードに含まれた友人作りの教訓は、パートナーと将来について計画を立てているときであれ、近隣の人と食事をしているときであれ、電車で見知らぬ人と会話を交わすときであれ、つながりを広げ、強化し、深めるために誰もが活用できる重要なカギである。

友情のサークル

孤独の解決法を研究していたジョンとステファニーのカシオポ夫妻は、個人の交流や感情にとって最も健全で有益な関係とは、互酬《ごしゅう》的な性質のものであることを突き止めた。言い方を変えれば、互いに支え合う人たちは健全な友情関係を築く傾向にあるということだ。こうした相互に利益のある関係は、一人ひとりに安心感を抱かせ、孤独から守ることに役立つ。質の高い社会的なつながりが機能していると、こうしたサイクルが生まれる。

カシオポ夫妻による指摘は、親しい友人関係のみに当てはまるわけではない。サラ・ハーマイヤーが毎回の集まりで示しているように、この互酬《ごしゅう》の原則は初めて出会う相手にも適用できる。だからこそ彼女は参加者たちに「話すのと同じくらい聞くこと」を推奨し、奉仕されるのを待つのではなく、積極的に奉仕し合うことを勧めているのだ。気持ちを語って共有し、心から耳を傾け合う友人関係は、やりとりが一方通行の関係よりもつながりが強くなる。セラピーも重宝するが、それが真に双方向的な友人関係の代わりになりえないのは、この点が理由のひとつだろう。思い返してみると、セリーナが経験したのはまさにそういうことだった。ヨガのグループやスペース・ギャザリングで得た友人関係は、彼女の孤独感を深く癒やした。そしてまた、フィリップ・レスターとリチャード・ロペスがARCで得た仲間たちも同じような友人関係だった。

いったい何が関係を双方向的なものにするのだろう？　耳を傾け支え合うことも重要だが、何より欠かせない要素は、そうした交流の奥に流れているもの、つまり互恵的な感情だ。友人同士というのは一緒に時間を過ごしたいものであり、それを実現するために努力をする。互いに安心感を与え合うものであり、相手を理解しようと努める。共通の物事に関心を持ち、互いを尊重する。ごく普通の言葉で言えば、友人とは、相手のことを気にかけていると示す存在であり、そうすることで、相手の人間的価値を鏡のように映し出す存在である。

友人たちのサポートを受けると、自分が愛するに足る存在であると思い出すことができ、そのおかげで自分を前向きに捉えられるようになる。そしてまた、相手を気にかけることも、自分の目的意識や存在意義の強化につながる。気にかけるという行為は、自分にも相手の人生をより良くする力があると教えてくれるからだ。これはほんの一例だが、こうした形で友人関係はポジティブな循環を作り出し、友人に接するのと同じように自分にも愛を持って接するようにと教えてくれる。

残念ながら、友人関係を取引関係のように捉えてしまっている人も多く、友人を社会的・職業的ステータスや物質的利益をもたらしてくれる存在だとみなしていたりする。この混同について、ヴァッサー大学で文学における友情についての講義をおこなっているロナルド・シャープ博士は、2016年のインタビューで嘆きをあらわにしている。「友情において考えるべきことは、相手がこちらに何をもたらすかではなく、互いの前でそれぞれがどんな自分を出し、どんなことができるかだ」。そして彼はこう付け加える。「何をするでもなくともに時間を過ごすというのは、ある意味で、失われた技術になっている」[1]。

孤独も、相互関係を妨害するものになりうる。なぜなら孤独である場合、自分が社会的に受け入れられることが喫緊の課題であるため、たとえ友人のことであれ、自分以外の人の関心事に反応したり尊重したりすることが難しくなるからだ。『アトランティック』誌による2017年のインタビューで、ジョン・カシオポも人は孤独によって自分のことに夢中になりすぎ、自分の感情状態ばかりに気をとられてしまうことがあると語っている[2]。孤独で自分のことばかり考えている時間が長すぎると、親しい友人に会うときでさえ、つながりを求めるあまり妙に力《りき》んでしまい、普段より少し早口になったり長々と話してしまったりする。それを防ぐために役立つのは、立ち止まり耳を傾ける姿勢を保つこと、そして孤独によって歪《ゆが》みが生じる可能性に注意を払っておくことだ。

友人には親切心を持って接する必要がある。この親切心には、相手に対する心からの慈しみや信頼、共感、誠実さ、大いなる理解が求められるが、それを持つことによって関係が良好になり持続する。「他者を常に完璧に扱える人などいない」と、カシオポは2008年のインタビューで語っている。[3]「自分自身のことも常に完璧に扱えるわけではない。だからいつでも友人に理想的な形で接することができるわけではない」。だからこそ、友情関係においては「許し」が決定的に重要な要素となる。

こうしたすべてを踏まえ、友情の大きな副次的効果として生まれるのが感謝の気持ちだ。自分の弱さをさらけ出し、それでも愛されるという状況への感謝。自分の欠点が許される感謝。信頼や時間をともに分かち合うことへの感謝。そして、友情を確かに保つ究極の接着剤である帰属意識を感じられることへの感謝。

もちろん、すべての友情関係が等しく親密なわけではない。質の高い社会的なつながりであっても、親密さや強度や深さはおのずと異なる。

イギリスの進化心理学者ロビン・ダンバー博士は、さまざまなタイプの友人関係を必要としているという点で人は驚くほど一致していることを明らかにした。自分を中心にして社会との関わりを図にしてみると、同心円状に内側、中間、外側の交友範囲を描くことができる。人間はこうしたレベルの異なる友人関係を狩猟採集の時代から形成してきた、とダンバーは言う。「インナーサークル（内円）」「ミドルサークル（中間円）」「アウターサークル（外円）」という交友関係の3つのサークルは、孤独の3つのレベル（親密圏、関係圏、集団圏）と大まかに対応している。人は誰しも、互いへの愛と信頼を持って深くつながった近しい友人や親密な相談相手を必要としている。そして支援やつながりをともにするカジュアルな人間関係や社会関係も必要としている。さらに、集団的な目的やアイデンティティを体感する場所として、近隣住民や、同僚や、クラスメートや、知人たちのコミュニティに属する必要もある。

進化という観点からシンプルに言えば、人はインナーサークルにおいて、少数の人に保護や支援や糧《かて》を頼っている。それは恋愛のパートナー、危機のときに頼る親しい友人や家族、頻繁に会って時間を過ごしたい相手などである。こうしたインナーサークルの人間関係は、相互の絆が最も強い。その関係は、最も時間とエネルギーを必要とするものでもある――そのためこうした関係を維持できる数は同時期に15人ほどに限られる。ダンバーによれば、私たちは60パーセントもの時間とエネルギーをインナーサークルの友人や親友に費やすようにできており、そのうちのほとんどは最も親しい人たちに注がれる。その数が5人を超えることはめったにない。

残り40パーセントの時間の大半は、ミドルサークルとアウターサークルを構成する人たちに費やされる。こうした友人たちは、最初にサポートを頼るような相手ではないが、もし頼めば手を貸してくれるだろうし、逆もまた同様である関係だ。年に数回一緒に時を過ごすような相手、たとえば長期休暇中に連絡をとる昔の学校の友人や親戚、結婚や子供の誕生を知らせたら祝福してくれる知人、サラ・ハーマイヤーが開いていた食事会などで会うような隣人たちである。

当然ながら、ミドルサークルやアウターサークルの人たちとのつながりは親しい友人に比べると弱くなる。時間や関心を注ぐ量がいちばん少ない相手は、安心感のいちばん低い友人関係ということになる。しかし、人間関係というものは固定的ではない。親しかった学校の友人と卒業後に疎遠になったり、職場の同僚だった人が親しい相談相手になったり、多くの友人関係は時とともにおのずと変化していく。たとえばサラ・ハーマイヤーは、初めて一緒にテーブルを囲んだ参加者のうち何人かと親しい友人になった一方で、引越してしまった親しい人はミドルサークルやアウターサークルの人間関係に移行していくことを知った。シンプルな事実として、実際に会って過ごす時間が短くなるほど、その友人はアウターサークルのほうへと移っていく可能性が高いのだ。インナーサークルの友人関係は、直接的な対面でのコミュニケーションをして、自分を存分に出し合い、いつでも相手ができるような状況でなければ薄れていってしまうものだとダンバーは言う。親しい関係を保ちたい友人とは、近くにいたり、衝突しても乗り越えたり、必要に応じてサポートを提供し合う努力をしなければならない。

テクノロジーには、同じ空間にいることができなくてもバーチャルで友人や愛する人と過ごすことを可能にし、質の高い関係構築を支援する側面もある。引越した人がこちらの生活から完全に疎遠になってしまうのも避けることができる。友人を探し出して連絡をとり、実際に会う約束をとりつけるのにも役立つ。しかしながらテクノロジーには、充実したつながりを築くために必要な時間を奪ってしまい、友人関係を弱めるという側面もある。最愛の人たちと充実した関係を築く代わりに、デジタル上でほとんど知らない相手とやりとりをして過ごす時間が増えることで、あの60対40の比率は簡単に逆転してしまう。人とのつながりを保つためにSNSを始めたとき、私は知らぬ間にゆっくりと、自分の社会的交流のバランスがインナーサークルに向けたものからミドルサークルやアウターサークルに向けたものに移っていることに気がついた。フェイスブックで100人の遠い知人の誕生日を祝うほうが、ひとりの親しい友人との難しいが重要な会話のための時間や余裕を作るよりも簡単である場合が多い。気をつけていないと、テクノロジーは質の低い社会的つながりに容易に道を譲ってしまう。

コミュニケーションの選択肢が増えるにつれ、私たちは対面での交流にともなう不確かさに抵抗を感じるようになっていった。その電話がどれくらい時間を食うのか読めず、電話をとることもためらうようになった。文章のほうがやりとりしやすいものは、口頭での質問を避けるようになった。長話に巻き込まれて嫌な思いをしないように、ふらっと知り合いの家を訪ねるようなこともなくなった。しかし関係の豊かさは、その細部――相手の声の響き、笑顔やボディランゲージ、何気ない会話から出てくることの多い思いがけない本音のなかにある。皮肉なのは、友人たちとリスクを負って付き合ってこそ快適な関係になっていくことがほとんどだという点だ。

インナーサークル――親しい友人や相談相手

1938年、世界恐慌が続くなか、ハーバード大学は健康で充実した生活を支える要素の解明を目的として、1939年から1944年のあいだに在学していた同大学の男子学生268人を対象に、長期的な研究を開始した。縦断研究は一般的だが、この研究は他のほぼすべての縦断研究を凌駕《りょうが》するものであり、80年以上を経過した現在も調査が継続されている。最初の被験者たちのなかには、政治家や起業家や医者として成功した人物から、法律や経済上の問題を抱えた人もいた。研究開始以降は、最初の被験者たちの子供や妻たちも対象に加えられた。やがて、同じ時期に始まったボストンの最貧困地域における456人の若い男性を対象にした実験とも合流した。[4]

現在この研究を統括しているロバート・ウォールディンガー博士は、親切で、忍耐強く、頭の回転が速く、新しい視点をきちんと検討する謙虚さを持った人物だ。本人の発言によれば、彼は新たな責任者としてこの研究に参加したとき、健康や幸福に重要な要素は良好な栄養状態や運動や遺伝だろうと想定していたという。禅僧として、彼は瞑想やその他の精神修養の重要性も理解していた。しかし、彼も想定していなかったような調査結果がひとつ浮かび上がった。この研究の豊かなデータの宝庫から健康にとって重要な要素として導き出されたのは、親密な人間関係だった。

ウォールディンガーによると、ハーバードの研究データでは、インナーサークルの人間関係のほうが、IQや富や社会階級よりも、生涯にわたる健康と幸福の予測因子として優位であることが示された。夜中の3時にも助けを求めることができる相手の存在は、精神的・肉体的な衰弱を和らげる要因になりうる。ウォールディンガーはTEDトークで、こう語っている。「50歳の時点で人間関係に最も満足していた人は、80歳の時点で最も健康だった」[5]。近しい人たちとの関係は「親密圏」における孤独を防ぐ大きなバリアにもなる。

そうした関係は心を慰め、癒やすものであるが、衝突もほとんど逃れられない。実際、人は他のどんな関係よりも、親しい友人や親密なパートナーに対して反対意見を投げかけることが多い。

怒りをぶつけたり、失望したり、逆にそうした感情をぶつけられることも多い――それは、親密な話し相手の場合、それだけ互いへの思い入れが強いからである。しかしそんなふうに自分の感情に正直になって積極的に関わろうとする理由は、その関係がどこより自分を存分に出せる安全な場所だからだ。

親密さとは身体的なものでもある。そうした親密さは性的な関係のみとは限らない。触れ合うことでたくさんの脳内化学物質が放出される。たとえばオキシトシンというホルモンは、社会的な情報への関心を高め、友人や家族とのつながりを強化し、自分は大切にされ守られているのだと安心感を得るのに役立つ。また、触れ合うことでエンドルフィンも分泌される。エンドルフィンはオピオイドのような神経ペプチドで、自然界に内蔵された鎮痛剤であり幸福感の源でもある。

触れ合いについてロビン・ダンバーに解説を求めると、彼は人類の親戚である霊長類の動物たちの毛づくろいの習慣をあげ、それが親密さを強化する脳内化学物質を放出する強力な起源になっているのではないかと指摘した。こうした物質はサルの気分を良くするものであるため、サルたちは1日に3時間も毛づくろいをし合っているとダンバーは言う。毛づくろいをするほうもされるほうも心地よさを感じるため、それによって絆が確かなものとなるうえ、互いのストレスが減少する。人間も、愛や友情を持って触れ合うと、似たような心地よさを感じる。霊長類における機能と同じように、こうした化学物質はどれも感情を結びつけるものとして機能する。

こうした身体的触れ合いの強力な効果を考えると、配偶者や恋愛のパートナーが最も親しい友人となることもうなずける。こういう存在を「重要他者（significant other）」と呼ぶことにも立派な根拠があるのだ。この人たちは、常に自分のそばにいてほしいと思う存在――気持ちとしては、夜中であっても打ち明け話をし、明け方であっても頼れるような相手なのだ。

しかし本来、親密な関係はかならずしも恋愛に基づくものでないことは忘れてはならない。実際、あまりに恋愛に入れ込みすぎると、インナーサークル特有の望まぬ葛藤が生じることがある。激しい恋愛感情があると、エンドルフィンやオキシトシンなどの物質が放出される。特に、恋に落ちたばかりで身体的な愛情表現がピークに達しているときは、互いに相手のことに集中するよう生物学的に動機づけられている。その結果、社会的な活動に向けるエネルギーや、他の人とつながろうとする気持ちが減退してしまうのだとダンバーは言う。恋愛は短期的には刺激的かもしれないが、その関係がすべてを覆い尽くしてしまい、他の重要な関係を完全に排除したり、あまりにも長期間遠ざけたりすると、人を「関係圏」および「集団圏」の孤独に導くことがある。そうした状況は、恋愛関係が落ち着き、必然的に社会的ホルモンや神経伝達物質による快感が低下したとき、社会的な危機をもたらす可能性がある。そしてもし恋愛関係がつらい形で終わって親密圏の孤独も加わると、精神的な苦痛が悪化する。

昔の文化では、恋愛を他のどんな友人関係よりも上位に置くことがどれほどのリスクであるかを理解していたように思える。歴史学者のステファニー・クーンツは『ニューヨーク・タイムズ』紙への寄稿で、100年前までは、「配偶者への愛や核家族の絆を、隣人や親戚、市民の義務や宗教への関与よりも優先させることは危険なほど反社会的であり、病的なほど自己中心的でさえあると、ほとんどの社会で見解が一致していた」と記している。[6]

周囲から孤立した恋愛関係は脆《もろ》く、負荷がかかると壊れてしまいがちだ。しかし、社会とのクッションになっているミドルサークルやアウターサークルの存在から恩恵を受けられれば、配偶者であれ親友であれ、親密なインナーサークルの関係を健全にできる。外側のサークルにある協力的な交友関係から快適さや、落ち着きや、感情的なエネルギーを得ることで、インナーサークルにおける感情が強化されるのだ。そうして中心が強くなればなるほど、その外側のサークルにいる人々にも多くを与えられるようになる。

しかし現代の人たちは難題に直面している。理想の愛を体現した「唯一無二の人」への憧れを抱く人はいまだにたくさんいるものの、アメリカでは結婚をする人がどんどん少なくなってきているのだ。[7] 25歳以上の未婚者の割合は5人に1人と歴代で最も多く、1960年の10人に1人から増加している。[8]

このように社会が変化しているため、親密さという欠かせない資源を守るためには、社会生活を意識的にデザインし直す必要があることを、私たちは立ち止まって、辺りを見まわし、認識していかねばならない。最も近しい話し相手といえば恋人や、夫や妻かもしれないし、親友、同居人、いとこ、親戚かもしれない。インナーサークルの人間関係は、親密さと同じであらゆる形をとる。独身者の多くは孤独感を減らすため、周りとの接触の少ないカップルに比べて多くの時間を家族や社会的ネットワークに注いでいる。ポイントは、私たちの誰もが――結婚していようがいまいが――自分をよく知っている相手と愛し愛される関係を築く必要があるということだ。

ミドルサークル――ときどき会う人

150人ほどにまで広げることができるミドルサークル（中間円）の友人関係も、インナーサークルの人間関係と同じくらい重要だ。この円に属する人たちは、深い秘密まで分かち合っているような相手ではないかもしれないが、互いの人生の交わりを楽しめる相手だ。ミドルサークルの友人たちは、関係圏における孤独を防ぐクッションとなる。

大人への成長過程においては、多くの人が気軽な友人関係を当たり前に享受してきたかもしれない。授業、スポーツ、キャンプ、クラブなどは、ミドルサークルに位置する友人関係を育む機会をふんだんに提供していた。毎日友人の大半と学校や近所で会っていた。こうした気軽なつながりは、大人になると築くことが難しくなる。地元を離れ、仕事や家族の用事に追われていたりする場合は特にそうだ。大人になると社会的活動に使える時間が減るだけでなく、競争や地位が友人関係の形成を複雑にすることがある。実績や資産の違いは不信や嫉妬《しっと》を生み、新しい人間関係における双方向性のバランスをとるのが難しくなる。それが有名人やトップリーダーたちが孤独感を抱くことが多い理由であり、多くの人が大人になっても若いころのコミュニティを頼り、危険を冒して新しい友人を作るより昔からの信頼できる友人関係を維持しようと努力する理由である。

しかし多くの人は、子供のころにやっていたように、グループに属することによってミドルサークルで新しい友人関係を築くことができる。年齢に関係なく、人間は会を開いて人を集めたり、スポーツや芸術や近隣の食事会など、共通の趣味や活動のもとに集まったりする。あるグループに属することは、ストレスを減らし、心のダメージを修復し、生きがいや目的意識を高める助けとなる。だからこそ共通の悩みをもとに集まるグループも存在しているし、いまでは支援グループなどを含め、さまざまな形態のセラピーグループも存在しているのである。

グループの治癒的な効果の大部分は、集まってどう交流するかに影響される。集まって身の上話をする。笑う。歌ったり踊ったり演奏したりする。身体を動かし、歩き、ともに作業する。与えて受け取り、呼びかけて応答し、互いに息を合わせる。こうした活動は、地球上のすべての文化で自然におこなわれている。ロビン・ダンバーが語ったように、これらはすべて、毛づくろいの生化学的な代替手段として長い時間をかけて生まれていった活動である。

こうした代替手段は、人間が進化して社交範囲が広がるにしたがって必要になっていった。毛づくろいは一対一の身体接触が必要になるため、大きなコミュニティがつながる方法としては非効率だった。そのため進化の過程で心地よい気分になる別の手段が考え出され、一度に多くの人の帰属意識を生み出せる方法が生まれていった。

笑いは最も伝染性があり、人をつなげる普遍的で本能的な手段のひとつだ、とダンバーは言う。触れ合いと同じように、エンドルフィンが分泌される引き金となるため、互いに笑い合うと、その人たちといるほうが幸せで親しみを感じ、より安心感が生まれる。あのダライ・ラマも、人々や世界の指導者たちとつながるために、周りを巻き込む笑いを活用している。笑いがストレスを減らして気分を良くする理由は、ポジティブな化学物質を分泌させるからでもあり、人を結びつけるからでもある——私たちはひとりきりではめったに笑わない。コメディの会場では、ひとりの観客が笑いだすと、かならずと言っていいほど周りも追随する。パーティでは、誰かが大きな声で笑うと、他の場所にいた人も本能的に笑みを浮かべ、何がそんなに面白いのかと振り返る。映画館では、映画内のジョークを見て、1人か2人が笑いだし、それを周りが追いかけて波のようになることがよくある。ユーモアは、同じものを面白いと思う人たちのあいだに強い絆を生む。笑いは共通基盤の一種なのだ。

それは、リズミカルでシンクロした音や動きも同様だ。孤独である場合、ミドルサークルの友人を得るためには、たとえば男性四重唱、教会のコーラスグループ、地元のブルースやロックのバンドなど、歌うグループに参加することが最善の方法のひとつだとダンバーは言う。彼の研究では、歌うことはグループでの文章創作や手芸といった活動に比べ、はるかに充実した社会的絆をもたらすことが分かっている。グループでの歌唱による絆形成の力を、ダンバーは「アイスブレーカー効果」と呼んでいる。

息を合わせた活動をする際に求められる協力や細心の注意は、グループ活動から得られる恩恵を飛躍的に増幅させる。どんな運動でもエンドルフィンは分泌されるが、相手がいて息を合わせながら身体を動かすと、得られる効果が劇的に高まるのだとダンバーは指摘している。これは、ジョギング、自転車、ダンスなど、実質的にどんな形の運動にも当てはまる。周りの動きに合わせると、その相互作用によって自然と高揚感が増す。ダンバーが大学のボート部を対象にしておこなった調査によると、息を合わせてボートを漕ぐ動きは、ひとりで漕ぐときに比べてエンドルフィンの分泌量が100パーセント増加することが明らかになった。動きや体験、そしてエンドルフィンによる気分の高揚をともにすることは、どれもチームの絆を強化すると同時に、チームのパフォーマンスの向上にもつながっていた。

世界中のどこにでも伝統的な民謡や踊りがある理由、子供たちが学校で「忠誠の誓い」を暗唱する理由、大半の宗教で礼拝の一部に歌や詠唱がある理由、そして世界中で無数の人がスポーツに取り組んでいる理由――エンドルフィン効果は、こうした理由に説明を与える数多くの生化学現象のひとつである。こうした化学物質の反応のおかげで友人たちがひとつになり、確かな帰属意識を抱き、社会的な活動が身体的にも精神的にも「良い」ものになる。

アウターサークル――職場の仲間や知人

もちろん、これまでに見た関係よりもさらに外側でつながっていながら、なおも私たちに帰属意識を与えてくれる人々もたくさんいる。こうしたアウターサークル（外円）の人間関係とは、仕事や近隣地域、市民団体や社会組織、礼拝所、インターネットなどでときおり交流する友好的な知人のことを指す。この円の社会的ネットワークは500人やそれ以上にまで拡大することができ、共通の体験をすることで関係が得られ、共同体としてのアイデンティティを高めることに役立つ。こうした人々と目的意識や関心を分かち合っているという感覚は、「集団圏」における孤独を回避する助けになる。

こうした外側の人間関係には、親密な友人関係のようにオープンで自分の弱さをさらけ出すような特徴はない。だが、少しでも知っている間柄や歓迎を示す笑顔があるだけで、かすかだが意味ある形で「自分は知られている」と思わせてくれる。馴染みある相手だと、歓迎されているという気持ちや、そこが自分の居場所だという感覚を抱かせてくれる。時間の経過とともに友人へと発展することもある。

職場でのつながり

つながりを得る最も重要な場所のひとつが職場である。現代においては大半の人が家よりも職場で長く過ごしており、職場以外の友人よりも同僚たちとの交流のほうが多いことを考えると、自分の精神を維持するためには職場での充実したつながりが必要になる。しかしそうした場所での友情形成には、たいてい背中を押すようなきっかけが求められる。

公衆衛生局長官を務めていたとき、私たちのチームは短期間のうちに結成されたことに加え、公衆衛生上の緊急課題への対応に追われていたため、メンバーの多くは互いに知り合う機会を持てていなかった。チームには、勲章を受章した経験を持つ看護師、刑務所の収容者たちに長いあいだ歯科治療を提供してきた女性、名人級のピアニスト兼牧師、オリンピックレベルのランナー、そして家族の誰かが依存症と戦ってきた経験を持つ人たちなどがいた。みんな基本的に仲よくやっていたものの、それぞれの豊かな人生経験についてはあまり知らない状態だった。そこで、より親密になるために、私たちは「インサイド・スクープ」を設けた。つながりを強化するために作られた習慣であり、全員参加の会議でおこなわれる。

週に1回のスタッフミーティングで、指名されたメンバーのひとりが自分のことについて写真を使って5分間語る。発表する側にとっては自分の人生をより深く共有する機会であり、聞く側にとっては語り手が見せたい形でその同僚を理解する機会だった。

印象的だったのは、アメリカ海兵隊に誇りを持って仕えていたメンバーのインサイド・スクープだ。私は軍での経験について話すのだろうと思っていた。しかし彼が語ったのは、父との複雑な関係や、その父親の精神が彼の子供たちの音楽的才能に生きているという話だった。母親については自分のヒーローだと語り、困難な状況で母のことを思い出すと、迷いが力に変わるのだと言った。語りながら、彼の目は潤《うる》んで光っていた。その瞬間、私は彼に深いつながりを感じた。彼の正直な気持ちに触発され、自分の人間関係についてじっくり振り返ってみようと感じたのだった。こうした短い時間での正直な気持ちの共有は、私たちの絆を固めるのに役立った。

すぐにインサイド・スクープは、チームが一週間でいちばん待ち望む時間となった。自分の話に対する同僚たちの心からの反応を見て、これまで以上に自分が尊重されていると感じるようになったのだ。それまでは議論があっても黙っていたメンバーが声をあげるようになった。みんな職場でのストレスが減ったように見えた。そしてメンバーの大半が、同僚や会社のミッションに対するつながりをより強く感じるようになったと教えてくれた。

しかしながら多くの会社では、求められる仕事のほとんどが集団的な作業であるにもかかわらず、個人主義がはびこっている。単発の仕事ごとに人が集まるギグエコノミーは個人主義的な傾向を強化し、ますます多くの人がライドシェア・サービスの運転手や、フリーランスのコンサルタントや、単発のアシスタント業務など、ひとりでおこなう仕事に取り組むようになっている。同時に、高まる自動化への流れにより、仕事に経済的のみならず社会的な見返りをもたらしている人間関係がさらに弱体化する危機が高まっている。こうした要素は、どれも職場における疎外感や孤独感の原因となる。

ギャラップ社が2017年に発表した「米国の職場状況レポート」[9]では、「上司や職場の誰かが自分のことをひとりの人間として気にかけてくれている」という項目に対して「強くそう思う」と回答したのは、アメリカの従業員のうち10人に4人の割合にしか満たないことが明らかとなった。これはおそらく多くの職場の文化が、あからさまに、あるいは暗黙のうちに友情を、特に階層を超えた友情関係を否定していることが一因だろう。そうした傾向は職場だけでなく、職業単位でも見られる。フルタイムで働く1624人を調査し、2018年に発表された研究[10]では、法律と医学の学位を持つ人たちは他よりはるかに孤独を感じていることが分かった。

こうした状況は個人に精神的なダメージを与えるだけでなく、ビジネスにも悪影響を及ぼす。このことは、ペンシルベニア大学ウォートン経営大学院の組織行動学教授シガル・バーセイド博士が2018年におこなった、職場での孤独感についての研究で判明した。彼女が得たデータは、孤独な従業員ほど雇用主に対しても同僚に対しても、積極的に関与する気持ちが少ないことを示していた。なんらかの関係にストレスや衝突が発生すると、孤独な従業員は、その人間関係を努力して維持するに値しないものと決めつけてしまう傾向にある。[11] この態度は、組織内でこれから広がるかもしれない人間関係にも影響していく。同僚間の社会的なつながりが弱まると、コミュニケーションや協力関係に不信感が忍び込む。そうしてチーム全体、ひいては部門全体が悪影響に苦しむ可能性がある。

ギャラップ社のレポートによれば、従業員エンゲージメント（従業員の積極的関与）という点において、ポジティブな人間関係を持つことは個人の成長機会と目的意識に並んで最も重要な要素であるという。さらにギャラップのレポートは、職場の文化として従業員が尊重され、人間関係が大切にされていると、友情関係から革新的な議論が生まれ、個人だけでなくチームや組織にも利益をもたらすことを明らかにしている。つまり、従業員の社会的健康は、職場全体の健康状態と密接に関連しているのだ。

しかしながら、職場で友情関係を築くという考えには抵抗が根強い。ギャラップ社が「職場によき友人」はいるかと尋ねるアンケート[12]を作成した際、『ワシントン・ポスト』紙のあるコラムニストは、「これはなんだ？　高校か何かか？」と困惑をあらわにした。

だがギャラップは、近しい友人について尋ねたわけではなかった。この質問の狙いは、心から協力的で永続的な関係と、表面的な弱くネガティブな関係を回答者が区別する手助けをすることだった。たとえちょっと面識がある程度の関係であったとしても、研究者が重要視していたのはそのつながりの質だった。

ギャラップの調査で明らかになったのは、職場に友人がいる従業員は、人とのつながりがない従業員には見られないような形で、会社のための行動を起こそうとするということだった。たとえば有益な情報を共有したり、声をあげて建設的な意見を出したり、怖がらずにフィードバックを伝えたり、といった行動だ。しかし、それよりも重要な効果は本人自身にもたらされる。職場に友人がいると、意見の対立が発生したときでも安心感が得られ、レジリエンスを持つことができ、落ち着いていられるだけでなく、精神的にも身体的にも互いをサポートする可能性が高くなる。ギャラップの調査では、「職場によき友人」がいるという項目にチームの3分の2が「強くそう思う」と回答している場合、その数が3分の1しかいないチームに比べ、工事の現場などで事故が平均して20パーセント少なかった。[13] その理由について尋ねてみると、ある電力会社の作業員たちはひとえに友人を気遣うからだと答えた。友人のことを大切に思い、相手に注意を払っているため、ヘルメットをかぶるのを忘れるなと伝え合える。危険を知らせ、作業をしながら協力して怪我を防いでいるのだ。

またギャラップの調査では、職場に友人がいることは女性にとって特に重要であることも判明している。友人関係は女性たちの仕事の喜びやパフォーマンスを高め、仕事を辞めたり転職したりする可能性を低下させる。職場に友人がいると女性はストレスが減り、同僚たちへのつながりや信頼の感情が高まる。[14] 研究者たちは、こうした力のことを「関係性エネルギー」と呼んでいる。

関係性エネルギーとは、あらゆる社会的な交流のなかで生み出される（あるいは奪われる）感情的なエネルギーのことだ。ミシガン大学にある「ポジティブ組織学センター」の責任者を務めるウェイン・ベーカー博士によると、関係性エネルギーは連鎖反応を引き起こすことが多いという。最初の反応は感情的なもので、人とポジティブな強いつながりを築くと気分が良くなる。そして次の反応は認知的なもので、思考が明確になり、記憶力や認知能力が向上する。つまり、つながりは感情的に気分を良くし、それが目の前の仕事に対する積極的な関与を促す。そして認知能力が高まった状態で積極的に取り組むと、第3の反応を生む――それが生産性だ。

ベーカーとロブ・クロス博士は2003年に、関係性エネルギーと、それが個人のパフォーマンスに及ぼす影響について最初の研究をおこなった。[15] この研究には、組織調査におけるカギとなる問いが含まれていた、とベーカーは言う。「普段その人と接するとき、あなたのエネルギーレベルにどのような影響がありますか？[16]」。

ここでベーカーとクロスのチームが焦点を当てていたのは友人関係ではなく、「ハイクオリティ・コネクション」だった。2003年にジェーン・ダットンとエミリー・ヒーフィが作った言葉で、人の活き活きとした活動や、組織の目標達成を可能にする職場の関係性を表している。[17] つかの間のものであっても持続的なものであっても、こうした関係は温かさ、寛大さ、そして積極的な関与が特徴となっている。私たちがこのハイクオリティ・コネクションを実感するのは、こちらのウェルビーイングを心から気遣い関心を示してくれる人に出会って気分が高揚したときだ。ひどく消耗するような会議や勤務のあと、友人が心配して気遣ってくれたらどんな気分になるだろう。重要な会議に向かう前に、同僚から心からの励ましや心休まるコメントをもらったら、どれほどスッキリとした頭で力を発揮できるだろう。

非営利組織や会社を立ち上げていくなかで、私はシーガル・バーセイドが「マイクロモーメント」と呼ぶ、ささいで自然発生的な交流を通して同僚たちとの関係が強化されることを知った。相手の顔を見て調子はどうかと尋ねるだけでも、相手を気遣っているに等しい。遅くまで働いている人にコーヒーを持っていったりすることもそうだ。誰かが失敗したときに、忍耐強くいることも。ささいで短くても、こうしたやりとりが大きな力を発揮することもある。

ハイクオリティ・コネクションは活力を生み、それが気分だけでなくパフォーマンスにも影響を与える。ベーカーと彼のチームは、この点について大手ヘルスケア企業の上司と直属の部下たちを対象にして検証をおこなった。[18,19] まず、研究チームは上司と部下たちの関係性エネルギーを計測した。4週間後、一般的なエンゲージメント指標を使って各従業員の仕事に対するエネルギーを調査した。それから、その約1ヶ月後に、従業員のパフォーマンスを測定した。

結果は、上司との関係性エネルギーが高い従業員は、仕事への関与の積極性もパフォーマンスも高くなることを示していた。ウェイン・ベーカーも「ハイクオリティ・コネクションの実践は、関係性エネルギーを高めることが分かっている」と言う。

ハイクオリティ・コネクションを実践するひとつの重要なカギは「互いに助け合うこと」だとベーカーは突き止めた。そしてこれには、助けを求めることも含まれる。

「人に何かを与えるための秘訣は相手に頼みごとをすることです。それが大きなブレイクスルーになっていきました」。企業のリーダーたちに向けた研修のなかで、ベーカーはそう語っていた。

「職場での手助けの90パーセントが、助けを求められて対応したものなんです。だけど多くの人は、助けが必要なのに周りに求めようとしません」。

私もなかなか周りに助けを求めることができなかった人間として、彼が言っていることがよく分かる。助けを求めると、手がかかる奴だとか、能力がないとか、だらしないとか無知だと思われないか不安になる。自分が問題を抱えていると認めてしまうと、自分の評判に傷がつくと考えてしまう。しかし、それらはどれも間違っていることをベーカーは明らかにした。「ある研究では、気遣いを持って頼みごとをしているかぎり、周りはあなたのことを力のない人だと考えるのではなく、より有能だとみなすようになることが分かっています」。

実際には、多くの人が助けたいという気持ちを持っているのだとベーカーは言う。ただそれが直感的に理解されていないだけだ。「助けを求め、助けを受けるという両方のプロセスへ積極的に関わることやネットワークを構築することは、実際に人の感情的エネルギーを向上させ、ネガティブなエネルギーを減らすことが分かっているのです」。

積極的な助け合いが組織文化に組み込まれて実践されていくと、従業員たちはポジティブな関係を築き、職場での行動や考え方が変わっていくとベーカーは言う。「従業員たちは必要なら助けを求め、他の人を寛大な心で手助けすることの重要性を理解するようになります。そして日々のやりとりのなかでも、もっと頻繁に実践するようになるのです」。

一人ひとりと「多面的な存在」として接する会社

ハイクオリティ・コネクションは、ダットンとポジティブ組織学センターの同僚たちが「肯定的配慮」と呼ぶ、「相手から知られ愛されているという感覚、あるいは尊重され大切にされているという感覚」も生む。[20] この効果は、自分の弱さをさらけ出し合ったり、すばやく応答したりすることによって生まれる。ただ気分が良くなるだけでなく、ハイクオリティ・コネクションは人生への肯定感やエネルギーを与えるものだ。それによって生きがいも大きく増していく。

ミシガン州アナーバーにあるジンガーマンズの創業者であるアリ・ワインツワイグとポール・サギノーほど、仕事上のハイクオリティ・コネクションが持つ力と価値を全身で実感している人は少ないだろう。地元でさまざまな食料品店を展開するジンガーマンズは、ルーベンサンドイッチやサワークリームコーヒーケーキ、そして丁寧に梱包されたギフトボックスなどで有名だが、この会社が従業員にも利用客にも愛されているのは、「自分は大切にされている」「周りとつながっている」という感覚を誰もが持てるような文化を作り上げたからだ。

店内で飲食ができるジンガーマンズの系列店「ロードハウス」で私と一緒に食事をとりながら、「そういう文化を作ったのは本能的なことだった」とアリは言った。「つながりの文化を作ろうと意識していたわけじゃないんだ。こういう感じなら生きて仕事をするのにしっくりくるな、というものを作っていっただけでね。自然界の生態系は、すべてがつながっている。私たちも、コミュニティや、従業員同士や、自分とのつながりを大切にしなければうまくいかない。職場も人間本来の性質に反したものだと、関与の放棄や、うつや、孤独感といった危機を招いてしまう。その一因となるのは、人間らしい部分を大切にせず、一人ひとりの独自の貢献を尊重しないことだ」。

関与の放棄や孤独感を防ぐために、ジンガーマンズでは細心の注意が払われている。その例として、新しく入った従業員は、かならずアリとポールによるオリエンテーション・コースを受けている。これは、ふたりがチームに入ってきた従業員一人ひとりを知る機会になっている。アリとポールの考えるとおり、この会社ではすべての従業員が、仕事上の役割のみならず、それぞれ違う多面的な人間という点からも大切に扱われている。

「みんなには、入った瞬間からリーダーの気持ちでいてもらうことを伝え、組織に積極的に関わってもらうようにしている」とアリは言った。「たとえばテーブルを片付ける係の人だとしても、その人は僕よりも利用客と関わる機会が多いんだから、入ったときからリーダーなんだ」。

従業員同士はどのように知り合うのか尋ねてみた。アリによれば、互いのことについて質問を投げかけ合うよう明確に指示しているわけではないが、環境が自然にそれを促しているのだという。「互いが積極的に関わり合い、互いのことについて学び合うような文化があれば、自然と質問をし合うものなんだ」。

彼とポールが作り上げた信頼と包摂の文化を示すかのような場面があった。アリはたまたま近くにいた従業員のマーラ・ファーガソンのほうを向き、彼女に意見を求めた。ジンガーマンズでの最初の仕事はベーカリーショップの店員だったと彼女は言う。2年後、彼女は企業向けの研修などを提供するジンガーマンズの関連会社「ジングトレイン」に移り、社内イベントの担当となった。その会社で彼女は「講演連絡窓口」などを含め、組織の新しい役割をいくつか提案した。彼女は現在、その連絡窓口を務めており、「自分ひとりで、この会社に講演者を紹介する役割を担っている」という。

マーラは、ジンガーマンズの職場文化が持続し維持されているのはアリとポールのおかげだと語る。「リーダーが手本を示しているから」。マーラは、入社した際のオリエンテーションでアリが熱心に話を聞いてくれ、彼女の身の上話に心から反応してくれたことを覚えているという。その後も、アリは彼女を見かけるたびに、彼女の個人的な話――家族のこと、過去の仕事のこと、将来の希望など――について質問を投げかけていた。マーラには、自分が話したことをアリが覚えているのだと感じられた。このような形で個々のスタッフと接する雇用主は多くないが、アリとポールは実際どの従業員に対しても、こともなげにそれを実践していた。マーラは言う。「最初は、それが取り立てて印象に残ったわけでもなかった。ただ心地よく、普通のことのように感じられた」。

そうした行為が普通に感じられるのは、人のあらゆる側面に関心を持つのがアリにとって自然なことだからだ。「自然界にはひとつのことだけをするようなものは存在しない。たったひとつだけの仕事を任せるのは自然に反することなんだ」。

それに、ビジネスにとっても良いことではない。そこでジンガーマンズはさまざまな講座を用意し、従業員のスキルを高める支援をしながら、会社の社会的・感情的な文化を豊かなものにしている。講座には誰もが参加し、一緒に学ぶことができる。「より健全なケアのネットワークを築こうとしているんだ。職種を越えた包括的な人間関係が網の目のように広がる。マネジャーが皿洗いの人と会話をする。これは人間としてはすごく当たり前なのに、他の組織では起こることがない」。

会社のオペレーションも、つながりを促すものとなっている。すべての従業員は、どの部門の会議にも参加することができる。役員会も含めてだ。トラックの運転手がメニューを考える手伝いをしてもいいし、シェフがオンラインマーケティングの戦略立案に協力してもいい。アリにとって、こうした組織構造のメリットのひとつは「リーダーが常に答えを知っている」という誤った考えを正すことができるという点だ。会社をより良くしようという思いを持っていたとしても、リーダーだって間違いうる。そのことを認めたって問題ないのだ。

誰かの最高の日にも最悪の日にも積極的に関わっていくと、従業員たちはありのままの自分で職場にいられるようになる。そして仕事を手に入れるために完璧な自分を演じる必要がなくなる。アリはアマンダという若い女性を紹介してくれた。彼女はロックミュージシャンとしてツアーを回っているときに身体を壊し、コックの仕事に応募してきたのだという。「ジンガーマンズに来たときは世に敗れたような気分だった」と彼女は語る。何年間もツアーバスのなかで寝泊まりを繰り返し、女性だから演奏がうまくないと言われ、自分のある一面しか見られない業務的な人間関係を続けてきたことが彼女を苦しめていた。自分をありのままに見てくれている人はいないと感じ、孤独感を抱いていた。そんなときにジンガーマンズで採用され、歓迎された。

そこでの受け入れられ方に彼女は驚きを隠せなかった。「厨房は自分以外みんな男で年上、しかもコックとして働くのは初めてだった」と彼女は振り返る。「でも疎外感を抱いたことは一度もなかった。ジンガーマンズでは、君にはできることや達成できることがたくさんあると言われたし、たくさんのトレーニングや励ましを提供してくれた。だからここで仕事を続けてる。ただありのままの自分でいるだけで、すぐに受け入れてくれたから」。

ある日、アマンダは自分の上司が店のグラフィックデザインのひとつに対する不満を担当責任者に伝えているのを耳にした。大学でグラフィックデザインの勉強をしていたアマンダは、みずから声をあげ、自分がやってみてもいいかと申し出た。会社は彼女に機会を与え、それがきっかけで彼女はマーケティング担当に昇進した。加えて、レストランには彼女が描いた絵も飾られたほか、アリの許可を得て音楽クラブを立ち上げ、会社内の音楽好きが集まって一緒に演奏したり、地域コミュニティのために演奏したりする場所も作った。ジンガーマンズでの仕事を通じて知り合った全員と親しい友人になったわけではないが、大切なのは、そこで働くすべての人が友人に等しい存在であることだ。

見知らぬ人の優しさ

職場という小さな世界から得られた教訓の多くは、社会や日々の社会的行動全般にも応用できる。買い物をしているとき、子供を公園に連れていっているとき、あるいはただ誰かと街角で一緒に信号待ちをしているときなんかに、ハイクオリティ・コネクションや相手への奉仕を意識しているだろうか。生活上の役割以外にもたくさんの顔を備えた多面的な存在として互いに接しているだろうか。また自分自身も、コミュニティ内で自分を見てもらえていると感じ、積極的に関わっていきたいという気分になっているだろうか。ジンガーマンズのようなモデルは、知らない人に囲まれていても帰属意識を高めるのに役立つ。

ウェイン・ベーカーは従業員における関係性エネルギーの効力について検証したとき、ほんの一瞬の質の高いやりとりでさえ、従業員が情報やリソースを共有して助け合う確率を高めるという発見に驚いていた。反対に、そうした従業員同士のささいな交流がよそよそしかったり、ハードルが高いものであったり、敵対的なものであったり、軽蔑的なものであったりすると、互いにエネルギーが奪われてしまい、結果として協力関係が希薄になる。[21] 要するに関係性エネルギーは、ポジティブな方向にもネガティブな方向にも流れていくのだ。そしてハイクオリティ・コネクションによって火がついたポジティブな力は、互いのことをまったく知らない関係においても大きな影響を与える。

それはつまり、同心円状に広がる交友関係のサークルのなかに含まれるのは、自分の人生にとって大事な人だけではないことを意味する。人の社会生活には赤の他人もたくさん含まれていて、そうした人たちとのやりとりも孤独感を和らげ、よりつながりを感じることに役立つ。

この点については、また別の研究チームが2011年の夏に検証をおこなっている。シカゴ市のメトラ（通勤鉄道）が「静かに過ごす」車両を導入すると発表したころのことだ。シカゴ市による調査では、その車両の導入を回答者の84パーセントが支持していた。しかしシカゴ大学の心理学者であるニコラス・エプリー博士とジュリアナ・シュローダー博士は、回答者たちが期待するような効果が本当に得られるのか疑問を抱き、みずから研究をおこなうことにしたのだった。

ある通勤者グループは周りの通勤者と会話をするように求められた。2つ目のグループは周りと関わらないようにと伝えられた。そして最後のグループは何も指示を与えられなかった。どのグループの人たちも赤の他人と会話をしていたら通勤時間は快適でなく、生産的でもなくなるだろうと予想していたが、答えは真逆であることが明らかになった。[22]

周りと関わらず静かに過ごすグループと何も指示されなかったグループに比べ、会話をするグループのほうが通勤を楽しんでいた。さらに、外向的な人も内向的な人も、同じように知らない人との会話を楽しんでいた。

この結果は、「見知らぬ人は危険だ」と警戒するよう教えられてきた文化に反するものだ。もちろん常識は必要であり、状況によっては警戒するのも当然だが、実際には出会う人の大半は自分と同じで危険な存在ではない。私たちが避けているちょっとした交流のほとんどには豊かさが詰まっている。ほとんどすべての人は、笑顔や励ましの言葉といったシンプルなものであったとしても、親切な行為から恩恵を得る。こうした行為によって互いがリラックスし、実際に警戒レベルが低下する。

多くの人は、周りの他人は声をかけられたくないものだと誤解している。スーパーで並んでいる人に声をかけないのも、その誤解が理由のひとつだ。私たちは人に迷惑をかけたくないとか、邪魔をしたくないと自分に言い聞かせている。話しかけたら相手に変に思われるのではないかと心配している。しかし実際には、放っておいてほしいと思っている人でも、友好的な交流を歓迎するものなのだ。データでは、みずから進んで話しかけたほうが幸せを感じることも示唆されている。

内向的になりがちな私は、近ごろ喫茶店やカフェで仕事をするときに自分なりの研究をしている。頑張って微笑みながら、近くで仕事をしている人に話しかけてみるのだ。そして、水を取りに行ったりトイレに行ったりするたびに荷物をしっかりしまうのではなく、見知らぬ人に自分のバッグや書類を見ておいてくれと頼むことにしている。いまのところ裏切られて失望したことはない。

最初に実践したときは、人を信じて助けを求めることがこれほど気分のいいことなのかと感動した。これには驚いたが、助けを求めた相手の反応にはさらに驚かされた。ある若い男性は、私が戻ってきたときに「荷物を見ておいてくれと、信頼して頼んでくれてありがとう。普通の人はそんなことしないよ。でも、いい気分だった」と言った。ほとんど一瞬のやりとりだったが、そのポジティブな効果は何時間も自分のなかに残った。そのカフェがより親しみ深く感じられ、無機質な印象が減り、毎日行くのが楽しみになった。見知らぬ者同士の優しさは、こうした影響をもたらしてくれる。

これらの体験は、エプリーとシュローダーによる通勤電車の研究結果を裏付けるものだった。親切心、感謝、そして寛大さは、親しい友人の関係だけでなく、見知らぬ人との短い交流にも欠かせない。近所のバリスタに微笑みかけたり、隣人のためにエレベーターを止めて待ってあげたり、車に乗っているときに家族が道を渡るのを待ってあげたり。ほんの数秒のやりとりだが、充実したつながりの感覚を生み出してくれるうえ、人に貢献する目的や価値を思い出すことにより、わずかかもしれないが自分の価値も再確認できる。

孤独のまん延を考えると、これは見逃せない重要な点だ。多くの人は、たとえ自覚がなくとも、あらゆる場面で孤独な人と接点を持っている。孤独感を抱えていると過度な警戒状態になるため、そうした人の多くは不安や緊張を抱えている。親切心は、そういう状態の人の気分を和らげてくれる。一瞬の感謝や寛大さが、孤独感に苦しんでいる人につながりの扉を開くことだってあるかもしれない。都市部の近隣住民という社会インフラについて研究をおこなったニューヨーク大学の社会学者エリック・クリネンバーグ博士が発見したように、見知らぬ人とのつながりは生死に関わるほどの影響を持つことがある。

災害のなかで

クリネンバーグが大学院生だった1995年、シカゴを襲った記録的な熱波がもたらした悲劇は不可解なものだった。何百人という人が孤独死し、その大半はアフリカ系アメリカ人だった。一方で、熱波関連の死者のうちラテン系の人々は2パーセントにすぎなかった。市の人口の25パーセントを占め、貧困者や病人も他と比べて多かったにもかかわらず、である。

どうしてラテン系アメリカ人の多いリトルビレッジ地区の死亡率は、アフリカ系アメリカ人が多いノース・ローンデール地区よりもはるかに低かったのだろう？『熱波』[23]（未邦訳／*Heat Wave*）に記録されたクリネンバーグの研究では、これらのコミュニティの社会的・空間的背景が要因にあげられている。

「シカゴのラテン系アメリカ人は人口密度が高い地区に住む傾向にある」とクリネンバーグは教えてくれた。「街頭ではいろいろなものが売られていて、公共スペースも活気がある。熱波での死亡率が高かったアフリカ系アメリカ人地区の多くは、ここ数十年、勤め人や店舗や住民からほとんど見捨てられているような場所だった」。そうした見捨てられた地域では、住民に周りの人々と空間を分かち合っているという感覚はなく、共通の場への投資がおこなわれない。その結果、地域の住民は互いや外の世界から疎遠になっていたのだった。誰もそこに人が暮らしていることを知らず、ましてや助けを必要としていることなど知る由《よし》もなかった。

熱波という自然環境が大きく影響したとはいえ、「これらの死は神の力による天災などではなかった」とクリネンバーグは言う。何百人というシカゴの住民が、ドアや窓が閉ざされた室内で、連絡をとる友人や家族や近隣住民もおらず、公共機関やコミュニティグループからの助けも得られないまま孤独に死んでいった理由は、天候では説明がつかない。「こうした死は自然が要因ではない」。

彼の見解を聞き、私はジョン・カシオポが2016年に『ガーディアン』紙のインタビューで語った「コミュニティにおける孤独の伝染」を思い出した。「あなたと私が近所に住んでいるとしよう」。カシオポは言う。「私がなんらかの理由で孤独になっているとして（中略）突然孤独になった私は、あなたに対しても警戒し、身構え、脅威をもたらす相手として接する可能性が高く、あなたもそれを感じ取るため、さらに互いがネガティブな反応をするようになる」。そうして3年や4年が経つと、とカシオポは続ける。「隣人として私と良くない形で接してきたため、あなたは職場に行っても他の人とネガティブな形で接している可能性が高い」[24]。

この負のスパイラルによって、つながりを築く能力が集団全体で低下する。この現象を問題視する世界中のコミュニティや政府は増えてきている。それに呼応して、さまざまな都市や州や国で、共通の関心事やニーズや目的のもとに人々が集まれる共有空間を作ろうという意識的な努力がなされている。昔ながらの公園や、学校、緑地、そして実業家のアンドリュー・カーネギーが「人々の宮殿」と呼んだ図書館などが、こうした空間に該当する。たとえばコロンビアのボゴタでは、日曜日と祝日の午前7時から午後2時まで120キロほどの通りを車両通行止めにして、市民が自転車に乗ったり、ウォーキングをしたり、その他のレクリエーション活動をする空間として共有することにしている。毎週、市の人口の4分の1がこの空間を利用しているという。他の市や町では、孤独感への対抗策として「友情ベンチ」や「おしゃべりベンチ」を取り入れているところもある。イギリスのいくつかの町では、警察署が「おしゃべり歓迎（Happy to Chat）」ベンチを設けており、そのベンチには次のようなプレートが取り付けられている。「『おしゃべり歓迎』ベンチ：誰かが立ち止まって話しかけてきても構わないという方はおかけください」。こうして見知らぬ人との関わりが歓迎される場を与えることで、人々のつながりを促すことを目指している[25]。

孤独感に対抗するためには政府の役割も重要だ。人のつながりに対する政策の影響を理解して最大限に活かし、孤独感の原因についての研究資金を援助し、孤独感に対処するための公的なビジョン、戦略、提携を築いていく必要がある。しかし政府は社会の舵を取って動かしていく無二の地位にあるものの、本当の最終的な解決策となるのは、誰にでも孤独というリスクと、それを防ぐ力があることを私たち一人ひとりが認識することだ。私がハリケーン・アンドリューの直後に目の当たりにしたように、私たちは互いへの奉仕、友情、そして気遣いのもとにつながり合うことで、この力を発揮する。

そのハリケーンに襲われた1992年8月の朝、時速320キロ以上の突風と激しい雨がマイアミに吹き荒れ、私はリビングで家族と身を寄せ合っていた。補強のため窓に打ち付けた板の小さな隙間から、瓦礫《がれき》がビュンビュン飛び交い、ヤシの木がお辞儀をするようにしなっているのが見えた。風がやんで外に出ると、そこはまるで戦場のようだった。電信柱は爪楊枝のように折れていた。屋根は剥がれたり飛ばされたりしてボロボロになり、海から1・5キロ以上離れているにもかかわらず、魚が木の上にまで飛ばされ、地面にはカニが散乱していた。南フロリダに住む数えきれない人々と同じように、私たち一家も電気、水道、電話が使えないまま数週間を過ごしたが、幸運にも家は壊れずに残っていた。ハリケーン・アンドリューは、フロリダ州の16万人以上の家を奪っていた。その光景を目の当たりにし、暗く寂しい思いがした。

しかしながら、この悲劇のただなかで素晴らしいことが起きた。被害を受けた人々が、瞬《また》く間《た》につながり合っていったのだ。何年も隣に住んでいたのにほとんど会話もなかったような隣人同士が、互いの家の片付けを手伝いはじめた。私の近所の人は、わが家の倒れた大木を移動させるためにバックホーと呼ばれる重機の手配を手伝ってくれた。そして家が無事だった人たちは、車で1時間近くかけてブロワード郡から食料や水を届けてくれた。このようにして、ハリケーン・

アンドリューは南フロリダに強いつながりの感覚を生み出した。それまではバラバラだった地域にコミュニティが形成され、奉仕の心が結合剤となり、友情が咲き誇り、孤独感が低下したのだった。

ハリケーン・アンドリューは、つながりを形成するきっかけとなった。機会さえ与えられれば、誰でも自然とそうしたつながりを形成していく。家族も、友人も、見知らぬ人も、互いに交流して充実した時間を過ごした。互いの名前を覚え、それぞれの人生の物語を語り合った。助けやサポートを提供し、求め合った。喪失のつらさや、回復による安堵《あんど》感を共有した。勇気を出して交流しようとし、相手がそうしてくれたように、自分も心からの優しさを見知らぬ人に差し伸べた。全員が親しい友人になったわけではなかったが、同じ関心や奉仕の心や時間を共有したことで、充実したつながりが生まれた。人間の心のレジリエンスに対してだけでなく、自分自身に対しても勇気と自信を得た。ともにいることで、より強くなった。

しかし、見知らぬ人同士が出会い助け合うようになるために悲劇を必要とするようであってはならない。危機がない状態であっても、私たちは近隣地域やコミュニティの一員として、互いに気遣い奉仕し合う精神を持ちつづける方法を学ばなければならない。近隣に起きたドラマがおさまると、それぞれの関心事に戻っていってしまう傾向に抗《あらが》わなければならない。コミュニティは、社会全体が不安なときだけでなく、人知れず個人的な助けが必要な場合にも重要なリソースとなりうる。そしてまた、コミュニティは私たちの人生の質や人間としての経験を豊かにしてくれるものでもある。

A Family of Families

第8章　ひとつの大家族

平和とは、人生における美です（中略）それは子供の笑顔であり、母の愛であり、父の喜びであり、家族のつながりです。

――メナヘム・ベギン、ノーベル賞受賞演説

どうか忘れないでいてほしい。きみは自分が信じている以上に勇敢で、自分が思っている以上に強く、自分が考えている以上に賢い。でも何より大切なのは、たとえ離ればなれになっても、僕はいつもきみのそばにいるということ。

――『Pooh's Grand Adventure』クリストファー・ロビン

現在のコミュニティや国のなかでつながりを強化するべく懸命に取り組むとしても、その先の未来は私たちの子供世代にかかっている。そして、よりつながりと思いやりのある世界を築く方

法を子供世代に伝えていけるかどうかは、私たち全員にかかっている。

小さな子供と時間を過ごしていると、彼らにとって人との触れ合いがいかに重要かが分かる。世話をしてくれる大人に身体的に依存しているだけでなく、赤ん坊や幼児は両親や兄弟姉妹や身内や友人との感情的なつながりを通して成長していく。小さな子供は抱っこをせがみ、膝の上に座って本を読みたがり、起きたばかりの良いことや悪いことを伝えてこようとする。幼児期から思春期にかけて、子供たちはたくさんの社会的ハードルに直面する。そうしたハードルは、厄介《やっかい》だが実りあるもので、痛みをともなうけれども有益だ。そしてどのステップにおいても、助けの手や心からの導きが必要になる。ただ大人であるだけでは、子供たちに対する答えを持っている保証にはならない。

現代の子供たちの生活は劇的な変化に見舞われている。いまの若い世代は、名声や富や地位を優先して親切心や誠実さや人格を犠牲にする文化から、たくさんのメッセージを浴びせられながら育っている。SNS時代の子供たちは「友達」や「いいね！」の数を重視している一方で、思春期や初期成人期は現代において最も孤独率が高い層のひとつとなっている。

学校での社会的孤立

こうした非生産的で、ときに有害ですらあるメッセージの代償を嫌というほど痛感している母親がいる。思春期の社会的孤立をなくそうと尽力する組織「ビヨンド・ディファレンシーズ（Beyond

Differences)」のエグゼクティブ・ディレクターを務めるローラ・タルムスだ。ローラと夫のエース・スミスは、2009年にわずか15歳で亡くなった娘のリリーを偲《しの》んでビヨンド・ディファレンシーズを設立した。

リリーの物語は、悲劇的だが励みにもなる。リリーはあまりに並外れた精神の持ち主だった。リリーはアペール症候群という珍しい遺伝子疾患を抱えて生まれたものの、生まれながらに幸せそうに見えた。ローラは、悲劇と喜びの両方を振り返ることで、リリーの幼少期の人生の幅広さを教えてくれた。

出産の日、リリーの頭の形がおかしいことに気づいた分娩室の病院スタッフたちが顔を伏せたことを覚えているとローラは言う。それから一家は、アペール症候群が頭蓋骨の早期癒合を引き起こす病気であることを知る。リリーの幼少期は手術ばかりだった。「頭蓋顔面手術を受けるたびに彼女は発作を起こしていた」とローラは振り返る。

一方で「リリーは想像しうるかぎり誰より幸せな子供だった。モンテッソーリ教育を4歳まで受けたあと、公立の幼稚園に入ってすごくよくやってた。周りの子たちも身体上の大きな違いなど存在しないかのように振る舞っていた」。

幼少期のリリーは、小さな子供たちが持つ自然な思いやりを体現したような存在だった。私の経験から言っても、この年代の小さな子たちは自分が優しく扱われると、たいていそれを自身の振る舞いにも反映させる。何かを取り合って揉めることはあっても、不当な扱いを受けないかぎり、相手を批判的に見ることはない。リリーも友達に優しさを持って接し、それに応えるように彼女も愛された。

しかし、それが変わりはじめたのが中学生に近づいたころだった。突然、関係内の地位や、見た目の重要性が増していったのだ。リリーのクラスメートは彼女を避けるようになった。何をしても、リリーには周りの輪に入る方法が分からなかった。だが自分は孤独なのだということは分かり、ストレスが蓄積していった。やがて成績も落ちはじめ、勉強についていくのにも支障が出るようになった。

「学校にいるリリーから電話がかかってくるようになった。トイレに隠れてかけてくるの」とローラは語る。「ランチを食べているとき、クラスの女の子たちが自分に背を向けるのだと言っていた。放課後や週末に彼女が参加できる活動を用意したけど、学校の友人たちから受け入れてもらえないことが本当に彼女を傷つけていた」。

ローラはリリーが直接的にからかわれたり、いじめられたりしたわけではない点を強調した。リリーが耐えていた社会的孤立というのは、もっと一般的かつ見えにくいものだった。ほとんどすべての子供が学校時代になんらかの疎外感を経験するものだということはローラも分かっていた。しかしリリーの場合、その苦痛は耐えがたいものになっていった。「中学1年になるころにはずいぶんひどい状態になっていたから、リリーはホームスクーリング（自宅学習）にしたいとせがんできた。そのときの彼女に何が必要かは、私たちよりも本人のほうがよく分かっているのではないかと感じた。だからできるかぎりのお金を捻出して、中学1年と2年のあいだ家庭教師を雇った」。

両親が雇った2人の家庭教師の助けもあり、リリーは自信と精神の均衡を取り戻した。さまざまな奉仕活動へ積極的に参加するようになり、小児頭蓋顔面協会を通じてアペール症候群のような症状を持つ子供たちとのつながりも持った。そしてそうしたつながりが、リリーの人生に大きな影響を与えた。2008年、彼女は協会に自分の体験を振り返った文章を寄せた。

地元の中学校で過ごした期間は、記憶のなかでも最もつらく最悪なものでした。同級生たちはありのままの私を受け入れてくれず、先生たちも私に学ぶ力があると信じていなかった。いまホームスクリーングでやっているような活動が私にできるなんて、自分でも想像すらしていなかった。いまの自分は同級生と同等だと感じてる。あなたにはできない、などと誰にも言わせてはいけません——自分自身にも!

「彼女には何か予感があって、人生を精いっぱい生きろという声が聞こえていたんだと思う」とローラは振り返る。

リリーは全寮制の高校に行くことを希望し、たくさん考え話し合った結果、ローラとエースも同意した。2009年、両親はアイオワ州に飛び、入学したリリーの準備を整え、その秋のペアレンツウィークエンド（親が学校を見学する週末）に戻ってくるためにチケットを購入して帰った。

しかしその週末が来る前に、どんな親であっても受けたくない電話がかかってきた。リリーが眠ったまま息を引き取ったというのだ。持病の発作が原因である可能性が高かった。

この喪失は、ローラ、エース、そしてリリーの兄にとって耐えがたいものだった。「1年間、息もできなかった。どうやって乗り切ったのかも分からない。2年目は、歩道が平らには感じられなかった。片方に傾いているかのようだった」とローラは振り返る。彼女はなんとか職場に復帰し、仕事に没頭した。しかしふと駐車場で、こらえきれず泣き崩れるときもあった。

孤独を減らす学校を作る

ローラが生き抜いていくための種は、リリーの追悼式のときに蒔《ま》かれた。ローラは娘の中学時代の体験を語り、友人を失って孤立し学校を離れたことを伝えた。するとその晩、会に参加していた母親のひとりが自分の息子にこう言った。「マット、あなたはリリーと友達だったの?」。マットは答えた。「もちろん。みんなリリーと友達だったよ」。

マットの母親が息子の言葉をローラに伝えると、社会的孤立のいたたまれない真実が判明した。「たしかにマットは、決して娘に意地悪なわけではなかった」とローラは私に言った。しかしほとんど誰も、みんなで映画を観にいくときにリリーを誘うことはなかった。そしてリリーが孤独で傷ついているとき、そのことに誰も気づかなかった。あるいは気づいても、手を差し伸べようとしなかった。

そういう思いが、悲しみに暮れていた最初の数ヶ月のあいだ、ローラの頭に浮かんできては振り払っていた。「誰も意地悪をしているとは思っていなかった。ただ娘を輪の外に置いて、背を向けているだけだった」。

ローラはマットや他の元クラスメート数人、そしてリリーが幼いころに家族ぐるみで付き合っていた友人たちと会うことに決めた。そこでリリーが感じていた孤独についてや、彼女が疎外感を抱いていた理由について語った。彼らがリリーのストーリーを中学時代の他の同級生たちにも伝えることに決めると、中学の校長が集会の手配をした。

「すごく怖かった」とローラは振り返る。「講堂は満員だった。それぞれが話をして、リリーのビデオを観せた。そして集まってくれた人たちに、リリーと同じように感じたことがあるかどうか尋ねた。すると手があがった。そしてみんな自分のストーリーを語りたがった」。

ケンドラ・ルーは、その日の講堂にいた生徒のひとりだった。自信にあふれ、外向的で、おおらかな性格のケンドラは、孤独とはかけ離れた存在だった。しかしローラの話を聞いているうちに、彼女は疎外感を抱いている人たちの悲しみに胸をつかれた。「そんなふうに感じている人がいるなんて知らなかった」。ケンドラは当時のことを振り返り、私に話してくれた。「一緒に座る人がいないからトイレでお昼を食べている人がいるなんて知らなかった。私はショックを受けた。自分はそういう人たちがもっと楽に過ごせるような行動を何もとっていなかった」。

その集まりでは、何人かの生徒が孤独にまつわる経験を語った。他者を孤立させる一端を（意図せず）担ってしまっていたと認める生徒もいた。それから参加者たちは小さなグループに分かれ、よりつながりを増やし、孤独を減らす学校を作るためにできるステップを話し合った。みんなが少しずつ責任を持って、周りの人たちが孤独にならないように気を配れば大きな効果がある。その年度のあいだ、この小グループは毎週集まって、学校での孤独に対処しつづけた。

「こうした小グループは、みんなが参加できるシンプルな取り組みを考えてくれた」とケンドラは振り返る。「たとえば週に1回、ひとりで座っている子のところに歩み寄ってみるとかね。もしくは単に、廊下ですれ違った人に微笑みかけるとか。そういう小さなことが大きな意味を持つ」。

それがビヨンド・ディファレンシーズの始まりだった。ローラとエースが、若者の社会的孤立や孤独に対する認知度を高めることを目的に立ち上げた非営利団体だ。はじめは、いじめ問題を中心に活動していくものだと思われており、いじめ対策のプログラムや取り組みは他に数多く存在しているため、周りは設立を思いとどまらせようとしていた。しかしローラは、ビヨンド・ディファレンシーズのミッションがそれとは違う――そして同じくらい重要な――ものであることを理解していた。

ローラは言う。「子供たちに『社会的孤立がどのようなもので、どのように感じるか教えてください』と言うと、『ありのままの自分が受け入れられない感覚、周りから見えない存在だという感覚、疎外されているような感覚』と答えが返ってくる」。そうした経験は静かではあるが致命的なものになりうるとローラは気づいた。「実に多くの自傷行為や暴力が、子供のころの孤独感や孤立感に起因している。それに大人の場合も実に多くが、そうした思春期のトラウマに影響されている」。

誰が手本となるのか

しかしビヨンド・ディファレンシーズのメッセージや、その必要性を理解してもらうには、大人が最も難しい相手であったりもする。「親は、自分たちが思っているほど包摂的な行動の見本にはなっていないと思う」とローラは語った。

研究もそれを実証している。ある調査では、親の96パーセントが強い道徳性を育むことは非常に重要だと考えているうえ、ほとんどが正直で、愛情深く、信頼できる人になることに大きな価値を置いていた。[1] それにもかかわらず、ハーバード教育大学院がアメリカの中高生1万人におこなった調査によれば、「60パーセントの生徒が、他者への思いやりよりも目標の達成を上位に位置づけていた」。さらに「3分の2近くが、親や周りも他者への思いやりよりも目標の達成を上位に位置づけるだろうと回答した」という。教師、学校管理職、そして学校関係者の大多数は、親が子供の達成を最優先事項にしていると認めている。

「どうすれば大人が口で言っていることと、実際に優先しているように見えることの溝を埋めることができるだろう？」と、この調査をおこなった研究者たちは2014年に発表したレポート「The Children We Mean to Raise（私たちが育てようとしている子供たち）」のなかで問いかけている。「大きな課題は、親や教師に思いやりが大切だと説得することではない――その大切さはすでに分かっているようだ。難しいのは、大人が『行動と発言を一致させること』、つまり子供たちの瞬間瞬間の幸せや達成と対立することがあったとしても、子供たちの日々の思いやりや公正さを後押しし、動機を与え、期待することである」[2]。

ローラはこの課題を理解していた。ビヨンド・ディファレンシーズでは、家庭で子供たちと友情や思いやりについて話し、孤立して座っているクラスメートを昼食や休み時間に誘ったり、異なるバックグラウンドや宗教を持つ子供たちと知り合ったり、物静かな子供たちと友達になったり、ネット上で互いに親切にしたりすることを促すよう親に働きかけている。

しかしローラが目指していたのは、親としてのロールモデルを示すことだけではなかった。彼女は子供たちがみずからロールモデルとなり、思いやりを示していく手助けをしたいと考えていた。「人は中学校のことを、耐えて乗り切らなければならないものだと考えている。でもそうじゃないと思う。私たちは自信を持ち、安定した、被害者意識を持たない新しい世代の若者を育てることに全力を注いでる。この取り組みは思いやりを育むことにとどまらない。互いを受け入れ、互いに励まし合うことを目指している」。

現在、ビヨンド・ディファレンシーズは全米６０００以上の学校で活動し、子供たちが社会的な分断を乗り越えるためのさまざまなプログラムを提供している。その目的は、小さな派閥への分裂や社会的な排除が普通になっている中学校の文化を変えることだ。「新しい世代の子供たちが、包摂されていると感じられるように努力してる」とローラは言う。

中学生の子供たちは、同世代からのメッセージに耳を貸す可能性が最も高い、とローラは強調している。そのためビヨンド・ディファレンシーズは１２０人の高校生からなる10代の役員たちの力に託している。役員たちはトレーニングを受けてから中学校へ出向き、生徒たちと――同世代同士で――社会的孤立がどのようなもので、どうすればなくしていけるかを語り合う。

そうして生徒たちは互いの接し方に責任を持ち、社会的孤立による身体的、感情的、精神的な影響を理解していく。拒絶される痛みは誰もが知っているため、ビヨンド・ディファレンシーズは「生徒たちがつながり合えばそうした痛みを防ぐことができる」と中学生が理解できるように手助けをしている。

ケンドラ・ルーは、10代の役員としてビヨンド・ディファレンシーズに参加し、さまざまな教訓を吸収した。たとえば、トレーニングを通じてボディランゲージがどれほど会話に影響を与えるかを知った。身体を少し相手に向けるだけでも、関心を向けているのだと感じさせるのに役立つ。相手が話しているときにアイコンタクトを保ち、相手の発言に対して短いコメントをして話を聞いていることを伝え、かならず会話に参加している全員のことを受け入れる――若い進行役として、彼女はこうした数多くのスキルを磨いていった。

私と話をするころ、ケンドラは高校を卒業して大学に進んでいたが、ビヨンド・ディファレンシーズで得た教訓は彼女のなかに生きつづけていた。「他者とつながる方法を学ぶのは、自分をたくさん見つめ直す機会にもなる。ここで学んだことはすべて、この大学で友人を見つけるのに役立った。それに、これからの人生でずっと使えるスキルでもある。いまの私は誰とでも話ができる人として知られている。自分が話をしやすい相手であることを伝える方法も学んだから」。

このエピソードで特に印象に残ったのは、ローラが会を開いたとき、孤独感を抱いた経験がなかったケンドラがローラの呼びかけに応じた点だった。ケンドラによると、この組織の活動を支えている人たちはあらゆるバックグラウンドを持っており、孤独感を抱いたことがない人もいれば、ずっと孤独感を抱えている人もいた。よりつながりのあるコミュニティを学校内に築くために、あらゆる人が一緒になって力を合わせた。そしてその全員が、自分たちの生活のなかにより強いつながりを築くために、もっとできることがあると気づいたのだった。

成績に影響する苦痛の調査結果

良い悪いは別にして、社会から受け入れられるかどうかが重要だというのは動かしがたい事実だ。私たちは誰もが受け入れられたいと思っている。誰もが支えてくれる友人関係に属したいと思っている。それは子供たちも同じだが、学校、スポーツ、成績、家事、家族からの期待といった他の大事な物事に紛れて、健全な社会的関係の重要性は見失われてしまいがちだ。親として、子供の社会教育は学業と同じくらい重要であり、その2つは深く結びついていることを忘れてはならない。

2002年、心理学者のロイ・バウマイスター博士とジーン・トウェンギ博士は、3つの小規模だが刺激的な研究[3]の結果を発表した。社会的帰属意識と学業成績の関係を調査したものだ。[4]被験者の大学生たちはランダムに3つのグループに分けられたが、将来を予測できるという事前の（偽の）性格テストによって振り分けられたと伝えられている。「将来的な孤独」のグループに振り分けられた人々は、人生を孤独な最後で終える可能性が高いという性格テストの結果が出たと告げられた。2つ目の「将来的な所属」グループは、生涯にわたって人のネットワークに支えられ、長く安定した結婚生活や継続的な友情関係が得られる可能性が高いと告げられた。3つ目のグループは、性格テストの結果、この先の人生でたくさん事故に遭《あ》い、何度も骨折したり緊急治療室に運ばれたりすることが予想されると告げられたものの、社会生活については何も言及されなかった。この「不幸な」グループは、肉体的な痛みが予測された場合の影響と、社会的孤立が予測された場合の影響を区別するために設けられた比較対照用のコントロールグループだった。こうして予測された運命を伝えられた直後に、どのグループの学生も知能テスト、読解テスト、記憶テストを受けた。

この調査の結果が注目に値するものであった理由はいくつかある。友人のいない人生が予測されたグループは、男女ともに知能テストでも複雑な学問的テストでも結果が悪かった。「将来的な孤独」のグループが回答を試みた設問の数は、他の2つのグループのどちらと比べても圧倒的に少なく、正解した問題でも解くのに長い時間がかかっていた。シンプルな読解や記憶テストのパフォーマンスに影響はなかったものの、研究者たちは「複雑な文章を思い出すような難しい問題（中略）そして論理・推論のテストにおいて（中略）知能テストのパフォーマンスに有意かつ大きな悪化が認められた」と語る。

この他に目が離せない発見は、肉体的な痛みを予測されてもテストのスコアにはなんら影響がなかったという点だ。「不幸な」コントロールグループは、「将来的な所属」グループと同様に安定して高いスコアを獲得していた。社会的孤立に直面したときだけ、知的推論や論理性が揺らいでしまうほどの機能不全が引き起こされているのだった。さらに、「将来的な孤独」のグループ内で、孤独になるという予測を聞いても元気で自信に満ちているように見えた学生であっても、パフォーマンスの低下は生じていた。

これらの研究が示唆しているのは、社会的排除によるマイナスの影響は、親や教育者たちが考えてきたよりはるかにタチの悪いものだということだ。学生たちは疎外感を抱くと、その社会的な問題のことで頭がいっぱいになり、脳のエネルギーが学習に向けられなくなってしまう。研究者たちは、社会的苦痛（将来的な孤立の脅威にともなう不安や恥など）を隠そうと努力することも、知的プロセスに必要な精神機能を低下させる一因ではないかと推測している。将来的な孤立に対する反応を測定したテストを踏まえると、リリー・スミスのような子供が実際に社会的排除を体験した場合の影響は、考えるのも恐ろしいほどである。リリーが、社会的に疎外されるまではなんの問題もなく学業についていけていたのも、こうした理由からかもしれない。

大人はどう接するか

『ピア・パワー』[5]（九州大学出版会）を執筆する前に、社会学者のパトリシア・アドラーとピーター・アドラー夫妻は、前青年期に位置する9歳から12歳のアメリカの子供たちの生活を、近隣12の学校で8年にわたり熱心に調査観察した。この研究では、普段大人の目の届かないところで展開される複雑で絶えず変化する仲間文化がひも解かれている。友人関係や仲間は形成と消滅を繰り返す。各グループのリーダーたちは、さまざまなテクニックを使って権力や人気を維持しようとする。子供たちは、ある日受け入れられたと思ったら、次の日には拒絶されたりする。それは多くの場合ほとんどなんの合図もなく始まるが、理由も分からず突然拒絶された子供は大きな不安に襲われる。いちばんの人気者から最下位まで序列が生まれ、それが子供たちの自己認識や、人との接し方に影響を与える。

この時期の子供たちに悪影響を与える行動には、たとえば人を傷つけるような噂や侮辱《ぶじょく》、友人関係を切るという脅し、遊びや会話からの排除、公の場での対立などがある。こうした言葉や攻撃は正当な根拠なくおこなわれることが多く、標的となった人物にとっては突然のことに感じられるだろう。こうした争いに混乱させられるうち、友情は自分の状況を揺るがすものと感じるようになっていき、真のつながりが損なわれ、孤独感が増す。

他の研究[6]では、子供たちの生活における人気度の重要性は年齢によって変動することが明らかになっている。低学年時にはそれぞれの友人関係のほうがはるかに重視されているが、小学5年ごろから、人気度、つまり社会的地位のほうが重要になっていく。通常、人気の力は12歳から15歳の中学時代に上昇していき、高校の終わりごろには横ばい状態になる。

もちろんその期間中に、子供たちは思春期を迎え、（実るかどうかに関係なく）初めて恋愛意欲を持ち、自立心が芽生えていく。そうしたたくさんの変化が一気に押し寄せるため、多くの子供が自分とは何者で、どこに属しているのかを理解するのに苦労するのも無理はない。

問題は、大人がそれをどう支えられるかだ。

私たちは孤独にともなうリスクの大きさを知っている。大人と同じように、若者が社会的な孤立を感じると、うつや不安や睡眠不足に陥《おちい》るリスクが増す。[7] そしていずれの場合にしても、子供たちの健康や学業成績に深刻な影響を与える。しかしさいわいにも、大人からのサポートとポジティブなロールモデルがあれば、状況は劇的に改善する。

２００７年、11歳から17歳までの４万２０００人以上におこなった調査[8]によると、密な関係の家族や協力的な親を持つ子供は、積極的に関わらない親や攻撃的な親を持つ子供に比べて、自分は社交が得意だと感じ、自尊心が高く、学業面での問題が少ない傾向にあるという。この調査をおこなった研究者たちは『*Pediatrics*』誌に記している。「家庭での日常生活、たとえば会話をしたり、一緒に食事をしたり、思春期の子供たちの友達について知るといった『ありふれた』面が重要であるようだ」。

そして、近隣住民との関係も大切だ。互いの子供たちのことを気にかけて、信頼し合いながらサポートする地域では、教師や近隣住民に見せる敬意、周りの子供たちとの円滑な関係、他者の気持ちを理解し対立を解決しようとする姿勢など、思春期の子供たちの社会的能力が高い。教師、青少年指導者、親族にまで広がる社会的な村は、子供たちを育てるのに実際に役立つのである。

子供がいじめられたり社会的に孤立したりしている親の相談を受けることも多いというガイ・ウィンチによれば、すべての大人にとっての最初のステップは、子供の悩みを尊重し、その重要性を認めることだという。

子供たちを安心させようとして大人が最も言いがちなのは「周りがどう思うかは関係ない」という言葉だとガイは言う。

しかし、それに対する彼の反応はこうだ。

「それじゃダメなんだ！　子供が傷つかないようにと願っているのかもしれないが、実際には傷ついてる」

ナオミ・アイゼンバーガーらによる前述のサイバーボールというゲームを使った研究を引き合いに出しながら、ガイは他者からの拒絶を経験した人の大半が怒りや悲しみといった苦痛を感じると語った。拒絶してくる相手がヘイトグループのメンバーだと分かっても関係ない。また、そうした拒絶が嘘であることが分かったとしても違いはない。つまり、拒絶が本気ではない架空のものだと分かっていても、同じように心は痛むのだ。

ガイは言う。「人間は生まれつき拒絶されることを苦痛に感じるようになっているため、拒絶してきた人が軽蔑すべき相手だと分かっても、本当は拒絶なんてされてなかったと分かっても、心に刺さったトゲは抜けない。だから子供たちは拒絶されると傷つくし、そんなことは気にせず傷つくなと言うのは、実は間違ったことなんだ」。

こうした声かけは善意のものだが、孤独な子供の状態をさらに悪化させる可能性があるとガイは言う。「なぜなら子供たちは、『傷つくなと言われたけど自分は傷ついてる。これはいったいどういうことだろう』と考えるからだ」。彼によれば、そうした子供たちに必要なのは、別のグループの友人たちや、クラブおよび地域のグループ、あるいは家族のなかで好きな人など、自分のことを大切にして受け入れてくれる人の存在を思い出させることだ。

「そういう友人を午後から1日招いて、小さな機械いじりや配線いじりなど、好きなことをさせる。そうすると『そうだ、自分にはグループがある。属する場所があるんだ』と思い出してくれる」

また、あなた自身も子供のことを気にかけていると伝えることを忘れてはいけない。「耳を傾け、そばに寄り添いながら、愛されていることを思い出させていかねばならない」。

デジタル時代の子供たち

テクノロジーの影響は、現代の子育てを特に難しくしている。ティーンエイジャーは、動画観賞やソーシャルメディアの利用など、スクリーンを使ったメディアエンターテインメントに1日平均6時間半以上を費やしているという。[9] ここには8時間の睡眠時間と6～8時間の学校の時間は含まれておらず、つまり気が散らず、スクリーンから離れ、顔と顔を合わせて会話する時間はほとんど、あるいはまったくないということになる。これは何かを変えねばならないはずだ。しかし、何を変えればいいかを知るのは簡単ではなく、どうやって変えるかを考えるのはさらに難しい。だが、子供のころや初期成人期は社会的なスキルや社会性の基礎を築く時期であることを考えると、この問題は特に大きなリスクをはらんでいると感じる。

子供たちのテクノロジーの利用にどうアプローチするべきか考えるための参考として、非営利団体「チャイルド・マインド・インスティチュート」の国家プログラムおよびアウトリーチ部門でシニア・ディレクターを務めるデビッド・アンダーソン博士に話を聞いた。アンダーソンはキャリアを通して子供に関わってきた人物で、サマーキャンプを開いたり、里親や養子縁組の子供たちのカウンセリングをおこなったりしている。彼は学校の健康管理医をトレーニングし、学校を拠点にしたサービスや、各家庭に向けた設備や資源を数多く整備してきた。それも、すべて国家規模での取り組みだ。チャイルド・マインドでは、さまざまな精神上の問題と格闘する子供や家族への支援体制の向上に取り組んでいる。

インターネットやビデオゲームは子供の社会性の発達に対する明白かつ差し迫った危機だと警告する専門家もいるが、アンダーソンの見解はもう少し慎重なものである。彼によれば、すべての子供たちがソーシャルメディアやテクノロジーによって有害な影響を受けると考えるのは間違っているという。ソーシャルメディアによって実際にはつながりの機会が増えていて、所属できるコミュニティを見つけるのに役立っていると語る子供は多い。しかし他方で、テクノロジーは発達上の目安に達することに困難を抱えている子供たちだけでなく、行動や精神における問題を抱えるリスクが高い子供たちにとって有害なものになる可能性があるとアンダーソンは考えている。

つまり、すべてのデジタルスクリーンがすべての子供に同じような影響を与えるわけではないのだ。必要としているものや、ソーシャルメディアの有害性からの影響の受けやすさは子供によって違うため、親はそうした違いを考慮しながらデジタル機器の使用に制限を設ける必要がある。

たいていの子供たちは、スマートフォンやパソコンをストレス解消、リラックス、娯楽、社会的なつながりの手段として利用しているとアンダーソンは言う。一部の子供たちにとっては、おしゃべりをしたり、会う約束をしたり、宿題を聞いたりする手段として、電話ではなくメールが使われるようになっただけだ。さらに、テクノロジーは現代の生活にすっかり組み込まれているため、子供たちは仲間と親しくやりとりするにあたって、実際問題としてある程度デジタル文化に馴染んでおく必要がある。デジタル文化が彼らの共通基盤になっているからだ。

しかし子供たちはテクノロジーの取扱説明書を持っておらず、テクノロジーを通して親や教師の目の届かないところで広い世界にさらされてしまう。「子供たちはオンラインで出会う物事に対処できない可能性がある」とアンダーソンは語った。だからこそ親はテクノロジーの使用に関して適切な限度を設けなければならない。「子供たちがオンラインで何をしているかと、どれくらい時間を費やしているかの両方に注意しなければならない。しかも、ひとつの対策が全員に当てはまるような問題でもないんだ」。

私は、シュビルスキとワインスタインの「ゴルディロックス仮説」を思い出した。デジタルスクリーンを長い時間（平日に1日2時間以上）眺めている思春期の子供たちは、通常範囲で使用している子供に比べて幸福度が低いが、デジタルスクリーンの利用が最小限あるいはゼロの子供たちもまた、通常範囲で使用している子供に比べて幸福度が低いことが報告された。アンダーソンは言う。「難しいのは、10代の子たちが本当はそうしたデバイスから離れたいと思っている場合もあるのに、友達とのコミュニケーション手段がそれらのプラットフォームに限られているため、使用から逃れられないと感じてしまうことだ」。

親子でともにテクノロジーと向き合う

カギとなるのは、デバイスに縛られすぎることなくオンラインでもオフラインでも友達とつながれるよう、子供たちが使用の適正範囲を見つけだす手助けをすることだ。そのためには、まず親が自分のデバイスの使い方で見本を示すことから始まる。

小さな子供は特に親からの関心、すなわちアイコンタクト、会話、感情的な関わりなどを欲している。私は、社会的関係の構築を支えるスキルがいかに複雑なものであるかについてロビン・ダンバーが強調していたことを思い出した。子供たちがそれらのスキルを十分に伸ばすためには、たくさんの人との触れ合いや直接的な交流が欠かせない。こうした関わりは、表情、ジェスチャー、気分、自分や他者の感情の読み取り方や、共感の築き方、感情的知性の磨き方を教えてくれる。

親とのやりとりも、子供たちが振る舞い方や他者とうまく付き合う方法、そしてギブアンドテイクのあり方を学ぶのに役立つ。分けたケーキに真っ先に飛びついてはいけないとか、腹が立ったからといって相手の頭を叩いてはならないといったことが学ばれていく。親が子供と関わることなく携帯ばかりに時間を使っていると、こうした学習を省いてしまうことになる。やがてそういう子供たちが成長したら、どうなるだろう？　親と同じように、友達を無視してデバイスを使ってばかりになるはずだ。それはまさに孤独のもとである。

うつや不安などの精神疾患がある子供にとっては、「ソーシャルメディアもまた、それらの症状を悪化させたり、子どもたちをオンラインの世界にひきこもらせたりする可能性がある」とアンダーソンは言う。たとえば摂食障害ともいえるような行動を積極的に勧めるオンラインコミュニティは、子供たちの病気をより悪化させ、健全な人間関係に進んで関わったり自分自身を大切にしたりする能力を低下させる。

一方で、テクノロジーはLGBTQ＋の若者など、社会の隅に追いやられた子供たちに仲間とのつながりを感じさせ、孤独感や不安、そしてうつを軽減させることができる。学校のコミュニティに自分と同じような人がいない場合、オンラインのコミュニティで気の合う仲間を見つけると心が救われるほど安心できる、とアンダーソンは指摘する。

しかし、どの親も自分の子供とバーチャル世界の関係には目を光らせておかねばならない。アンダーソンは、子供がオンライン上の「いいね！」の数を自分の価値だと混同しはじめたり、特に人間関係がバーチャルなつながりに置き換わったりすると、問題が生じるという。

アンダーソンによれば、ポイントは定期的に「発達項目のチェック」をし、子供が心身の健康に必要な社会的栄養を十分に摂取できているか確認することだ。栄養が不足しているなら、スクリーンを使ったテクノロジーの使用を見直すことが望まれる。「チェック項目」は次のようなものだ。

1．質の高い、年齢に応じた対面での友人関係

小さい子供は、学校の外で1人か2人の友達と遊んでいるだろうか？　成長して

中学生になると、放課後や週末にグループで遊びにいっているだろうか？ 10代のあいだ、かなり親しい友人が1人か2人いるだろうか？

2. 課外活動

何か強い個人的な関心を持っているだろうか？ スポーツや楽器に出会っているだろうか？ 芸術、自然、奉仕、文化、あるいは精神的つながりなどに基づく学校のクラブやユースグループに入っているだろうか？

3. 家族の時間

家族は定期的にスクリーンを使わない時間を設けているだろうか？ 家族が一緒に集まって食事をしているだろうか？ 週末や休日に、一緒に話をしたり、オフラインの活動に参加したりする時間があるだろうか？

4. スクリーンタイムの共有

一緒にインターネットを使って、子供がデジタル世界をうまく泳いでいくすべを学ぶ支援をしているだろうか？ 番組や映画を一緒に観て話し合っているだろうか？ 映像のなかの人間関係について語ることは、社会的スキルに関して、講義という形ではない素晴らしい学習体験になる。

5. 自由時間

子供の自由時間に、オンラインとオフラインの遊びのバランスはとれているだろうか？　ゆっくり休んで自分を振り返る時間を十分にとっているだろうか？　自分の子供特有の欲求や性質を考慮したうえで、適切な時間を設定しなければならない。

6. 学業成績

子供は積極的に学業に取り組んでいるだろうか？　宿題や試験勉強をするのに十分な時間と場所があるだろうか？

7. 基本的な健康習慣

子供は心の健康や幸福に貢献する日々の習慣を十分に身につけているだろうか？　十分な運動をしているだろうか？　年齢に応じて推奨されている時間に近い睡眠をとっているだろうか？　学校に行く前に朝食をとったり、いろいろな果物や野菜を食べたりするなど、健康的な食生活をしているだろうか？　就寝の1時間前にはスクリーンの電源を切っているだろうか？

ディレイニー・ラストン博士は、医師であると同時にドキュメンタリー映画監督であり、彼女が製作した『スクリーンエイジャーズ』は、デジタル時代に健康な子供を育てるという課題に正面から向き合っている。彼女は自分の家族のなかでテクノロジーが原因の口論や緊張が激しくなってきていることに気づき、2011年ごろからプロジェクトを開始した。10代の息子はもっと長くゲームをしたがり、娘はSNSばかりやっていた。「幼い子供たちが24時間365日デジタル機器を持ち、コンピュータで宿題をする時代が津波のように押し寄せるのが見えた。これは大きな衝突を招くだろうと思った」。

ラストンは映画の取材で子供たちにインタビューをした結果、親子の衝突を最小限に抑えるためのシンプルだが効果的な案にいくつか思い至った。まず何より、上から規則を押し付けるような形ではなく、協力的なアプローチが必要になる、と彼女は言う。「親としてできる最善のことは耳を傾けること。10代の子たちは話すのが大好きで、教えるのも大好きだから、親は好奇心を持って子に接し、インスタグラムやビデオゲームなどで何が起きているのかを説明させてみる必要がある」。

この会話の大部分は、オンラインでの行動に関連したものでなければならない。オンライン上で何は言ってよくて、何は言っていけないか。人の面前では決して言わないような内容をフェイスブックで投稿するとどうなるか、そうした投稿に対する適切な反応はなんなのか。「ネットでどうスマートに会話するか、どうネットに精通して優しく対応するか、ネット上で対立したあとどう話し合うか、などについて語ることがすごく重要になる」とラストンは言い、これらは中学校かそれ以前に始める必要がある。

また、親もテクノロジーとの付き合い方に苦労していると正直に認めることも役に立つ。「そうすれば、どんな苦労があるかのモデルになる」とラストンは言う。「たとえば私の場合なら、夕食後はスクリーンを見ないようにしてるのに、メールを全部返し終えてなくて困ってる、といったようなことを伝えるかもしれない。子供には、私が夕食までに作業を終えるよう注意してほしいと頼むことだってできる」。こうして実例に巻き込んでいくと、子供たちは相互理解による行動変化のプロセスを学ぶことができる。

アンダーソンと同じようにラストンは、多くの子供たちが本当は一日の大半をオンラインで過ごしたいとは思っていないこと、それから、その問題に対する自分なりの解決策を考えるよう促すことは、親が使用時間を制限するよりもはるかに効果があることを知った。たとえば子供たちは、友達と食事をするときには全員の携帯をテーブルに積み上げたり、食事中に最初に携帯をチェックした人は全員にデザートをおごるといったペナルティを科されるなどのルールを決めたりする。

こうしたエピソードが示しているのは、「いまこの瞬間に集中すること」を子供たちに教えるにあたって、何か大きな変化が必要なわけではないということだ。意識的に実行すれば、小さな行為でも大きな効果が得られる可能性がある。

キャンプ文化から学ぶ

子供たちの生活のバランスを見直すために親ができるモデルのひとつに、サマーキャンプがある、とキャサリン・シュタイナー＝アデア博士は言う。彼女は前掲の著書『大きな孤立』[10]（未邦訳）のなかで、自分のことを「生涯キャンパー」だと表現している。5歳からサマーキャンプに参加し、のちにはキャンプカウンセラーとなり、現在は心理学者としてサマーキャンプの相談役を務めている。屋外でのキャンプが子供たちの共感力を高めることを発見したヤルダ・ウールスと同じように、シュタイナー＝アデアもキャンプは若者にとって重要な場だとみなしている。「社会的な感情知能を身につけるのにこれ以上適した場所は思いつかない」。最近話を聞いたとき、彼女はそう教えてくれた。もちろん、すべてのキャンプが同じではない。子供が社会的知性を育む唯一の場所というわけでもない。しかしながら、サマーキャンプのモデルは研究してみる価値がある。なぜならシュタイナー＝アデアが言うように、「良いキャンプでは、共感性、真の自分であること、そして社会的・感情的知性を持つことが原則になっている」からだ。

子供たちはキャンプで、シュタイナー＝アデアの言う「デジタルおしゃぶり」から解放される。「誰もが目の前の相手に集中する。デジタルに気を散らされることがなく、全員が参加しなければならない。人はキャンプを通じてつながる——そこにいる女の子のことを人間的に好きだろうがそうでなかろうが、みんな同じ船に乗っている」。

キャンプに参加すると、自分の内面とふたたびつながることができる。ひっきりなしに携帯をチェックするのではなく、森のなかを散歩したり、カヌーを漕いだり、アーチェリーの練習をしたりしながら、自分自身と向き合えるからだ。「キャンプは魂を完全に再起動させるようなものだと思う」。

カウンセラーも重要な役割を果たすとシュタイナー＝アデアは言う。そういうカウンセラーは協力的な兄弟姉妹のようなもので、「本来の自分の姿で人とつながり、目の前の相手に集中する手助けとなり、本当の自分になれる場所を作ってくれる。『私たち』の力はとても強く、私たちみんなで各個人を支えることができる」。

こうした点において、キャンプ文化は世界に広がる地位重視の文化とは正反対だ。子供たちは地位重視の文化において、トップの席はひとつしかないとか、最高のおもちゃを持っている子が勝つ、最高の肉体を持っている人が勝つ、アイビーリーグの大学に行った人が勝つといったことを学ぶ。「いつの時代も若者は周りとの比較によって自己を定義してきたけど、いまの子供たちにとって難しいのは、その比較が24時間365日続くことだといえる」。

こうした比較や競争は「取り残されることへの不安（Fear of Missing Out／FOMO）」を生むとシュタイナー＝アデアは言う。一方でキャンプは、そうした不安から解放された場所となり、子供たちが自分自身を出し、ありのままの自分で周りとつながることができる。そして、そのようなつながりは子供たちを落ち着かせ、目の前の人生に集中させる助けとなる。

しかし、これは簡単にいくわけではない。メールでのやりとりの距離感に慣れていると、面と向かっての衝突が起きたとき、対処に戸惑う可能性がある。10代後半の若者にとっては、テクノロジーや絵文字の助けを借りずに面と向かって好意を伝える方法を考えるのも、同様に恐ろしいことだ。しかし、子供たちはキャンプカウンセラーと一緒に多くの時間を過ごして互いに深く関わるほど、より自分らしくいることができ、うまく人間関係を進めていくことができるようになる。

ここで言いたいのは、誰もが子供をキャンプに参加させるべきだということではない。もちろん、そうした資金の余裕がある家庭ばかりではない。対面で交流する時間は一年を通して重要であるため、キャンプでの教訓が別の場面にも応用できるといい。どの子供も、定期的にスクリーンから解放される時間が持てたらどうなるか、食事中はテクノロジーから離れ、食卓を囲んでより多くの、より良い会話が持てたらどうなるか、想像してみよう。パジャマパーティのときもみんなでスクリーンを眺めることから解放されたら、子供たちはいまこの瞬間に集中し合うことができる。修学旅行のときも携帯を使用しなければ、一緒に回っている場所での発見について、もっとたくさん話し合うようになるかもしれない。互いに相手へ応じる時間が増えるだろう。

感情の健康を維持する

ディレイニー・ラストンは、『スクリーンエイジャーズ』の撮影で10代の若者たちにカメラを向けていると、オンライン接続に対する感情的な反応について、思いがけない発見があったという。「子供たちは一日のなかで、最高の気分になる瞬間もあれば、いいなと思う瞬間も、絶望や嫌悪や悲しみを感じる瞬間もある」。一日のうちにどの子供も、ときにいかなる誘引も明確な原因もないまま、オンライン上で実にさまざまな種類の一時的な感情を経験しているという。また多くの子供たちは、こうした「微弱な感情」への対処法を知らず、そうした感情の存在に気づいてすらいない場合があるようだった。

この傾向を同じく察知していた教育者たちは、このような感情の乱高下が、社会的交流だけでなく学業成績に大きな影響を与えることを認めている。そのため、世界各地の学校が、「社会性と情動の学習」に特化したプログラムを導入しはじめている。たとえば感情を制御しながら強いつながりを育むために必要な素養――自尊心、共感力、高い対人コミュニケーションスキルなど――を子供に身につけさせることや、それらを使って健全な人間関係を築く機会を与えることで、次世代がよりつながりのある未来を築けるよう支援することを目指している。

そうした活動のひとつとして、イェール大学のセンター・フォー・エモーショナル・インテリジェンスは、２００５年に「ＲＵＬＥＲ」と呼ばれるプログラムを開始した――５つの重要なスキルの頭文字をとって名付けられたものだ。

- 感情を認識する（Recognizing）――相手の表情、ボディランゲージ、声のトーン、そして自分の生理的反応や認知を読み取る。
- 感情を理解する（Understanding）――思考、学習、意思決定、そして行動に対するさまざまな感情の原因・結果・影響などを理解する。
- 感情を名付ける（Labeling）――あらゆる感情を説明する語彙《ごい》を持つ。
- 感情を表現する（Expressing）――あらゆる人に対して複数の文脈で適切に表現する。
- 感情を調整する（Regulating）――自分の成長、人間関係の構築、ウェルビーイングの向上、目標の達成を促す有用な戦略を持って調整する。

このプログラムを立ち上げたチームを率いるマーク・ブラケット博士は、「社会性と情動の学習」の必要性を個人的によく知っている。1980年代、ニュージャージー州郊外で育つシャイな子供だったマークは、よくいじめられており、周りから疎外され存在しないものとして扱われているような感覚を抱いていた。彼のトラウマは幼いころの性的虐待によっても増幅されていた。このことについては2019年に出版された著書『感じる許可』（未邦訳／*Permission to Feel*）に記されている。心理学者になったあと、彼は子供時代の自分や同級生（そして自分の教師や親）に欠けていたのは、感情を認識しコントロールする手段だったことに気がついた。マークは研究や調査の結果、社会性に問題のある子供は感情的知性のスコアが低い傾向にあり、それが攻撃的で、リスクの高い、破壊的な行動と関係していることを突き止めた。イェール大学センター・フォー・エモーショナル・インテリジェンスの所長に就任したマークと彼のチームは、学校コミュニティで感情に対する認識やスキルを育てることによって社会環境の改善を試みることにした。そうして生まれたのがRULERだった。

マークがRULERを「プログラム」ではなく「アプローチ」と呼んでいるのは、生徒が学校で受ける授業ではないからだ。生徒のみならず保護者、教師、学校管理者、コーチ、スタッフなども参加することで、学校生活全体に組み込まれた要素や実践から成り立つものである。関わる全員の社会性と情動を健全に発達させるには、マークの言う「システム全体でのアプローチ」が必要になるのだ。

「世界のどんなセラピーを受けても、その人が有害な環境に戻ってしまったら十分な効果を発揮しなくなる。大人が健全な感情行動のモデルを示さなければ、子供が健全な行動をとることはできない」。マークはそう語った。だから、子供たちの環境を変えるべく、RULERはその環境にいるすべての人々が、よりうまく感情を把握しコントロールできるよう手助けをしている。

報告されているRULERの成果――共感能力、社会的スキル、教室での行動、学業成績を測定した結果――を初めて目にしたとき、あまりにも素晴らしくて本当だとは信じられないほどだった。そこで、さわやかな秋の朝、私はRULERを実践している学校を見学するためにイェール大学のマークを訪ねた。

私たちは近くのハムデンという町にある公立小学校へ見学に行った。私はすぐに、授業の合間の廊下の様子に感銘を受けた。子供たちが笑いながら語り合っていたのだ。明らかに、緊張関係のようなものが存在していなかった。それどころか、平穏ですらあった。

マークはまず、3年生の授業に連れていってくれた。教師は教室前方にあるテレビで短い映像を観せはじめた。

映像が終わると、彼女は生徒に尋ねた。「登場人物は、どんなことを感じていたと思う?」。

ある少年は、映像のなかの女子高生がトイレでいじめっ子に脅されていたとき、彼女はストレスや不安を感じていたと思うと言った。すると別の女の子は、堂々と手をあげて言った。「いじめてるほうにも、怖いっていう気持ちがあったかもしれない」。

他の子供たちも自発的に意見を述べるなか、教師はさらなる意見を優しく促し、そう感じた根拠は何かと問いかけた。声の調子？　ボディランゲージ？　服装？　もし実際にこういう登場人物と出会ったら、自分ならどうする？　どうやって助ける？

その後、私はRULERの体験について3人の4年生と話す機会を得た。ターニャという女の子は、ニューヘイブンから転校してきたが、前の学校ではいじめられていて成績も悪かったという。「この学校に来るまでは授業にも出たくなかった」と彼女は言う。「でもここの子たちは違う。みんないい人だし、お互いに対して優しい」。

彼女のクラスメートたちもうなずいていた。背が低く、細身で、絶えず鼻にずり落ちてくる黒眼鏡をかけたカルロスが次に話しはじめた。その朝、彼のクラスメートのひとりがひどく荒れた様子で登校してきたという。「彼女がクラスに入ってくると、みんなにすごく意地悪だった。でも僕たちは、その子がイライラしているんだと理解した。お母さんやお父さんと口ゲンカしてきたのかもしれない。だから僕たちは何かあったのかと尋ねて、親切にしようと心がけた。授業が終わるころには優しい彼女に戻ってた。それで僕たちも気分が良くなった」。

私は驚いた。自分が小学4年のときには、このように自分の気持ちを表現する語彙《ごい》はもちろんのこと、他者や自分の気持ちをこんなにしっかりと考えられるスキルも持っていなかっただろう。しかしこの学校では、このような子供たちが普通であり、例外ではなかった。

ターニャは、両親も自分の変化に気づいたと教えてくれた。「前より学校で幸せだから、家でも前より幸せなのが分かるんだって」。

この学校の教師たちも、RULERにはポジティブな効果があると認めている。以前より生徒たちの共感性が増し、攻撃性が減ったと教師たちは語った。友情関係も強固になったという。いまでもケンカは起こるが、怒りと暴力をともなうものではなく、落ち着いて言葉で対処することが多い。

RULERは「感情は大切だ」というシンプルかつ強力な考えに基づいている。感情が持つ力を認めたうえで、人や状況に対する自分の反応を落ち着いて検討し、コントロールするスキルを身につければ、人間関係においても、学校や職場においても、これまでより気分よく快適に過ごすことができる。現在までに、RULERは世界2000以上の公立学校、私立学校、独立学校、教区立学校で導入されており、そうした学校のデータの多くは、このプログラムが教室の感情を取り巻く環境を大きく変えていることを示している。[11~17] そのことが子供たちの社会的自信と感情的知性のスコアを向上させる一方で、攻撃性や感情的な苦痛を減らしたとマークは言う。そしてこのプログラムが学業成績を向上させるという暫定データもある。また、このプログラムの恩恵は教師にも及んでいる。ある研究では、RULERに携わっている教師はストレスや燃え尽きが少なく、仕事に対して他より高いレベルの積極性を示している。

マークは、私が予期していなかった別の恩恵についても教えてくれた。RULERは保護者の教育的背景が異なっていたとしても平等に機能するのだという。「たとえば私の母と父は高学歴ではなかったため、私の宿題を見ることはあまりできなかった。でもRULERだと、家に帰ってきて『今日は学校で感情を表す新しい言葉を習ったよ。そのことについて話さない？』という会話を持てる。親も参加できるんだ。そして生徒が教師になることができる」。

マークは、ある小学6年の生徒のことを教えてくれた。彼女はRULERのカリキュラムで教える「疎外」という言葉を覚えて帰った。彼女は母親に、どんなとき疎外感を抱くか話した。そして母親に、どんなとき疎外感を抱くか尋ねた。母親はたまたまニューヨークの警察官になり、管区内で唯一の女性だった。これをきっかけに母と娘は真剣に話し合い、おかげで母親は自分が孤独で、それに対処する必要があると気づいたのだった。

「感情を表すひとつの単語だけでも、深い対話を促す可能性がある」とマークは言った。

思いやりを、行動に

子供たちが社会的・感情的スキルを伸ばしていくことも重要だが、社会的なつながりを育む次のステップは、積極的な思いやり、つまり「奉仕」をおこなうことだ。子供たちに他者への思いやりを持てと伝えるだけでは十分ではない。自分という存在は周りや社会にとって本当に大切な存在だと感じながら育つためには、助けを得たり与えたりすることを学ぶ必要があり、それによって、自分は世界に意味ある変化をもたらせるのだと知ることができる。そのことをジャスティン・パーメンターが深く理解したのは、2018年にノースカロライナ州シャーロットにある高校で銃乱射事件が起きたあとだった。彼はその学校で20年以上教師を務めていた。

私がジャスティンのことを知ったのは、この銃乱射事件のあとで彼が中学1年の生徒たちと立ち上げた、思いやりプロジェクトに関するラジオインタビューを聞いたからだった。「個人的な対立によって、こうした子供たちの一方が死に、もう一方が刑務所に行くような事態が起きてしまう」と彼は言った。「そうした状況への対抗手段は、共感や親切心だと思ったんだ」。彼のプロジェクトの呼称が「親切の潜入捜査官（Undercover Agents of Kindness）」だと聞いて、もっと詳しく知らべてみなければと思った。

ジャスティンに会うと、プロジェクトのヒントとなったのは、センター・フォー・ヘルシー・マインズのリチャード・デビッドソン博士とヘレン・ウェン博士による2013年の研究だと教えてくれた。親切を実践するだけで、脳が思いやりのある行動をもっととるよう訓練されることを示した研究だった。そもそも銃乱射事件が起きる前から、ジャスティンはネット上での対立やいじめ行為が教室に広がることにいら立ちを覚えていた。しかし彼は、特に子供たちの年代を考慮すると、こうした対立には複雑な要因があることも理解しており、どれだけ子供たちがケンカをしたり無視し合ったりしていても、そうした生徒たちが根本的に意地の悪い人間だとは考えなかった。「どちらかというと、人から傷つけられないように自分を守り、身を固くしているんだと思う」。傷つけられることへの恐れは、子供たちが思いやりを持つ能力を奪っているようだ。その結果、多くの子供たちが孤独感や疎外感を感じることになる。

誰かに親切にするのは普通のことであり、おかしなことではないと理解するサポートができれば、子供たちは意地悪くならずに済むのではないか、ジャスティンはそう考えた。「人との交流や互いの接し方についてじっくり考えていく、人生でも大事な時期なんだ。そこから得られる教訓は、実際に長期的な違いを生む」。

親切の潜入捜査官とは、次のようなものだ。ジャスティンは生徒全員の名前をボウルに入れ、生徒はそれぞれひとつずつ名前を引く。任務は、名前を引いた相手に親切な行為をすること。そしてそれを「ミッションレポート」に書いてまとめることだ。

大半の生徒が、すぐに満足のいく反応を示した。何度か実践して数週間が経つころには、試験前にロッカーに励ましのメモが貼られたり、手作りのカップケーキや袋入りのお菓子が生徒に差し入れられたり、クラスメートを笑顔にし、少しでも気分が良くなってもらえるよう心に響く名言や折り紙が机の上に置かれたりするようになった。

ジャスティンは、クラスメートのソニアに親切な行為をする任務を請け負ったマヤという女の子の話を教えてくれた。ソニアはサッカーをしていて脳震盪《のうしんとう》を起こした経験があり、外で遊ぶことを制限されていた。それまでマヤはソニアと話したことがなかったが、マヤは友達と外に遊びにいくのではなく、ソニアにアイスクリームを買って、彼女が孤独を感じないよう室内で一緒に話して過ごしたという。

ジェフという別の生徒は、すぐにいら立ちを表してしまうクラスメートの名前を引いた――何か自分の分からない課題を課されると、持っているフォルダーを床に投げつけてしまうような男の子だった。その様子を観察していたジェフは、家からストレスボールを持ってきて彼に渡し、いら立ちがこみ上げてきたらそのボールを握りつぶすよう伝えた。「もらった子はストレスボールを授業のときに持ってくるようになって、ずいぶん上手にいら立ちに対処できるようになった」

とジャスティンは教えてくれた。「その大きな要因は、くじの相手と人間的なつながりができ、自分の状況を理解して手助けしたいと思ってくれる人がいることに気づいたからだと思う」。

ジャスティンは、すべての子供たちがすぐに任務を受け入れるわけではないことを認めている。すごくシャイで人との関わりに不安を抱えている生徒は、知らない相手に話しかけるなど考えただけでも苦しいものだ。そのため、ジャスティンは匿名性を保ちながらも全員にしっかりと親切が行き届く方法を考え出さねばならなかった。とはいえ数回実践すると、ほとんどの生徒は次の機会を待ち望むようになった。そして親切という行為に対し、これまで以上に創造的かつ敏感になった。親切をする相手のことをもっと知ろうとするようになり、相手が関心を持っていることや、どんな支援なら役に立つかを尋ねるようになった。

ジャスティンが担当した生徒の多くが、別に任務でなくとも親切をし合うことはできるじゃないかと気がついた。ジャスティンは同意し、こう伝えた。「それこそがポイントなんだ。本当は任務が課される必要なんてないのに、それが必要かのように思われている。誰かとの交流をほんの少しだけ正しい方向に動かすだけでも、相手の人生に計り知れない影響を与えることだってある」。

２０１７年に親切の潜入捜査官を始めて以降、アメリカやコロンビアやミクロネシアの教師たちからジャスティンに連絡が届き、生徒たちに親切や思いやりを実践する機会を作っていくにあたっての相談を受けたという。自分のクラスでは、この取り組みを通したメッセージが子供たちのなかに長く残ることを願っているとジャスティンは語る。「長期的な目標は、この取り組みから学んだことを別の新しい状況でも実践していってもらうことだ。町の食料品店に行ったときとか、見知らぬ人と接するときにね」。

「いっしょに食べよう」

子供の思いやりに関して絶対的に大切な基準となるのは、それが子供たちの自発的な親切行為であるかどうかだ。このシンプルな真理が私に刻まれたのは、2012年にコネチカット州ニュータウンで起きた学校での銃乱射事件のあと、犠牲者のひとりとなった7歳のダニエル・バーデンの父親と胸の張り裂けるような会話を持ったときのことだった。

ダニエルには天性の思いやりがあった。校庭やカフェテリアで仲間はずれの子や寂しそうにしている子がいると、ダニエルは気づくことができた。気づくだけなら他の子にもできたが、ダニエルが特別だったのは、支援の手を差し伸べようとしたことだ。ダニエルはその子に歩み寄って話しかけたり、ただ静かにそばに座って寄り添ったりした。まだ小学1年生だったが、ダニエルは親切や包摂という価値観が身の回りでいつも実現されているとは限らないことを認識していたのだ。誰も、どう振る舞うべきか教えたわけではなかった。だが彼は孤独感を抱く人の気持ちに自然と共感し、思いやりを持って行動していた。

ダニエルのような子供が勇敢にも周りに奉仕しているとき、親や教師はその思いやりに気づき、讃《たた》え、それを礎《いしずえ》に思いやりの波が途絶えないようにする必要がある。そして、それはまさに南フロリダのボカラトン高校で、生徒のデニス・エスティモンとクラスメートたちが始めたプログラムに対して起きた反応だった。

　デニスはハイチ系移民の息子で、小学生のころに南フロリダへ移ってきた。アメリカの習慣やアクセントに慣れていなかった彼は、よく学校で孤独を感じていたが、そう感じているのは自分だけではないことにも気づいていた。他の多くの子たちも孤独感を抱いているように見えたし、その全員にとって最も孤独を感じる時間がランチタイムだった。

　この状況を変えるべく、デニスは3人のクラスメートと一緒に、「ウィー・ダイン・トゥギャザー（We Dine Together：一緒に食べよう）」というプログラムを始めた。ダニエルと同じように、デニスと他の3人はランチタイムに校庭を回り、ひとりきりでいる生徒を見つけると、座って一緒に話をする。そうして次のステップに移る。その生徒がこちらに対してオープンになっていると感じたら、ランチタイムのウィー・ダイン・トゥギャザーのグループに誘う。ひとりのほうがいいと言うなら、それでも構わない。

　私がデニスと初めて話したのは、このプログラムを始めて1年が過ぎたころだった。一緒にランチを食べる生徒のコミュニティは50人以上に広がっていた。生徒たちはデニスに、仲間がいるグループに属するのは気分がいいと語っていた。さらにそういう生徒たちは、このグループに参加することによって、ひとりでいたくない別の生徒にも仲間を紹介できるようになったという。双方に感謝の気持ちがあり、ここで築かれた関係のなかにはランチタイムを超えた友情へと発展していったものもある。それから、この協力的な交流がシンプルに自分への自信を高める手助けとなり、そうして孤独感が低下したという生徒もいる。

このプログラムは大きな成功をおさめ、翌年には15校にまで広がった。デニスは高校を卒業したが、このプログラムの成功に触発され、学生主導の非営利組織「ビー・ストロング（Be Strong）」の責任者となり、社会包摂を目指してウィー・ダイン・トゥギャザーを世界に広めている。

2019年の秋に話したとき、彼はウィー・ダイン・トゥギャザーのプログラムを導入した学校の数が250を超えたと誇らしげだった。彼は最近ボカラトン高校を訪れたときのことを教えてくれた。「学校を訪ねたら、会ったことのない大人の女性が駆け寄ってきて、力強くハグをされた。そして涙を流して言うんだ。『あなたに感謝を伝えたくて。先週、アスペルガーの息子が私に言ったの――ママ、ママ、友達ができたよ、友達ができたよ！――すべてはクラブのメンバーたちが両手を広げて息子を歓迎してくれたおかげだった』」。

デニスは、さらに思慮に富んだ話をしてくれた。「僕たちの世代は、一緒にいてくれる人に飢えている。本当はコミュニティを探すべきなのに。『一緒にいる人』は、ただそばにいる人にすぎない。多くの人は、一緒に過ごす相手はいても真のコミュニティは持っていない。人気者であろうと一匹狼であろうと、誰もがコミュニティを必要としている」。

コミュニティにおける親自身の孤独

こうしたプログラムについて知れば知るほど、（私を含めた）親たちが子供により良いつながり方を伝える際に直面する2つの課題を意識するようになった。米国小児科学会や数多くの専門家たちは、社会性や情動的スキルを身につけ、健全な人間関係を構築するにあたって親が重要なロールモデルとなることを認めている。しかし、多くの親がそもそも自分自身の孤独に苦しんでいる。

そうしたなかには、貧困、暴力、過去のトラウマといったストレス要因や、子育てをとりわけ大変で孤独な作業にするその他の困難に直面している親もいる。そういう親たちこそ、誰よりつながり合う必要がある。仲間が集まるグループを持ち、その人たちとより良いスキルを学び相互に支援する関係を築くことで、家族全体の負担を劇的に減らすことができる。しかしながら、困難を抱える親たちがこうしたグループを立ち上げるための時間やリソースを持っているとは考えにくい。

そうした認識のもと、私の前任者のひとりである元公衆衛生局長官デビッド・サッチャー博士は、およそ8年前に「スマート・アンド・セキュア・チルドレン（SSC：Smart and Secure Children）」という親のリーダーシッププログラムを立ち上げた。現在アトランタからヒューストンのコミュニティ内で実施されているこの15週間のプログラムでは、6人から10人の親が毎週2時間集まって話し合いをする。その会合は、地域の理髪店、教会、救世軍センター、非営利団体「ユナイテッド・ウェイ」の支部などで食事をしながらおこなわれる。会合では、訓練を受けたファシリテーターが親たちをガイドし、子供の発達、社会的・情緒的健康、ポジティブなしつけの選択、家庭でのメディア利用、そして親自身の社会的・情緒的健康を向上させるための慣習などについて話し合う。

このプロジェクトの責任者であるリロイ・リース博士によると、SSCは親の子育てに関する知識やスキルを伸ばすだけでなく、親の社会的孤立を目に見えて減らし、精神的健康を向上させている。親たちは子育てから職探しにいたるまで、すべての面で助け合うようになる。さらに、地元に住むSSCの元参加者たちで構成された「親仲間」の力を借りて、親たちの関係はプログラム終了後も続いていく。そういう親仲間のなかで、ある人はチェスクラブを始め、また別の人はプログラムを終えた黒人の父親に特化したサポートに取り組んでいる。「私たちは継続的な支援網を築いている」とリロイは語った。

強い社会的なつながりというのは、もちろんどんな状況の親にとっても重要だが、親になったばかりの多くの人がその重要性を認識しておらず、子供が生まれたあとのほうが孤独になっていることに気づいて愕然《がくぜん》とする。人がその孤独についてめったに話さないのは、孤独を恥だとする風潮だけでなく、子供に恵まれたのに孤独を感じるなど恩知らずなことのように思うからだ。

とはいえ、歴史的には子供を授かるとたくさんの支援が得られた。集団主義的な文化や、身内が近くに住んでいる場合は、いまでもそうだろう。そういう親たちには、地域のサポートや仲間がすでに存在している。祖父母や自分以外の家族が近くにいて、世話や子育て要員となっている場合、すべての人が恩恵を受ける。

残念ながら現在では、新しい親の多くには近くに住む身内や親しい友人がおらず、こうした孤立状態は、特に家族に危機が訪れた際にストレスとなりうる。それはまさに妻のアリスと私の身に起きたことだった。娘のシャンティが１歳になったばかりのころ、「大統領の日（ワシントン誕生日）」がある週末に、自分たちの暮らしは致命的に何かが間違っているのではないかと思い知らされた。

１歳の娘と、病院で……

その朝は、普段と変わらぬ土曜日のように始まった。アリスと私は子供たちのオムツを替えてから歯を磨き、２歳のテイジャスになんとか朝食を食べてもらおうとしていた。その一方でシャンティは、笑って兄と遊びながら朝食をむさぼっていた。シャンティは前の晩いつもより少しぐずっていたが、私たちは乳歯が生えてきたせいだろうと考えていて、朝は娘も元気に見えた。だからこそ、その日のあとになって娘が右足に体重をかけていないことに気づいて不意を突かれた。まっすぐ立たせようとすると、娘は泣いて私たちを押しのけた。

私たちの心は沈んだ。兄とはしゃいでいるときに怪我をしてしまったのだろうか？　あるいはもっと悪い何か、たとえば感染症のようなことが起きているのだろうか？

私たちはテイジャスを週末のベビーシッターに預け、シャンティを車に乗せて小児病院の救急科に向かった。診断結果の待ち時間は数分どころか数時間となった。血液検査の結果、感染症であることが判明したものの、ＭＲＩを撮るまでは医師も病状を正確に把握できないという。シャンティの年齢では、ＭＲＩを受けられるよう長時間動かずにいてもらうために、麻酔をかけて鎮静処置をおこなう必要がある。しかし、その日は祝日がある週末の土曜日であり、病院のスタッフは少なく、MRIを撮れるのは火曜日になるかもしれなかった。3日も待つのか？　それは命取りになりかねない長い時間だった。感染症なのであれば、3日後には全身に広がっているかもしれない。

何千人もの患者を診てきた経験を持ち、国の医療政策の方針を定め、国のために公衆衛生活動を牽引してきたアリスと私は、医療的緊急事態に直面した数多くの患者を目にし、手助けをしてきた。しかしこの日、そんなことはなんの意味もなさなかった。私たちは赤ん坊のことを心配する、不安でたまらないただのふたりの親だった。病を抱え、お腹を空かせ、怯えている娘を、私たちは救急科で8時間以上抱きかかえていた。

身内にはすぐに電話をしたものの、彼らは何千キロも離れたところにいた。親しい友人の大半も他の州に暮らしていて、近くに住んでいる友人たちにはそれぞれ小さな子供がいた。何人かに状況をメールしたとはいえ、夜遅くまで子供の寝かしつけに追われているであろう友人たちに負担をかけるのは気が進まなかった。私たちは普段、友人に助けを求めたことがなかったため、こうした大変な時間を過ごしながら、これまでにないほどの孤独を感じた。

病院スタッフや心配する他の親や子供たちが寄り添ってくれていたし、のちにそういうすべての人たちに感謝するようになったが、危機が訪れた当初は、私たち夫婦は不安に襲われ孤立を感じていた。子供を守れなくなるのではないかと感じたとき、それは他の難題とは違った形で人の核を揺るがす。子供の健康が危険にさらされているとき、そこにかかっているものや不安は何よりも大きい。

ある友人は、親になるとは生涯にわたり愛し心配する契約を交わすことだ、と言った。その夜は、私たちはふたりとも声をあげて泣いた。シャンティへの愛と、彼女の将来への心配で私たちの心は痛んでいた。いま起きていることの責任は１００パーセントすべて自分たちにあると感じながらも、自分たちでは状況をどうにも変えることができなかった。私たちは罪悪感を抱いていただけでなく、あるレベルでは、この世で最も大切な存在の２人のうち１人にこうした事態を招いてしまったことに恥を感じていたと思う。そして恥の感覚ほど人を周りから遠ざけるものはない。そのため救急科には病気の子供を抱えた他の親たちがいたにもかかわらず、互いに手を差し伸べることができなかった。こうした状況で人とつながることができれば親にとっては大きな力となるが、その力が最も必要なときにつながりを持つのは簡単なことではない。実際、そうしたつながりは私にも生まれなかった。そのときは孤独で周りが見えなくなっていたのだ。

しかし私にとってこの緊急事態は、これまでに築き上げてきた仕事中心の生活と、深く望んでいた人とのつながりを持った生活のあいだに、溝が広がっていることを気づかせてくれる出来事だった。私が抱いた孤独感は、真に孤立している結果ではなかった。身内とはすごく近しい関係であったし、ずいぶん広い社会的ネットワークも持っていた。しかしワシントンＤＣに移ってからは、コミュニティを築くことを怠《おこた》り、若いころからの強い友人関係の多くをほったらかしてしまうほど仕事に身を投じていた。本当は、そうした友人たちの誰にだって電話をかけることができたのだ。彼らはすぐに反応してくれたことだろう。しかし彼らは全国各地バラバラのまちに暮らしていた。そのうえ、関係を放置していた相手にふたたび連絡をとるには、あまりに大きなエネルギーが必要だった。自分には連絡をとる権利がないと思った。

どうしてこんなにも自分の「村」から遠く離れてしまったのだろう？　地理的な距離は孤独感の理由の一部でしかない。若い私が孤独を感じていたとき、研修医の友人からかけられた言葉を思い出した。彼女はこう言った。「ヴィヴェック、あなたは友達を持ってはいるけど、友情を享受してはいない」。

私はそんなふうに育ったわけではなかった。私の両親は、いまの私たちと同じで近くに親類はいなかったが、強固な友人のネットワークを築いており、その人たちは私や姉にとって家族のような存在だった。そういう「おじさん」や「おばさん」たちが子守をしてくれ、両親が出張のときは泊まりがけで世話をしてくれることもあった。そして家族4人で自動車事故に遭《あ》い、姉が入院することになったときは、親の友人たちが進み出て、食事、車の送迎、私の子守など、あらゆることに手を貸してくれた。病院でシャンティと座りながら、昔の事故や、当時のヴィヴェック家に友人たちがくれた安心を思い出してみると、いまの自分の人生にはそうした友人の輪が欠けていることが痛いほど明らかだった。

私たちは救急科で1晩を過ごした。翌朝、日曜日に思いがけない知らせを受けた。シャンティのMRI検査が正午に実施されることになったのだ。それは周りの尽力のおかげだった。医師、スタッフ、看護師たちが力を合わせ、人員の手配や準備をして迅速に検査ができるようにしてくれたのだ。誰も知り合いではなかったが、病院側はこれほど幼い子供の隠れた感染症は深刻な結果を招く危険性があることを理解しており、娘の命を救うために必要な治療をおこなうべくあらゆる手を尽くしてくれたのだった。

予定の時間にシャンティを放射線室へ連れていくと、医療チームが待ち受けていた。私たちがシャンティを抱きしめたあと、チームはシャンティに麻酔を注射した。瞬《また》く間に、シャンティは目を閉じて完全にぐったりした。それからの1時間、私たちは廊下をうろうろしながら、娘と一緒にMRIの機械に入れたらいいのに、とばかり考えていた。

すると突然、待合エリアのドアが勢いよく開き、医師たちが入ってきた。その後ろには、担架《たんか》に横たわったシャンティがまだ麻酔でぐったりしている様子が見えた。

医師たちは、膝のすぐ上の組織の奥が感染している可能性が高いと言った。私は骨にまで広まっているのかと尋ねた。足の成長や、下手すれば命を脅かす危険もある。「それは分かりません」と主治医が答えた。「これ以上広がる前に、すぐ手術室へ連れていく必要があります」。

主治医の女性はできるだけ何事もないような調子で言葉を発したが、その瞬間私のなかでは時間がスローモーションのように流れ、現実がかすんだ。喉《のど》がつかえて声が出ない。私はなんの言葉も発することができなかった。結局、医師の肩に手を置いて、「どうか、娘をよろしくお願いします」と言うのがやっとだった。

そうして、医師たちはシャンティを連れ去っていった。娘がいなくなった瞬間に感じた心の穴は、まるで底なしの井戸のようだった。こんなふうに娘の姿が消えていくのを見ていると、代われるものなら何をしてでも代わってあげたいと思った。

90分間、悶々《もんもん》としながら待った。私たちは親や姉に電話をし、互いに抱き合い、涙した。人生で最も長い時間だった。

時間が刻々と過ぎるなか、親としてこれまで何度も途方に暮れてきたことを思い出していた。赤ちゃんにどうやって食事をさせたらいいのか、どうやって寝かせたらいいのか。話したり、ハイハイをしたり、歩いたりする方法をどうやって教えればいいのか——こうした日常の奇跡の数々は、どれも親が教えるべきものであるはずだったが、自分たちにはまったくその能力がないように感じていた。こうしたどうにもできず途方に暮れる感覚が、シャンティの危機を前にしてあらためて強く感じられた。私たちはとにかくサポートや助言や知恵を求めていたし、そうしたサポートの欠如はあまりにも明白だった。

こうした暮らし——家族や親しい友人たちのネットワークから離れ、近隣住民のことも本当の意味では知らない暮らし——を、私たちが生き、子供たちを育てていくべき暮らしだと装《よそお》うことができなくなった。この悪夢を切り抜けることができたなら、何かを変えていかねばと思った。

ようやく、主治医が姿を現した。「ぎりぎり間に合いました」と彼女は言った。「骨には広がっていないと思います」。

その言葉は天からの恵みのようだった。私は最愛の友人かのように主治医に力強いハグをした。その瞬間の彼女はまさに最愛の友人だった。彼女やチームと会うのは初めてだったが、娘に健康を取り戻してくれたのだから。

私たちは感謝と安堵《あんど》で大きく息をつきながら、シャンティに会いに術後の回復室へ急いだ。

たくさんの家族が集まる、ひとつの大家族

それから数日で、私があれこれ振り返っていたような「家族に対するコミュニティの力」が裏付けられた。まず、私の母とアリスの母がすべてをなげうって駆けつけてくれた。ふたりがやってくると、テイジャスは目を輝かせ、ふたりが玄関のドアを開けるなり、その腕に飛び込んでいった。この試練のあいだ、テイジャスにもずっとストレスがかかっていたため、どちらの子にも優しさと愛を提供してくれる信頼できる人の存在が必要だったのだ。

この再会は、母たちにも大きな安心感を与えるものだった。シャンティのためにいるのは私たち家族だけではなく、また一方で私たち家族のためにいるのはシャンティだけではなかった。母たちはここに来られたことを喜んでいた。彼女らは、私たち家族のためだけでなく、自分たちのためにもここに来る必要があった。母たちは必要とされたかったのだ。そうした気持ちは誰もが持っている。

ようやく親しい友人たちに連絡をとると、彼らも心配してくれ、手伝えることはないかと尋ねてくれた。それは毎日病室を訪ねてくれた医師や看護師やスタッフたちも同様だった。私たちの母親ふたりが食料や追加の着替えを持っていくと、病院の親切な女性スタッフが子供たちのためにパズルや動物のぬいぐるみを持って病室に寄ってくれていた。女性は床に毛布を敷いて子供たちを楽しませていて、子供たちはこの試練が始まる前のように笑いながら一緒に遊んでいた。

シャンティのMRI検査の日程を深夜まで調整してくれたスタッフも同じタイミングで顔を出してくれた。そしてまた、私たちの携帯には友人たちからの電話やメールが次々に舞い込み、こちらの様子を確認したり、手伝えることはないかと尋ねたりしてくれた。

救急科の部屋では孤独を感じたが、シャンティの病室での光景を目にしたとき、私は思い知らされたのだった。勇気を出して自分の人生に招き入れさえすれば、こちらを愛してくれている人たちは、たいてい援助を申し出てくれるのだということを。

よく父は、必要としている人に助けの手を差し伸べる際にはタイミングが重要だと言っていた。父の言うタイミングとは、自分の都合がいいときまで待つという意味ではなく、相手が助けを求めていると知ったらすぐに手を差し伸べるという意味だった。私は、父のアドバイスが逆の状況でも当てはまるように思う。つまり、最悪の事態が過ぎるまで待つのではなく、必要なときはすぐに助けを求めることが重要なのだ。自分を愛してくれる人たちに迷惑をかけることを恐れてはいけない。家族が危険にさらされているときは特にそうだ。

このシャンティとの体験は、自分を盲目にしていた黒メガネを外し、人のつながりが放つ輝きをまざまざと見せつけられるものだった。だからこそ、助けてくれた多くの人と話していると、たびたび涙があふれた。世界には、自分が見てきたよりもはるかにたくさんの愛とつながりがある。入院中もそれ以降も、私はこの目でたくさんの愛とつながりを見てきた。

あの試練のさなかには気づけなかったが、その最たる例は私の子供たちだった。シャンティの体調が回復すると、子供たちが惜しげもない愛情で絆を深め合い、ごく自然にふたりがその愛を与えては受け取っていることを、あらためて尊いものだと思った。テイジャスはシャンティが悲しんでいると進んでハグをし、お腹を空かせていると食べさせ、長く視界から姿が消えていると探しにいき、泣いていると慰める。たった3歳なのに、躊躇《ちゅうちょ》なく本能的に思いやりを示している。彼とシャンティは、他のすべての幼児たちと同じく、人は誰もが互いに関係を持つように生まれてきていることを温かく思い出させてくれる。

人間とは、たくさんの家族が集まるひとつの家族だ。私たちは、すべての人とこの地球を共有している。そして、すべての子供たちは、ともにこの地球を受け継いでいく。

他の親たちの代わりに語るのはおこがましいかもしれないが、自分の子供たちが成長しても覚えていてほしいメッセージを考えると、自分の子供だけに向けた言葉ではなくなる。これは、これからの世代に向けた、私の心からの希望と夢である。

愛するみんなへ
あなたたちが、人をいちばん大切にし、誰もが自分の居場所を感じられる世界に暮らしていることを願います。思いやりに満ちあふれ、すべての人が心から寛大に親切を交換し合う場所でありますように。
あなたたちに望むいちばん大切なことは、愛――心を込めて与え、受け取る愛に満ちた人生。愛は、つながりのある人生を送るために何より大切なものです。どうか、愛を求めてください。どんなときも。

でも私たちは、あなたたちが受け継ごうとしている世界のことを心配しています。親切な心で手を差し伸べるとき、その思いやりは返ってくるでしょうか？　サポートが必要なとき、周りは手を差し伸べてくれるでしょうか？

いま、あなたたちが受け継ごうとしている世界は、愛と恐れのあいだで戦いを繰り広げています。恐れは、怒りや、不安や、孤独という姿になって表れます。恐れは私たちの社会を覆《おお》い、誰もがほんとうの自分を出しにくくなります。だから私たちは伝えているのです。すべての健全な関係は、恐れではなく愛を生み出すのだと。愛は、親切や、寛大さや、思いやりという姿になって表れます。愛とは癒やしです。愛は私たちを、ほんとうの自分に近づけてくれます。

あなたが手にする最大の贈り物は、そうした人間関係から届けられるでしょう。何より充実したつながりというのは、ほんの一瞬のものかもしれないし、生涯続くかもしれません。でも、そうしたつながりはどれも思い出させてくれるでしょう。私たちは互いの人生の一部として生まれ、互いに高め合い、自分ひとりではたどり着けない高みへといっしょに到達する存在なのだと。

私たちの願いは、あなたを愛し、あなたの生まれ持った美しさや強さや思いやりを思い出させてくれる友人を、あなたたちが生涯ずっと持っていられることです。

それと同じくらい大切なことですが、あなたも誰かに対して、同じような存在でいるよう願っています。

あなたたちがかけがえのない存在なのは、愛を与えたり、受け取ったりする力があるからに他なりません。それがあなたたちの持っている魔法なのです。そして親である私たちの使命は、誰もその力をあなたたちから奪い去れはしないと理解してもらうこと。

あなたたちが孤独や悲しさを感じるとき、私たちがいつもそばにいてあげられないのはつらいことです。代わりに、自分が愛されていることを思い出すための、シンプルな方法を伝えておきます。

孤独や苦しみを感じたら、両手を心臓に置いてみよう。そして目を閉じる。喜びのときだけでなく、失意のときも、人生を通してそばにいてくれた友人や家族のことを考えよう。寂しいときに話を聞いてくれた人。自分を信じられなくなったときでも、あなたを信じてくれた人。あなたを抱きしめ、元気づけ、ほんとうのあなたを見てくれていた人。そういう人たちの温かさや優しさが、あなたの苦しみを洗い流し、幸せで満たすのを感じよう。

そうしたら、さあ、目を開けよう。

最後に

1978年、私の両親のハレジア・マーシーとマイトレイイエ・マーシーは、2歳の姉ラシュミと1歳の私を連れてイギリスを離れ、カナダのいちばん東にあるニューファンドランド州の小さな町に移った。郡の新任医療官として、父はこの地域の健康管理に責任を持って取り組むことになっていたが、そこには父にも母にも知り合いがいなかった——というより、国のどこにも知り合いはいなかった。さらに悪いことに、冬の嵐のまっただなかに到着したため、一面真っ白なホワイトアウト状態と苛烈な風に出迎えられた。

暖かい南インドで育った両親が、こんなに厳しい環境でどうやって持ちこたえてきたのか、大人になってから私は何度も不思議に思った。

「そこで築いたつながりのおかげだよ」と父は言った。

ニューファンドランドの猛烈な寒さのなか、両親は患者でもあり同じコミュニティのメンバーでもある人たちの優しさや友情に温められていた。「周りに家族のいなかった私たちを、彼らの家族の一員にしてくれたんだ」。ホームシックにはならなかったのかと尋ねたとき、両親はそう答えた。

父は、氷点下のなか何枚もコートを重ね着して各家庭の診察に回っていた。すべての患者を診るまで、スノーシューズを履いてとぼとぼと歩いた。一年を通して、漁師が裂傷を負ったら診療所で傷口を縫いもした。病院では分娩も担当した。そして人生の終わりを迎えようとしている人たちにも手を差し伸べ、死期が迫る状態から死に至るまでの繊細な道のりを、患者や家族に手ほどきした。

そのお返しとして、このコミュニティの人々は、地球の裏側からやってきたアクセントが奇妙な肌の黒い家族のことを進んで世話してくれた。姉と私の子守をしてくれ、魚や新鮮なロブスターを持ってきてくれたり、パイを焼いてくれたり、ブリザードで家が雪に囲まれたときは雪かきを手伝ってくれたりした。

そこで学んだことを、のちに両親は自分たちの診療所を作ったマイアミでも活かした。私が医療に触れた最初の記憶はこのころで、両親は患者たちと美しく相互的な関係を築き、ここでもコミュニティの一員となった。

この話をここで紹介しているのは、振り返ってみればこの体験がずっと自分を導く光となっていたことに気づいたからだ。私の人生において、両親と姉は人とのつながりがもたらす癒やしの力をモデルとして示しつづけてくれた。家族が示してくれた手本は、いつも勇気と希望を与えてくれた。だがつながりの好例を目にしたからといって、自分がつながりのある人生を送れるとは限らない。たとえ素晴らしいロールモデルに恵まれたとしても、それが私の孤独感を防ぐわけではなかった。

自分自身について知り、自分や周りに対して必要な思いやりを身につけるためには、自分なりの旅をする必要があった。この旅で私は、孤立の痛みも自分なりに経験することになったし、移住について尋ねたときの、父のシンプルな回答の真の意味を理解するまでには長い時間がかかった。ニューファンドランドの人々が「家族のいなかった私たちを家族の一員にしてくれた」のはどれほどの奇跡であり贈り物であるかを理解するためには、自分の人生についてもっとたくさんのことを知る必要があった。どうして互いを家族のように扱わねばならないのだろう？　なぜそうできないのだろう？　本当は、私たちにはできるし、そうしなければならない。

本書の執筆にあたって出会った人々は、たとえばフィリップ・レスターやリチャード・ロペスのように、最も過酷な境遇で育ち何十年も刑務所に入っているような人でも、愛と奉仕とつながりに満ちた人生を築くことができるとあらためて教えてくれた。彼らのような例があるから、人間はつながりを求めて生きるように作られているのだと信じずにはいられない。人とつながることは、進化の過程で得た生まれつきの権利なのだ。

子供の誕生、愛の発見、親しい友人との再会――大きな歓喜の瞬間には、他者が関係している。また、愛する人の死、恋愛関係の終焉《しゅうえん》、親しい友人との決裂など、大きな悲しみの瞬間には、離別やつながりの喪失が関係している。

現在の私たちが直面している最大の課題は、人を中心とした暮らしと人を中心とした世界をいかにして築くかということだ。トップニュースになるような問題の実に多くが、つながりの欠如によって悪化しており、つながりの欠如自体が原因の場合もある。こうした問題の多くは、あまりに長いあいだたくさんの人のなかで醸成されてきた個人的・集団的な深い孤独が表出したものだ。こうした痛みを前にして、心からの愛情あふれる関係ほど効果的な癒やしの力は数少ない。

アンソニー・ドーラン、セリーナ・ビアン、ローラ・タルムスのような人たちは、人生の苦境から迫られるようにして、根本的な問いと向き合うに至った。人生で本当に大切なものはなんだろう？　それぞれの旅を通して、その答えは明確になっていった。強い人間関係こそが何よりも大切なものだ。それは私たちの健康を向上させ、パフォーマンスを高め、意見や主義の違いを乗り越え、力を合わせて大きな難題に社会として取り組んでいくことを可能にする。人とのつながりこそが基盤であり、その他すべてのものはその上に築かれる。

つながりのある生活は、日々の暮らしにおける一つひとつの選択から始まる。人のための時間を作ろうとしているか？　本当の自分を見せているか？　人をつなぐ奉仕の力を認識し、思いやりを持って人と接しようとしているだろうか？

この作業はいつも簡単であるとは限らない。勇気が必要になる。自分の弱さをさらけ出し、他者に望みをかけ、自分を信じる勇気だ。しかしつながりのある生活を築けば、つながりのある世界を築くことが可能になっていく。その世界では、学校も、職場も、テクノロジーも、人のつながりをサポートするように作られる。法律もコミュニティを強化するものとして設けられる。親切や思いやりが神聖な価値とされ、文化や政策に反映される。

死期の迫った担当患者たちのことを思い出してみると、銀行口座の額や世間的な地位は、決して充実した人生を測るものさしではなかった。患者たちの口から出るのは人間関係についてだった。大きな喜びをもたらしてくれた関係。もっと維持していたかった関係。心を打ち砕かれた関係。人生で本当に意味があるものだけが残る最後の日々に、頭に浮かんでくるのは人のつながりなのである。

たしかに、多くの人が孤独に悩まされている。たしかに、私たちよりもはるかに大きな力が、人との関わりが持つ本来の性質に影響を及ぼしている——そしてその影響はたいてい私たちに不利益をもたらす。しかし私は、つながりを求める普遍的な欲求がいまだに健在であることも目にしてきた。つながりは厳しい日々の生活や争いのなかで埋もれてしまうときもあるかもしれないが、危機のときや、私たち本来の姿を思い出させてくれるふとした親切のなかに顔を出す。

私がそうした行為を最初に目撃したのは7歳のころの真夜中のことだった。突然、母親に揺すって起こされた。「早くしなさい。車に乗って、すぐ出発するから」。

寝ぼけながら姉と後部座席に乗り込むと、父が車を発進させ、私たち4人はマイアミのトレーラー・パークに向かった。車のなかで、いましがた患者のゴードンが転移がんに長く苦しんだすえに亡くなったと説明された。両親は妻のルースがひとりで悲しんでいることを心配し、家に行って様子を確かめることにしたのだった。

インドの伝統的なサリーを着た母がトレーラーの階段に立ち、涙にくれるルースを抱きしめる姿は生涯忘れない。互いの人生の道のりはまったく異なるものだったが、この瞬間ふたりは家族だった——自分のために選ばれた家族ではなく、自分で選んだ家族だった。あの夜、車のなかから私が垣間見たのは、私たちを癒やし、ひとつにつなげるという、愛が持つ途方もない可能性だった。

謝辞

本書の執筆過程は、とてつもない贈り物でもあれば、人生最大の挑戦のひとつでもあった。出会った人々は、私を彼らの人生に招き入れてくれた。研究者たちは、何十年もかけて手にした知識を分け与えてくれた。子供たちは、人間というものが本来、親切で相手への思いやりを持ち、つながり合っているものだと何度も思い出させてくれた。自分の物語が誰かの役に立てばと体験を語ってくれた数多くの人々に、いつまでも感謝する。すべてを記せたわけではないが、どの物語も私の思考と本書を根本から形作ってくれた。そして何より、それらの物語は私が未来に対して明るい展望を持つ根拠となっている。つながりを求める気持ちは変わらず私たちのなかに息づいているのだと思い出させてくれる。

だが執筆過程は簡単なものではなかった。自分について多くを学ぶことになったが、それは自分の良い面ばかりではなかった。重要であると分かっているはずの「つながりのある生活」を送れていない、その現実と向き合わねばならなかった。孤独と社会的つながりについての本を書くなかで大きな皮肉だったことのひとつは、執筆中にとても孤独になり、周りとのつながりが絶たれたのは自分自身だったということだ。結局、そんな私を救ってくれたのは何よりも「人」だった。家族や友人たちは、気の滅入るような暗闇のなかにいた私に、本来の自分を思い出させてくれた。この人たちの愛が、私を道に留めてくれた。

本書は、素晴らしいエージェントであるリチャード・パインがいなかったら芽吹くことがなかっただろう。このトピックで本を書くことこそ、私が深く気にかけているテーマについて世界と対話する最善の方法なのだと説得してくれた人物だ。彼は友人として、助言者として、この混沌とした厄介《やっかい》きわまりない、しかし心躍る旅の指針になってくれた。本書を出版してくれた編集者のカレン・リナルディは、配慮の行き届いたフィードバックと愛のムチで、私がこの本を形作り、あらゆる部分の解像度を高める手助けをしてくれた。アイデアに命を吹き込む支えとなってくれた彼女に感謝する。

本書を織りなす糸を丹念に集めて縫い合わせるにあたっては、熟練した仲間たちが1年以上にわたってサポートをしてくれた。執筆に必要な調査は膨大で、ローリー・フリンの助けがなければ、私はまだ論文や新聞記事の山に埋もれていたことだろう。セリーナ・ビアンは、とてつもない聡明さ、共感力、スピード、判断力で、資料の山から抜け出すのを助けてくれた(自分が23歳だったころに彼女のような才能をほんの少しでも欲しかったものだ)。ステイシー・カリッシュは、本書のアイデアに命を吹き込む数多くの物語を見つけるのに貢献してくれた。人々の貴重な人生体験を共感と気遣いを持って扱ってくれたことは、いつまでも忘れない。エイミー・リューは、優れた洞察とスキルでページに書かれたすべての言葉に命を吹き込む手助けをしてくれた。彼女は数ヶ月にわたって執筆をあらゆる面で導いてくれた。彼女への敬意と称賛の気持ちは、時とともに高まるばかりだった。こうしたさまざまな過程をつなぐ役割を果たしてくれた唯一無二の存在が、公衆衛生局長官時代からの右腕であり、いまも非常に世話になっている私の現チームのチーフを務めるジェシカ・スクラッグスだ。彼女の忠実さ、貢献、そして素晴らしく寛大な心には永遠に感謝する。

大学のルームメートだったころからの仲であるアキル・パラニサミ、そして親友のマイケル・ゴールドバーグ、アレン・カチャリア、マーク・バーマンらは、私が執筆の旅路で困難に行き当たったとき、どれほど私が支離滅裂であろうとふさぎ込んでいようと、いつも耳を傾け、助言をしてくれた。サニー・キショールとデイブ・チョクシは、この数年間、私の「模合《もあい》」兄弟だった。この意識的に築いた互いへの深い絆もまた、つながりのある暮らしを育んでいく大切さをまざまざと教えてくれた。ホーウィー・フォーマン、アン・キム、ミリアム・ウーデル、ダバン・シャー、ラーニ・プングリア、シルパ・ラオ、メレディス・ニアーマン、ナズリーン・バーマル、ラブ・ラザック、インドゥ・チュガニ、サラ・ハーウィッツ、そしてシャー家、シェス家の人々など、実に多くのメンターや友人たちが会話や人生の教訓を通して私の考えに影響を与えてくれ、私自身の人生においてもつながりがかけがえのない力を持つことを教えてくれた。それらすべてをここに記すことはできないが、彼らの叡智《えいち》と忍耐と愛に感謝している。

本を書くには村が必要だ。そして私の村は思いがけない形で広がっていった。たとえば本書の大半を執筆した場所であるエイブズ・カフェのスタッフは、私が10時間も続けて執筆しているようなときに、よく励ましの笑顔を浮かべながら私の大好きなタピオカパールのおかわりを持ってきてくれた。また、ベビーシッター、隣人、親戚たちは、大事な締め切りの前に子供たちの世話を手伝うために来てくれた。ウーバーやリフト（Lyft）の運転手たちも、このテーマに対する考えをよく語ってくれたが、そうした体験談のいくつかは本書に含まれている。それぞれの美しいやり方で、こうした人々は人間のつながりが持つ癒やしの力を何度も私に思い出させてくれた。私たちは本当に互いを必要としているのだ。

義母であるシルヴィア・チェン、義父ヨンミン・チェン、そして義理の妹のミシェルは、カリフォルニアへ会いにいきながらもダイニングテーブルやコーヒーショップでいつまでも執筆を続ける私のことを、何度も我慢してくれた。彼らの忍耐とサポートに深く感謝する。それから、美味しい中華料理とパイナップルムーンケーキで栄養を与えてくれてありがとう。

母、父、姉のラシュミは、生まれたときから私のインスピレーションの源でありガイドである。社会的なつながりの力を教えてくれた私の教師であり、彼らなりの謙虚なやり方で、つながりのある人生を築く方法を静かに伝えつづけてくれている。執筆には付きものの気分の落ち込みから、イライラして不機嫌な状態で彼らと交わした多くの会話を振り返ると、バツの悪い気持ちになる。彼らは決して怒り返してはこなかった。逃げ出しもしなかった。彼らなりの優しい形で、良いときにおける愛や悪いときにおける愛がどのようなものか思い出させてくれた。愛は動くことなくそこにあり、親身でありつづける。家族は、これまでもこれからも私の支えであり、真のつながりを常に思い出させてくれる存在だ。義理の兄弟のアミット、祖母のサロジニ、そして叔父のタミアも、そうしたつながりを思い出させてくれる頼もしい存在であり、執筆しているあいだは揺るぎないサポートと信頼で私を支えてくれた。

そして何より、最高の友人であり、賢明なる助言者であり、大小さまざまな問題における人生のパートナーである、最愛の妻アリスに感謝したい。執筆中、彼女は週末のお遊戯会《ゆうぎ》や駄々をこねる子供たちの世話など、私からのしかるべきサポートなしに、多くの責任を担ってくれた。そうやって時間やエネルギーを消費しながらも、アリスは本書のあらゆる段階で力になってくれた。彼女に支えられながら、この本を着想し、実際に勇気を出して書きはじめ、問いを練り、インタビューに頭を悩ませ、論文を分析し、草稿を何度も書き直していった。出来上がった本を読むと、そこには彼女が付け足した言葉や、彼女が研《と》ぎ澄ましたアイデアがある。彼女と一緒に会い、敬意と愛情を抱くようになった登場人物たちがいる。すべてのページに、彼女の精神と手仕事が息づいている。10年以上前、アリスと初めて会った日から、私たちは共同して組織、運動、アイデア、そして理想的な夢を生み出してきた。それは本書も同じだ。この本は、自分の子供たちや未来の世代にとって、より愛や思いやりに満ちた世界を築く手助けをするための、私たちふたりの試みである。

愛する子供たち、テイジャスとシャンティは、まだとても小さいが、本書の執筆の原動力でありつづけたふたりの役割は、これ以上ないほど大きなものだった。本のなかでトピックをどう扱うかという難しい問題に行き当たったとき、よくアリスと私は子供たちのことを考えたものだ。もし彼らがやがてこの本を読むとしたら、何が彼らの助けになるだろう？　彼らにふさわしい世界を作っていくために、何が助けになるだろう？　執筆を始めたとき、テイジャスはまだほとんどしゃべれず、シャンティは生まれたばかりだった。そして書き終えた週、テイジャスは朝にこんな質問をしてくるまでに成長していた。「パパ、本はもう終わったの?」。彼に「終わったよ!」と伝えたときの喜びは、言葉では表現しきれない。テイジャス、シャンティ、この本はママと私が君たちのために書いたものだ。いつまでも愛してる。

ヴィヴェック・H・マーシー
ワシントンDC

9. "The Common Sense Census: Media Use by Tweens and Teens," Common Sense, 2015, https://www.commonsensemedia.org/sites/default/files/uploads/research/census_researchreport.pdf. (2023年10月27日現在、アクセス不可)

10. Catherine Steiner-Adair and Teresa Barker, *The Big Disconnect: Protecting Childhood and Family Relationships in the Digital Age* (New York: Harper, 2014).

11. Lori Nathanson, Susan E. Rivers, Lisa M. Flynn, and Marc A. Brackett, "Creating Emotionally Intelligent Schools With RULER," *Emotion Review* 8, no. 4 (2016): 305–10, https://doi.org/10.1177/1754073916650495.

12. Marc A. Brackett and Susan E. Rivers, "Transforming Students' Lives with Social and Emotional Learning," in *International Handbook of Emotions in Education*, ed. Reinhard Pekrun and Lisa Linnenbrink-Garcia (New York: Routledge, 2014): 368, https://doi.org/10.4324/9780203148211.ch19.

13. Carolin Hagelskamp, Marc A. Brackett, Susan E. Rivers, and Peter Salovey, "Improving Classroom Quality with The RULER Approach to Social and Emotional Learning: Proximal and Distal Outcomes," *American Journal of Community Psychology* 51, no. 3–4 (2013): 530–43, https://doi.org/10.1007/s10464-013-9570-x.

14. Ruth Castillo, Pablo Fernández-Berrocal, and Marc A. Brackett, "Enhancing Teacher Effectiveness in Spain: A Pilot Study of The RULER Approach to Social and Emotional Learning," *Journal of Education and Training Studies* 1, no. 2 (2013), https://doi.org/10.11114/jets.v1i2.203.

15. Susan E. Rivers, Marc A. Brackett, Maria R. Reyes, Nicole A. Elbertson, and Peter Salovey, "Improving the Social and Emotional Climate of Classrooms: A Clustered Randomized Controlled Trial Testing the RULER Approach," *Prevention Science* 14, no. 1 (November 28, 2012): 77–87, https://doi.org/10.1007/s11121-012-0305-2.

16. Maria Regina Reyes, Marc A. Brackett, Susan E. Rivers, Nicole A. Elbertson, and Peter Salovey, "The Interaction Effects of Program Training, Dosage, and Implementation Quality on Targeted Student Outcomes for The RULER Approach to Social and Emotional Learning," *School Psychology Review* 41, no. 1 (2012): 82–99, http://ei.yale.edu/wp-content/uploads/2013/08/pub318_Reyesetal2012_SPR.pdf.

17. Marc A. Brackett, Susan E. Rivers, Maria R. Reyes, and Peter Salovey, "Enhancing academic performance and social and emotional competence with the RULER feeling words curriculum," *Learning and Individual Differences* 22, no. 2 (2012): 218–24, https://doi.org/10.1016/j.lindif.2010.10.002.

24. Tim Adams, "John Cacioppo: 'Loneliness is like an iceberg – it goes deeper than we can see,'" *The Guardian*, February 28, 2016, https://www.theguardian.com/science/2016/feb/28/loneliness-is-like-an-iceberg-john-cacioppo-social-neuroscience-interview.
25. Michele Debczark, "English Towns Are Installing 'Chat Benches' to Combat Loneliness," Mental Floss, June 26, 2019, https://mentalfloss.com/article/586572/chat-benches-combat-loneliness-in-uk.

第8章　ひとつの大家族

1. Carl Desportes Bowman, James Davidson Hunter, Jeffrey S. Dill, and Megan Juelfs-Swanson, "Culture of American Families: Executive Report," Institute for Advanced Studies in Culture, 2012, http://sociology.as.dev.artsci.virginia.edu/sites/sociology.as.virginia.edu/files/IASC_CAF_ExecReport.pdf.
2. "The Children We Mean to Raise: The Real Messages Adults Are Sending About Values," Making Caring Common, July 7, 2014, https://mcc.gse.harvard.edu/reports/children-mean-raise.
3. Roy F. Baumeister, Jean M. Twenge, and Christopher K. Nuss, "Effects of social exclusion on cognitive processes: Anticipated aloneness reduces intelligent thought," *Journal of Personality and Social Psychology* 83, no. 4 (November 2002): 817–27, https://doi.org/10.1037/0022-3514.83.4.817.
4. Helen Y. Weng, Andrew S. Fox, Alexander J. Shackman, Diane E. Stodola, Jessica Z. K. Caldwell, Matthew C. Olson, Gregory M. Rogers, and Richard J. Davison, "Compassion Training Alters Altruism and Neural Responses to Suffering," *Psychological Science* 24, no. 7 (July 2013): 1171-1180, https://doi.org/10.1177/0956797612469537.
5. Patricia A. Adler and Peter Adler, *Peer Power: Preadolescent Culture and Identity* (New Brunswick, NJ: Rutgers University Press, 2003).〔パトリシア・A・アドラー、ピーター・アドラー『ピア・パワー——子どもの仲間集団の社会学』東野充成、佐々木正德、山瀬範子、針塚瑞樹訳、住田正樹監訳、九州大学出版会、2017 年〕
6. Kathryn M. LaFontana and Antonius H. N. Cillessen, "Developmental Changes in the Priority of Perceived Status in Childhood and Adolescence," *Social Development* 19, no. 1 (January 6, 2010): 130–47, https://doi.org/10.1111/j.1467-9507.2008.00522.x.
7. Nancy G. Guerra and Catherine P. Bradshaw, "Linking the prevention of problem behaviors and positive youth development: Core competencies for positive youth development and risk prevention," *New Directions for Child and Adolescent Development* 2008, no. 122 (2008): 1–17, https://doi.org/10.1002/cd.225.
8. Lise M. Youngblade, Christina Theokas, John Schulenberg, Laura Curry, I-Chan Huang, and Maureen Novak, "Risk and Promotive Factors in Families, Schools, and Communities: A Contextual Model of Positive Youth Development in Adolescence," *Pediatrics* 119, Supplement 1 (March 2007): S47–S53, https://doi.org/10.1542/peds.2006-2089h.

10. Shawn Achor, Gabriella Rosen Kellerman, Andrew Reece, and Alexi Robichaux, "America's Loneliest Workers, According to Research," *Harvard Business Review*, March 19, 2018, https://hbr.org/2018/03/americas-loneliest-workers-according-to-research.
11. Hakan Ozcelik and Sigal G. Barsade, "No Employee an Island: Workplace Loneliness and Job Performance," *Academy of Management Journal* 61, no. 6 (2018): 2343–66, https://doi.org/10.5465/amj.2015.1066.
12. Annamarie Mann, "Why We Need Best Friends at Work," Gallup.com, January 15, 2018, https://www.gallup.com/workplace/236213/why-need-bestfriends-work.aspx.
13. Rodd Wagner and Jim Harter, "The Tenth Element of Great Managing," *Gallup Business Journal*, February 14, 2008, https://news.gallup.com/businessjournal/104197/tenth-element-great-managing.aspx.
14. Annamarie Mann, "Why We Need Best Friends at Work," Gallup.com, January 15, 2018, https://www.gallup.com/workplace/236213/why-need-bestfriends-work.aspx.
15. Wayne Baker, Rob Cross, and Melissa Wooten, "Positive Organizational Network Analysis and Energizing Relationships," in *Positive Organizational Scholarship Foundations of a New Discipline*, ed. Kim S. Cameron, Jane E. Dutton, and Robert E. Quinn (San Francisco, CA: Berrett-Koehler, 2003), http://webuser.bus.umich.edu/wayneb/pdfs/energy_networks/pona.pdf.
16. 同上。
17. Jane E. Dutton and Emily D. Heaphy, "The Power of High-Quality Connections," in *Positive organizational scholarship: Foundations of a New Discipline*, ed. Kim S. Cameron, Jane E. Dutton, and Robert E. Quinn (San Francisco: Berrett-Koehler, 2003), http://webuser.bus.umich.edu/janedut/high%20quality%20connections/power%20high%20quality.pdf. (2023 年 10 月 27 日現在、アクセス不可)
18. Wayne Baker, "The More You Energize Your Coworkers, the Better Everyone Performs," *Harvard Business Review*, September 15, 2016, https://hbr.org/2016/09/the-energy-you-give-off-at-work-matters.
19. Bradley P. Owens, Wayne E. Baker, Dana McDaniel Sumpter, and Kim S. Cameron, "Relational energy at work: Implications for job engagement and job performance," *Journal of Applied Psychology* 101, no. 1 (January 2016): 35–49, http://dx.doi.org/10.1037/apl0000032.
20. J. E. Dutton, *Energize Your Workplace: How to Create and Sustain High-Quality Connections at Work* (San Francisco: Jossey-Bass Publishers, 2003).
21. Wayne Baker, "The More You Energize Your Coworkers, the Better Everyone Performs," *Harvard Business Review*, September 15, 2016, https://hbr.org/2016/09/the-energy-you-give-off-at-work-matters.
22. Nicholas Epley, "Let's make some Metra noise," *Chicago Tribune*, June 3, 2011, https://www.chicagotribune.com/opinion/ct-xpm-2011-06-03-ct-perspec-0605-metra-20110603-story.html.
23. Eric Klinenberg, *Heat Wave: A Social Autopsy of Disaster in Chicago* (Chicago: University of Chicago Press, 2015).

review," *Frontiers in Psychology* 6 (November 3, 2015): 1693, https://doi.org/10.3389/fpsyg.2015.01693.

12. Christopher R. Long and James R. Averill, "Solitude: An Exploration of Benefits of Being Alone," *Journal for the Theory of Social Behaviour* 33, no. 1 (2003): 21–44, https://doi.org/10.1111/1468-5914.00204.
13. Paul Piff and Dacher Keltner, "Why Do We Experience Awe?" *New York Times*, May 22, 2015, https://www.nytimes.com/2015/05/24/opinion/sunday/why-do-we-experience-awe.html.
14. Paul K. Piff, Pia Dietze, Matthew Feinberg, Daniel M. Stancato, and Dacher Keltner, "Awe, the Small Self, and Prosocial Behavior," *Journal of Personality and Social Psychology* 108, no. 6 (2015): 883–99, http://dx.doi.org/10.1037/pspi0000018.

第7章　つながりの3つのサークル

1. Kate Murphy, "Do Your Friends Actually Like You?," *New York Times*, August 6, 2016, https://www.nytimes.com/2016/08/07/opinion/sunday/do-your-friends-actually-like-you.html.
2. Olga Khazan, "How Loneliness Begets Loneliness," Atlantic Media Company, April 6, 2017, https://www.theatlantic.com/health/archive/2017/04/how-loneliness-begets-loneliness/521841/.
3. John T. Cacioppo, "John Cacioppo on How to Cope with Loneliness," Big Think, November 3, 2008, https://bigthink.com/videos/john-cacioppo-on-how-to-cope-with-loneliness.
4. Liz Mineo, "Good genes are nice, but joy is better," *Harvard Gazette*, April 11, 2017, https://news.harvard.edu/gazette/story/2017/04/over-nearly-80-years-harvard-study-has-been-showing-how-to-live-a-healthy-and-happy-life/.
5. Robert Waldinger, *What makes a good life? Lessons from the longest study on happiness*, November 2015, TED, 12:36, https://www.ted.com/talks/robert_waldinger_what_makes_a_good_life_lessons_from_the_longest_study_on_happiness.
6. Stephanie Coontz, "Too Close for Comfort," *New York Times*, November 6, 2006, https://www.nytimes.com/2006/11/07/opinion/07coontz.html.
7. Kim Parker and Renee Stepler, "As U.S. marriage rate hovers at 50%, educational gap in marital status widens," Pew Research Center, September 14, 2017, https://www.pewresearch.org/short-reads/2017/09/14/as-u-s-marriage-rate-hovers-at-50-education-gap-in-marital-status-widens/.
8. Wendy Wang and Kim Parker, "Record Share of Americans Have Never Married," Pew Research Center Social & Demographic Trends, January 14, 2015, https://www.pewsocialtrends.org/2014/09/24/record-share-of-americans-have-never-married/.
9. Gallup, Inc. "State of the American Workplace," Gallup.com, 2017, accessed August 8, 2019, https://www.gallup.com/workplace/238085/state-american-workplace-report-2017.aspx.

30. Pernille Due, Bjørn E. Holstein, John Lynch, Finn Diderichsen, Saoirse Nic Gabhain, Peter Scheidt, Candace Currie, and The Health Behaviour in School-Aged Children Bullying Working Group, "Bullying and Symptoms among School-Aged Children: International Comparative Cross Sectional Study in 28 Countries," *European Journal of Public Health* 15, no. 2 (April 2005): 128–32, https://doi.org/10.1093/eurpub/cki105.

第6章　外側より先に、内側とつながる

1. "American College Health Association National College Health Assessment, Fall 2018," American College Health Association (ACHA), October 2018, https://www.acha.org/documents/ncha/NCHA-II_Fall_2018_Reference_Group_Executive_Summary.pdf.
2. Kali H. Trzesniewski and Susan Ebeler, "First year college students' sense of belonging," Unpublished data, University of California, Davis, 2019.
3. 同上。
4. Daniel Eisenberg, Ezra Golberstein, and Justin B. Hunt, "Mental Health and Academic Success in College," *The B.E. Journal of Economic Analysis & Policy* 9, no. 1 (September 15, 2009), https://doi.org/10.2202/1935-1682.2191.
5. Megan Foley Nicpon, Laura Huser, Elva Hull Blanks, Sonja Sollenberger, Christie Befort, and Sharon E. Robinson Kurpius, "The Relationship of Loneliness and Social Support with College Freshmen's Academic Performance and Persistence," *Journal of College Student Retention: Research, Theory & Practice* 8, no. 3 (2006): 345–58, https://doi.org/10.2190/a465-356m-7652-783r.
6. Catharine Beyes, Angela Davis-Unger, Nana Lowell, Debbie McGhee, and Jon Peterson, "UW Undergraduate Retention and Graduation Study," University of Washington Office of Educational Assessment, June 2014, accessed August 31, 2019, http://depts.washington.edu/assessmt/pdfs/reports/OEAReport1401.pdf.
7. Genevieve Glatsky, "A college junior wants you to have a deep conversation with 20 strangers in Center City," *Daily Pennsylvanian*, October 26, 2016, https://www.thedp.com/article/2016/10/space-conversation-with-strangers-serena-bian.
8. Thomas Merton, *The Wisdom of the Desert: Sayings from the Desert Fathers of the Fourth Century* (New York: New Directions Publishing Corp, 1970).
9. Susan Cain, Quiet: *The Power of Introverts in a World That Can't Stop Talking* (New York: Broadway Books, 2012).〔スーザン・ケイン『内向型人間のすごい力――静かな人が世界を変える』古草秀子訳、講談社＋α文庫、2015 年〕
10. Julieta Galante, Ignacio Galante, Marie-Jet Bekkers, and John Gallacher, "Effect of kindness-based meditation on health and well-being: A systematic review and meta-analysis," *Journal of Consulting and Clinical Psychology* 82, no. 6 (December 2014): 1101–1104, http://dx.doi.org/10.1037/a0037249.
11. Xianglong Zeng, Cleo P. K. Chiu, Rong Wang, Tian P. S. Oei, and Freedom Y. K. Leung, "The effect of loving-kindness meditation on positive emotions: a meta-analytic

17. Emmy E. Werner, "Risk, resilience, and recovery: Perspectives from the Kauai Longitudinal Study," *Development and Psychopathology* 5, no. 4 (1993): 503–15, https://doi.org/10.1017/s095457940000612x.
18. Emmy Werner, "Resilience and Recovery: Findings from the Kauai Longitudinal Study," FOCAL POiNT *Research, Policy, and Practice in Children's Mental Health* 19, no. 1 (Summer 2005): 11–14, https://www.pathwaysrtc.pdx.edu/pdf/fpS0504.pdf.
19. Emmy Werner and Ruth Smith, *Overcoming the Odds: High Risk Children from Birth to Adulthood* (Ithaca and London: Cornell University Press, 1992).
20. Emmy Werner, "Risk, Resilience, and Recovery," *Reclaiming Children and Youth* 21, no. 1 (2012): 18–23.
21. Mary Karapetian Alvord and Judy Johnson Grados, "Enhancing Resilience in Children: A Proactive Approach," *Professional Psychology: Research and Practice* 36, no. 3 (2005): 238–45, https://psycnet.apa.org/doi/10.1037/0735-7028.36.3.238.
22. Camelia E, Hostinar and Megan R. Gunnar, "Social Support Can Buffer against Stress and Shape Brain Activity," *AJOB Neuroscience*, US National Library of Medicine, July 1, 2015, https://www.ncbi.nlm.nih.gov/pmc/articles/PMC4607089/.
23. "Toxic Stress," Center on the Developing Child, Harvard University, accessed October 1, 2019, https://developingchild.harvard.edu/science/key-concepts/toxic-stress.
24. Jessica Mitchell, PhD, "2018 Big Brothers Big Sisters of America Annual Impact Report," Big Brothers Big Sisters of America, April 2019, accessed August 30, 2019, https://www.bbbs.org/wp-content/uploads/2018-BBBSA-Annual-Impact-Report.pdf. (2023 年 10 月 27 日現在、アクセス不可)
25. "Research on Big Brothers Big Sisters," Big Brothers Big Sisters of America, accessed October 2, 2019, https://www.bbbs.org/research/. (2023年10月27日現在、アクセス不可)
26. René Veenstra, Siegwart Lindenberg, Anke Munniksma, and Jan Kornelis Dijkstra, "The Complex Relation Between Bullying, Victimization, Acceptance, and Rejection: Giving Special Attention to Status, Affection, and Sex Differences," *Child Development* 81, no. 2 (March 24, 2010): 480–86, https://doi.org/10.1111/j.1467-8624.2009.01411.x.
27. Shireen Pavri, "Loneliness: The Cause or Consequence of Peer Victimization in Children and Youth," *The Open Psychology Journal* 8, no. 1 (2015): 78–84, https://doi.org/10.2174/1874350101508010078.
28. Mechthild Schäfer, Stefan Korn, Peter K. Smith, Simon C. Hunter, Joaqún A. Mora-Merchán, Monika M. Singer, Kevin Van der Meulen, "Lonely in the crowd: Recollections of bullying," *British Journal of Developmental Psychology* 22, no. 3 (September 2004): 379–94, https://doi.org/10.1348/0261510041552756.
29. Deborah Lessne and Christina Yanez, "Student Reports of Bullying: Results From the 2015 School Crime Supplement to the National Crime Victimization Survey," National Center for Education Statistics (NCES) Home Page, a part of the US Department of Education, December 20, 2016. https://nces.ed.gov/pubsearch/pubsinfo.asp?pubid=2017015.

3. "California Criminal Justice Reform: Potential Lessons for the Nation," US House Committee on the Judiciary - Democrats, July 13, 2019, https://judiciary.house.gov/legislation/hearings/california-criminal-justice-reform-potential-lessons-nation. (2023 年 10 月 27 日現在、アクセス不可)
4. John Cacioppo and Stephanie Cacioppo, "The Social Muscle," *Harvard Business Review*, October 2, 2017, https://hbr.org/2017/10/the-social-muscle.
5. A Vedanta Kesari Presentation, *Service: Ideal and Aspects* (Chennai, India: Lulu Press, Inc., May 2, 2014).
6. "Hinduism & Service," American Hindu World Service, accessed September 6, 2019, https://www.ahwsngo.org/hinduism-and-service.
7. Christian Smith and Hilary Davidson, *The Paradox of Generosity: Giving We Receive, Grasping We Lose* (New York: Oxford University Press, 2014).
8. Ashoka, "12 Great Quotes From Gandhi On His Birthday," *Forbes*, October 2, 2012, https://www.forbes.com/sites/ashoka/2012/10/02/12-great-quotes-from-gandhi-on-his-birthday/.
9. Valeria Motta, "Interview with Steve Cole on Loneliness," *Imperfect Cognitions* (blog), November 10, 2016, https://imperfectcognitions.blogspot.com/2016/11/interview-with-steve-cole-on-loneliness.html.
10. Tristen K. Inagaki, Kate E. Bryne Haltom, Shosuke Suzuki, Ivana Jevtic, Erica Hornstein, Julienne E. Bower, and Naomi I. Eisenberger, "The Neurobiology of Giving Versus Receiving Support," *Psychosomatic Medicine* 78, no. 4 (May 2016): 443–53, https://doi.org/10.1097/psy.0000000000000302.
11. Dawn C. Carr, Ben Lennox Kail, Christina Matz-Costa, and Yochai Z. Shavit, "Does Becoming A Volunteer Attenuate Loneliness Among Recently Widowed Older Adults?" *The Journals of Gerontology: Series B* 73, no. 3 (July 2017): 501–10, https://doi.org/10.1093/geronb/gbx092.
12. Bill Wilson, *Alcoholics Anonymous: The Story of How Many Thousands of Men and Women Have Recovered from Alcoholism* (New York: Alcoholics Anonymous World Services, [1939] 2001).
13. "Questions & Answers on Sponsorship," *Questions & Answers on Sponsorship* (New York: Alcoholics Anonymous World Services, Inc., 1976), https://www.aa.org/assets/en_US/p-15_Q&AonSpon.pdf.
14. Bryan E. Robinson, *#Chill: Turn off Your Job and Turn on Your Life* (New York: William Morrow, 2018).
15. "Trauma," SAMHSA-HRSA Center for Integrated Health Solutions, accessed September 30, 2019, https://www.integration.samhsa.gov/clinical-practice/trauma. (2023 年 10 月 27 日現在、アクセス不可)
16. Melissa T. Merrick, Derek C. Ford, Katie A. Ports, and Angie S. Guinn, "Prevalence of Adverse Childhood Experiences From the 2011–2014 Behavioral Risk Factor Surveillance System in 23 States," *JAMA Pediatrics* 172, no. 11 (September 1, 2018): 1038–44, https://doi.org/10.1001/jamapediatrics.2018.2537.

https://www.yahoo.com/lifestyle/attractions-to-beat-loneliness-in-japan-101965056519.html.
37. Elizabeth Shim, "South Korea's suicide rate declines, but not among elderly," UPI, June 11, 2019, https://www.upi.com/Top_News/World-News/2019/06/11/South-Koreas-suicide-rate-declines-but-not-among-elderly/8341560265246/.
38. "Why Are So Many Elderly Asians Killing Themselves?" NBC News, February 18, 2014, https://www.nbcnews.com/news/world/why-are-so-many-elderly-asians-killing-themselves-n32591.
39. "2017 National Population Projections Tables," United States Census Bureau, accessed September 25, 2019, https://www.census.gov/data/tables/2017/demo/popproj/2017-summary-tables.html.
40. D'Vera Cohn and Paul Taylor, "Baby Boomers Approach 65 – Glumly," Pew Research Center Social & Demographic Trends, December 20, 2010, https://www.pewsocialtrends.org/2010/12/20/baby-boomers-approach-65-glumly/.
41. Kim Parker, Juliana Menasce Horowitz, Anna Brown, Richard Fry, D'Vera Cohn, and Ruth Igielnik, "Demographic and economic trends in urban, suburban and rural communities," Pew Research Center Social & Demographic Trends, May 22, 2018, https://www.pewsocialtrends.org/2018/05/22/demographic-and-economic-trends-in-urban-suburban-and-rural-communities/.
42. Ruth Igielnik and Anna Brown, "5 Facts about U.S. suburbs," Pew Research Center, October 2, 2018, accessed August 29, 2019, https://www.pewresearch.org/fact-tank/2018/10/02/5-facts-about-u-s-suburbs.
43. Laura Santhanam, "Nearly 80 percent of Americans concerned lack of civility in politics will lead to violence, poll says," Public Broadcasting Service, November 1, 2018, https://www.pbs.org/newshour/politics/nearly-80-percent-of-americans-concerned-negative-tone-lack-of-civility-will-lead-to-violence-poll-says.
44. Adam Waytz, Liane L. Young, and Jeremy Ginges, "Motive attribution asymmetry for love vs. hate drives intractable conflict," *Proceedings of the National Academy of Sciences* 111, no. 44 (2014): 15687–92, https://doi.org/10.1073/pnas.1414146111.
45. "Welcome to the Center for Courage & Renewal," Center for Courage & Renewal, accessed September 6, 2019, http://couragerenewal.org.

第5章　孤独の仮面を剥がす

1. Frieda Fromm Reichmann, "Loneliness," *Psychiatry* 22, no. 1 (1959): 1–15, https://doi.org/10.1080/00332747.1959.11023153.
2. Jean M. Twenge, Roy F. Baumeister, Dianne M. Tice, and Tanja S. Stucke, "If you can't join them, beat them: Effects of social exclusion on aggressive behavior," *Journal of Personality and Social Psychology* 81, no. 6 (2001): 1058–69, https://doi.org/10.1037/0022-3514.81.6.1058.

22. "Are You Feeling Lonely?" Cigna, May 1, 2018, https://newsroom.cigna.com/loneliness-questionnaire.
23. Ellen E. Lee, Colin Depp, Barton W. Palmer, Danielle Glorioso, Rebecca Daly, Jinyuan Liu, Xin M. Tu, Ho-Cheoi Kim, Peri Tarr, Yasunori Yamada, and Dilip V. Jeste, "High prevalence and adverse health effects of loneliness in community-dwelling adults across the life span: role of wisdom as a protective factor," *International Psychogeriatrics* (December 2018): 1–16, https://doi.org/10.1017/S1041610218002120.
24. Catherine Steiner-Adair and Teresa Barker, *The Big Disconnect: Protecting Childhood and Family Relationships in the Digital Age* (New York: Harper, 2014)
25. "Suicide Rates (per 100,000 Population)," World Health Organization, December 27, 2018, https://www.who.int/gho/mental_health/suicide_rates/en/.
26. Holly Hedegaard, Sally C. Curtin, and Margaret Warner, Suicide Mortality in the United States, 1999–2017, National Center for Health Statistics, https://www.cdc.gov/nchs/products/databriefs/db330.htm.
27. Erika Beras, "Bhutanese Refugees Face a High Suicide Rate," Center for Health Journalism, January 29, 2014, accessed September 6, 2019, https://centerforhealthjournalism.org/our-work/reporting/bhutanese-refugees-face-high-suicide-rate.
28. Panos Christodoulou, "This is how it feels to be lonely," The Forum, March 11, 2015, http://migrantsorganise.org/wp-content/uploads/2014/09/Loneliness-report_The-Forum_UPDATED.pdf. (2023 年 10 月 27 日現在、アクセス不可)
29. 同上。
30. Population Division of the UN Department of Economic and Social Affairs (DESA), "International Migrant Stock 2019," UN, accessed September 25, 2019, https://www.un.org/development/desa/en/news/population/international-migrant-stock-2019.html.
31. "Global Migration Indicators 2018," Global Migration Data Analysis Centre (GMDAC) International Organization for Migration, accessed September 25, 2019, https://publications.iom.int/system/files/pdf/global_migration_indicators_2018.pdf.
32. "Statistical Communiqué of the People's Republic of China on the 2018 National Economic and Social Development," National Bureau of Statistics of China, February 28, 2019, http://www.stats.gov.cn/english/PressRelease/201902/t20190228_1651335.html.
33. Haining Wang, Fei Guo, and Zhiming Cheng, "A distributional analysis of wage discrimination against migrant workers in China's urban labour market," *Urban Studies* 52, no. 13 (October 2015): 2383–2403, https://www.jstor.org/stable/26146146.
34. "Brakes on China's floating population," *South China Morning Post*, September 29, 2011, https://www.scmp.com/article/980385/brakes-chinas-floating-population.
35. Hisao Endo, "National Institute of Population and Social Security Research," National Institute of Population and Social Security Research, 2017, http://www.ipss.go.jp/pr-ad/e/ipss_english2017.pdf. (2023 年 10 月 27 日現在、アクセス不可)
36. Yahoo! Travel, "From Rent-a-Friends to Chairs that Give Hugs: Japan's Wacky Anti-Loneliness Attractions," Yahoo! Lifestyle, November 7, 2014, accessed September 6, 2019,

Colditz, Beth L. Hoffman, Leila M. Giles, and Brian A. Primack, "Association Between Social Media Use and Depression Among U.S. Young Adults," *Depression and Anxiety* 33, no. 4 (April 1, 2017): 323–31, https://www.ncbi.nlm.nih.gov/pmc/articles/PMC4853817/.

9. Jon Hamilton, "Think You're Multitasking? Think Again," NPR, October 2, 2008, https://www.npr.org/templates/story/story.php?storyId=95256794.
10. Gloria Mark, Daniela Gudith, and Ulrich Klocke, "The Cost of Interrupted Work," *Proceeding of the Twenty-Sixth Annual CHI Conference on Human Factors in Computing Systems - CHI 08*, 2008, https://doi.org/10.1145/1357054.1357072.
11. Clay Skipper, "Why the Sharing Economy Is Making All of Us More Lonely," GQ.com, August 10, 2018, https://www.gq.com/story/sharing-is-not-caring.
12. 同上。
13. 同上。
14. Catherine de Lange, "Sherry Turkle: 'We're losing the raw, human part of being with each other,'" *Guardian*, May 4, 2013, https://www.theguardian.com/science/2013/may/05/rational-heroes-sherry-turkle-mit.
15. Andrew K. Przybylski and Netta Weinstein, "Can you connect with me now? How the presence of mobile communication technology influences face-to-face conversation quality," *Journal of Social and Personal Relationships* 30, no. 3 (2012): 237–46, https://doi.org/10.1177/0265407512453827.
16. James A. Roberts and Meredith E. David, "My life has become a major distraction from my cell phone: Partner phubbing and relationship satisfaction among romantic partners," *Computers in Human Behavior* 54 (2016): 134–41, https://doi.org/10.1016/j.chb.2015.07.058.
17. Sara H. Konrath, Edward H. Obrien, and Courtney Hsing, "Changes in Dispositional Empathy in American College Students Over Time: A Meta-Analysis," *Personality and Social Psychology Review* 15, no. 2 (August 2010): 180–98, https://doi.org/10.1177/1088868310377395.
18. Victoria J. Rideout, Ulla G. Foehr, and Donald F. Roberts, "Generation M^2: Media in the Lives of 8- to 18-Year-Olds," The Henry J. Kaiser Family Foundation, January 2010, https://www.kff.org/wp-content/uploads/2013/01/8010.pdf.
19. Yalda T. Uhls, Minas Michikyan, Jordan Morris, Debra Garcia, Gary W. Small, Eleni Zgourou, and Patricia M. Greenfield, "Five Days at Outdoor Education Camp without Screens Improves Preteen Skills with Nonverbal Emotion Cues," *Computers in Human Behavior* 39 (2014): 387–92, https://doi.org/10.1016/j.chb.2014.05.036.
20. Peter Dizikes, "3 Questions: Sherry Turkle on 'Reclaiming Conversation,'" MIT News, November 17, 2015, http://news.mit.edu/2015/3-questions-sherry-turkle-reclaiming-conversation-1117.
21. Jamie Ducharme, "Young Americans Are the Loneliest, According to a New Study," *TIME*, May 1, 2018, https://time.com/5261181/young-americans-are-lonely/.

28. Paul R. Albert, "Why Is Depression More Prevalent in Women?," *Journal of Psychiatry and Neuroscience*, July 2015, https://www.jpn.ca/content/40/4/219,
29. Centre for Suicide Prevention, accessed September 6, 2019, https://www.suicideinfo.ca/.
30. Helene Schumacher, "Why more men than women die by suicide," BBC, March 18, 2019, http://www.bbc.com/future/story/20190313-why-more-men-kill-themselves-than-women.
31. Carol Gillian, Annie G. Rogers, and Normi Noel, "Cartography of a Lost Time: Mapping the Crisis of Connection," in *The Crisis of Connection: Roots, Consequences, and Solutions*, ed. Niobe Way, Alisha Ali, Carol Gilligan, and Pedro A. Noguera (New York: New York University Press, 2018).
32. Brené Brown, PhD, *I Thought It Was Just Me (but It Isnt): Telling the Truth about Perfectionism, Inadequacy, and Power* (New York: Gotham Books, 2008).
33. Brené Brown, PhD, *Women & Shame: Reaching Out, Speaking Truths & Building Connection* (Austin, TX: 3C Press, 2004).
34. Rosalind Wiseman, *Queen Bees and Wannabes: Helping Your Daughter Survive Cliques, Gossip, Boys, and the New Realities of Girl World*, 3rd ed. (New York: Harmony Books, 2016).

第4章　なぜ、いま？

1. Robert Putnam, *Bowling Alone: The Collapse and Revival of American Community* (New York: Simon & Schuster, 2000).〔ロバート・D・パットナム『孤独なボウリング――米国コミュニティの崩壊と再生』柴内康文訳、柏書房、2006 年〕
2. Robert Putnam. Interview by author, October 22, 2019.
3. Rita Gunther McGrath, "The Pace of Technology Adoption Is Speeding Up," *Harvard Business Review*, November 25, 2013, https://hbr.org/2013/11/the-pace-of-technology-adoption-is-speeding-up.
4. Amy Orben and Andrew K. Przybylski, "The association between adolescent well-being and digital technology use," *Nature Human Behaviour* 3, no. 2 (2019): 173–82, https://doi.org/10.1038/s41562-018-0506-1.
5. Andrew K. Przybylski and Netta Weinstein, "A Large-Scale Test of the Goldilocks Hypothesis: Quantifying the Relations Between Digital-Screen Use and the Mental Well-Being of Adolescents," *Psychological Science* 28, no. 2 (2017): 204–15, https://doi.org/10.1177%2F0956797616678438.
6. Brian A. Primack, Ariel Shensa, Jaime E. Sidani, Erin O. Whaite, Liu Yi Lin, Daniel Rosen, Jason B. Colditz, Ana Radovic, and Elizabeth Miller, "Social Media Use and Perceived Social Isolation Among Young Adults in the U.S.," *American Journal of Preventive Medicine* 53, no. 1 (2017): 1–8, https://doi.org/10.1016/j.amepre.2017.01.010.
7. 同上。
8. Liu Yi Lin, Jaime E. Sidani, Ariel Shensa, Ana Radovic, Elizabeth Miller, Jason B.

15. Lianne M. Kurina, Kristen L. Knutson, Louise C. Hawkley, John T. Cacioppo, Diane S. Lauderdale, and Carole Ober, "Loneliness Is Associated with Sleep Fragmentation in a Communal Society," *Sleep* 34, no. 11 (2011): 1519–26, https://doi.org/10.5665/sleep.1390.
16. Hlumelo Siphe Williams, "What Is the Spirit of Ubuntu? How Can We Have It in Our Lives?," Global Citizen, October 20, 2018, https://www.globalcitizen.org/en/content/ubuntu-south-africa-together-nelson-mandela/.
17. Luzia C. Heu, Martijn Van Zomeren, and Nina Hansen, "Lonely Alone or Lonely Together? A Cultural-Psychological Examination of Individualism–Collectivism and Loneliness in Five European Countries," *Personality and Social Psychology Bulletin* 45, no. 5 (2018): 780–93, https://doi.org/10.1177/0146167218796793.
18. Dan Buettner, *The Blue Zones: Lessons for Living Longer from the People Who've Lived the Longest* (Washington, DC: National Geographic Society, 2010).〔ダン・ビュイトナー『ブルーゾーン――世界の 100 歳人（センテナリアン）に学ぶ 健康と長寿のルール』仙名紀訳、ディスカヴァー・トゥエンティワン、2010 年〕
19. Ami Rokach, "The Effect of Gender and Culture on Loneliness: A Mini Review," *Emerging Science Journal* 2, no. 2 (April 2018), https://doi.org/10.28991/esj-2018-01128.
20. Barry Golding, *The Men's Shed Movement: The Company of Men* (Champaign, IL: Common Ground Publishing, 2015).
21. Lucia Carragher, "Men's Sheds in Ireland: Learning through community contexts," The Netwell Centre School of Health & Science, Dundalk Institute of Technology, February 2013, http://menssheds.ie/wp-content/uploads/2013/10/Men%E2%80%99s-Sheds-in-Ireland-National-Survey.pdf. (2023 年 10 月 27 日現在、アクセス不可)
22. Ami Rokach, "The Effect of Gender and Culture on Loneliness: A Mini Review," *Emerging Science Journal* 2, no. 2 (April 2018), https://doi.org/10.28991/esj-2018-01128.
23. M. Katherine Weinberg, Edward Z. Tronick, Jeffrey F. Cohn, and Karen L. Olson, "Gender differences in emotional expressivity and self-regulation during early infancy," *Developmental Psychology* 35, no. 1 (1999): 175–88, https://doi.org/10.1037//0012-1649.35.1.175.
24. Helene Schumacher, "Why more men than women die by suicide," BBC, March 18, 2019, http://www.bbc.com/future/story/20190313-why-more-men-kill-themselves-than-women.
25. "Statistics on Suicide in Australia," Lifeline, accessed September 14, 2019, https://www.lifeline.org.au/about-lifeline/media-centre/lifeline-fast-facts.
26. "Suicide Statistics," American Foundation for Suicide Prevention, accessed September 14, 2019, https://afsp.org/about-suicide/suicide-statistics/. (2023 年 10 月 27 日現在、アクセス不可)
27. "Male:Female Ratio of Age-Standardized Suicide Rates, 2016," World Health Organization, accessed September 14, 2019, http://gamapserver.who.int/mapLibrary/Files/Maps/Global_AS_suicide_rates_male_female_ratio_2016.png. (2023 年 10 月 27 日現在、アクセス不可)

第3章　つながりの文化

1. Amanda Mabillard, "Words Shakespeare Invented," Shakespeare-online.com, August 20, 2000, accessed September 5, 2019, http://www.shakespeare-online.com/biography/wordsinvented.html.
2. John Donne, *The Best of John Donne*, CreateSpace Independent Publishing Platform, 2012.
3. John Milton, *Paradise Lost*, 1667, reprint Sirius Entertainment, 2017.〔ジョン・ミルトン『失楽園（上）』平井正穂訳、岩波文庫、1981年、101頁参照〕
4. Fay Bound Alberti, "The history of loneliness," *The Week*, October 13, 2018, https://theweek.com/articles/798959/history-loneliness. (2023年10月27日現在、アクセス不可)
5. Ami Rokach, "The Effect of Gender and Culture on Loneliness: A Mini Review," *Emerging Science Journal* 2, no. 2 (April 2018), https://doi.org/10.28991/esj-2018-01128.
6. Bastian Mönkediek and Hilde Bras, "Strong and weak family ties revisited: reconsidering European family structures from a network perspective," *History of the Family* 19, no. 2 (April 2014): 235–59, https://doi.org/10.1080/1081602x.2014.897246.
7. Ami Rokach, *Loneliness Updated: Recent Research on Loneliness and How It Affects Our Lives* (New York: Routledge, 2015).
8. D. Paul Johnson and Larry C. Mullis, "Growing old and lonely in different societies: Toward a comparative perspective," *Journal of Cross-Cultural Gerontology* 2, no. 3 (1987): 257–75, https://doi.org/10.1007/BF00160684.
9. *Holy Bible: Containing the Old and New Testaments: King James Version* (New York: American Bible Society, 2010).
10. Kevin MacDonald, *A People That Shall Dwell Alone: Judaism as a Group Evolutionary Strategy* (Westport, CT: Praeger, 1994), https://pdfs.semanticscholar.org/0379/ec6cce2c8b6054547e0acf4dc417ce0b950c.pdf.
11. Amanda Duberman, "Here's What One Of America's Most Isolated Communities Can Teach Us About Getting Along," HuffPost, April 13, 2018, https://www.huffpost.com/entry/hutterites-rural-religious-photos_n_5accee42e4b0152082fe4005.
12. Yossi Katz and John Lehr, *Inside the Ark: The Hutterites in Canada and The United States* (Regina: Canadian Plains Researcher Center Press, 2012), https://books.google.com/books?id=-00f6NEsLUQC&pg=PA160&lpg=PA160&dq=sorgalahutterite&source=bl&ots=6_JRNGy-6Wa&sig=ACfU3U2CbJzKyGSB6AtMqN6q204jrwydAQ&hl=en&sa=X-&ved=2ahUKEwjLl7aNwrHkAhVLFjQIHXD2D6IQ6AEwCnoECAIQAQ#v=onepage&q=sorgalahutterite&f=false.
13. Mary-Ann Kirby, *I Am Hutterite: The Fascinating True Story of a Young Woman's Journey to Reclaim Her Heritage* (Nashville: Thomas Nelson, 2011).
14. John T. Cacioppo, Louise C. Hawkley, Gary Berntson, John M. Ernst, Amber C. Gibbs,Robert Stickgold, Gibbs, Robert Stickgold, and J. Allan Hobson, "Do Lonely Days Invade the Nights? Potential Social Modulation of Sleep Efficiency," *Psychological Science* 13, no. 4 (July 1, 2002): 384–87.

John T. Cacioppo, "Myeloid Differentiation Architecture of Leukocyte Transcriptome Dynamics in Perceived Social Isolation," *Proceedings of the National Academy of Sciences* 112, no. 49 (2015): 15142–47, https://doi.org/10.1073/pnas.1514249112.

17. John T. Cacioppo, Louise C. Hawkley, Gary G. Berntson, John M. Ernst, Amber C. Gibbs, Robert Stickgold, and J. Allan Hobson, "Do Lonely Days Invade the Nights? Potential Social Modulation of Sleep Efficiency," *Psychological Science* 13, no. 4 (2002): 384–87, https://journals.sagepub.com/doi/10.1111/1467-9280.00469.
18. S. Cacioppo, M. Bangee, S. Balogh, C. Cardenas-Iniguez, P. Qualter, J. T. Cacioppo, "Loneliness and implicit attention to social threat: A high-performance electrical neuroimaging study," *Cognitive Neuroscience* 7, no. 1–4 (January–October 2016): 138–59, https://doi.org/10.1080/17588928.2015.1070136.
19. Emily Singer, "New Evidence for the Necessity of Loneliness," *Quanta Magazine*, May 10, 2016, accessed September 5, 2019, https://www.quantamagazine.org/new-evidence-for-the-necessity-of-loneliness-20160510/.
20. Jianjun Gao, Lea K. Davis, Amy B. Hart, Sandra Sanchez-Roige, Lide Han, John T. Cacioppo, and Abraham A. Palmer, "Genome-Wide Association Study of Loneliness Demonstrates a Role for Common Variation," *Neuropsychopharmacology* 42, no. 4 (2016): 811–21, https://doi.org/10.1038/npp.2016.197.
21. Heather Buschman, "Do These Genes Make Me Lonely? Study Finds Loneliness is a Heritable Trait," UC San Diego News Center, September 20, 2016, https://ucsdnews.ucsd.edu/index.php/pressrelease/do_these_genes_make_me_lonely_study_finds_loneliness_is_a_heritable_trait.
22. Emily Singer, "New Evidence for the Necessity of Loneliness," *Quanta Magazine*, May 10, 2016, accessed September 5, 2019, https://www.quantamagazine.org/new-evidence-for-the-necessity-of-loneliness-20160510/.
23. Olga Khazan, "How Loneliness Begets Loneliness," *The Atlantic*, April 6, 2017, https://www.theatlantic.com/health/archive/2017/04/how-loneliness-begets-loneliness/521841/.
24. Naomi I. Eisenberger, "The Neural Bases of Social Pain," *Psychosomatic Medicine* 74, no. 2 (2012): 126–35, https://doi.org/10.1097/psy.0b013e3182464dd1.
25. N. I. Eisenberger and M. D. Lieberman, "Why rejection hurts: a common neural alarm system for physical and social pain," *Trends in Cognitive Sciences* 8 (2004): 294–300, https://doi.org/10.1016/j.tics.2004.05.010.
26. C. Nathan DeWall, Geoff MacDonald, Gregory D. Webster, Carrie L. Masten, Roy F. Baumeister, Caitlin Powell, David Combs, et al., "Acetaminophen Reduces Social Pain," *Psychological Science* 21, no. 7 (2010): 931–37, https://doi.org/10.1177/0956797610374741.
27. Naomi I. Eisenberger, Matthew D. Lieberman, and Kipling D. Williams, "Does Rejection Hurt? An fMRI Study of Social Exclusion," *Science*, October 10, 2003, 290–92, https://doi.org/10.1126/science.1089134.

3. Susanne Shultz, Christopher Opie, and Quentin D. Atkinson, "Stepwise evolution of stable sociality in primates," *Nature* 479, no. 7372 (2011): 219–22, https://doi.org/10.1038/nature10601.
4. William von Hippel, *The Social Leap: The New Evolutionary Science of Who We Are, Where We Come From, and What Makes Us Happy* (New York: Harper Wave, 2018).〔ウィリアム・フォン・ヒッペル『われわれはなぜ嘘つきで自信過剰でお人好しなのか――進化心理学で読み解く、人類の驚くべき戦略』濱野大道訳、ハーパーコリンズ・ジャパン、2019年〕
5. Christopher Weber, "Division of the Social Sciences," Psychology's John and Stephanie Cacioppo: Love on the Brain," Division of the Social Sciences, University of Chicago, accessed September 22, 2019, https://socialsciences.uchicago.edu/story/psychologys-john-and-stephanie-cacioppo-love-brain. (2023年10月27日現在、アクセス不可)
6. Tiffany M. Love, "Oxytocin, motivation and the role of dopamine," *Pharmacology Biochemistry and Behavior* 119 (2014): 49–60, https://doi.org/10.1016/j.pbb.2013.06.011.
7. Oscar Arias-Carrión and Ernst Pöppel, "Dopamine, learning, and reward- seeking behavior," *Acta Neurobiologiae Experimentalis*, US National Library of Medicine, 2007, https://www.ncbi.nlm.nih.gov/pubmed/18320725.
8. Gareth Cook, "Why We Are Wired to Connect," *Scientific American*, October 22, 2013, https://www.scientificamerican.com/article/why-we-are-wired-to-connect/.
9. 同上
10. Olga Khazan, "How Loneliness Begets Loneliness," *The Atlantic*, April 6, 2017, https://www.theatlantic.com/health/archive/2017/04/how-loneliness-begets-loneliness/521841/.
11. CC Goren, M. Satry, and PY Wu, "Visual Following and Pattern Discrimination of Face-like Stimuli by Newborn Infants," *Pediatrics* 56, no. 4 (October 1975): 544–49, https://www.ncbi.nlm.nih.gov/pubmed/1165958.
12. Olivier Pascalis, Michelle de Haan, and Charles A. Nelson, "Is Face Processing Species-Specific During the First Year of Life?," *Science* 296 (May 2002): 1321–23, https://doi.org/10.1126/science.1070223.
13. David J. Kelly, Paul C. Quinn, Alan M. Slater, Kang Lee, Alan Gibson, Michael Smith, Liezhong Ge, and Olivier Pascalis, "Three-month-olds, but not newborns, prefer own-race faces," *Developmental Science* 8, no. 6 (2005), https://doi.org/10.1111/j.1467-7687.2005.0434a.x.
14. David J. Kelly, Paul C. Quinn, Alan M. Slater, Kang Lee, Liezhong Ge, and Olivier Pascalis, "The Other-Race Effect Develops During Infancy Evidence of Perceptual Narrowing," *Psychological Science* 18, no. 12 (December 2007): 1084–89, https://dx.doi.org/10.1111%2Fj.1467-9280.2007.02029.x.
15. Liu Shaoying, Naiqi G. Xiao, Paul C. Quinn, Dandan Zhu, Liezhong Ge, Olivier Pascalis, and Kang Lee, "Asian infants show preference for own-race but not other-race female faces: the role of infant caregiving arrangements," *Frontiers in Psychology* 6 (2015): 593, https://dx.doi.org/10.3389%2Ffpsyg.2015.00593.
16. Steven W. Cole, John P. Capitanio, Katie Chun, Jesusa M. G. Arevalo, Jeffrey Ma, and

11. Nicolas Tajan, Hamasaki Yukiko, and Nancy Pionnié-Dax, "Hikikomori: The Japanese Cabinet Office's 2016 Survey of Acute Social Withdrawal," *The Asia-Pacific Journal* 15, issue 5, no. 1 (March 1, 2017): Article ID 5017, https://apjjf.org/2017/05/Tajan.html.
12. "613,000 in Japan aged 40 to 64 are recluses, says first government survey of ***hikikomori***," *The Japan Times*, March 29, 2019, https://www.japantimes.co.jp/news/2019/03/29/national/613000-japan-aged-40-64-recluses-says-first-government-survey-hikikomori/#.XdW3QZNKgWo.
13. Jordan Muto, "'I didn't want to be alive'. . .": Michael Phelps talks about struggle with depression," Today, December 14, 2017, https://www.today.com/health/michael-phelps-struggle-depression-mental-health-issues-t119969.
14. *Harper's BAZAAR* Staff, "Lady Gaga On Love and Lies," *Harper's BAZAAR*, February 5, 2017, https://www.harpersbazaar.com/celebrity/latest/news/a1542/lady-gaga-interview-0314/.
15. Elahe Izadi, "'You are not alone': Dwayne 'The Rock' Johnson opens up about depression," *Washington Post*, April 2, 2018, https://www.washingtonpost.com/news/arts-and-entertainment/wp/2018/04/02/you-are-not-alone-dwayne-the-rock-johnson-opens-up-about-depression/.
16. J. K. Rowling, "Text of J.K. Rowling's Speech," *Harvard Gazette*, June 5, 2008, https://news.harvard.edu/gazette/story/2008/06/text-of-j-k-rowling-speech/.
17. Julianne Holt-Lunstad, Timothy Smith, and J. Bradley Layton, "Social Relationships and Mortality Risk: A Meta-Analytic Review," *PLOS Medicine* 7, no. 7 (July 2010), https://doi.org/10.1371/journal.pmed.1000316.
18. Julianne Holt-Lunstad, Timothy B. Smith, Mark Baker, Tyler Harris, and David Stephenson, "Loneliness and Social Isolation as Risk Factors for Mortality," *Perspectives on Psychological Science* 10, no. 2 (2015): 227–37, https://doi.org/10.1177/1745691614568352.
19. Louise C. Hawkley and John T. Cacioppo, "Loneliness Matters: A Theoretical and Empirical Review of Consequences and Mechanisms," *Annals of Behavioral Medicine* 40, no. 2 (October 2010): 218–27, https://doi.org/10.1007/s12160-010-9210-8.
20. Campaign to End Loneliness, "Family Doctors Ill-Equipped for Loneliness Epidemic," *British Journal of Family Medicine*, November 15, 2013, https://www.bjfm.co.uk/family-doctors-ill-equipped-for-loneliness-epidemic.

第2章　孤独の進化史

1. Tim Adams, "John Cacioppo: 'Loneliness Is like an Iceberg—It Goes Deeper than We Can See,'" *Guardian*, February 28, 2016, https://www.theguardian.com/science/2016/feb/28/loneliness-is-like-an-iceberg-john-cacioppo-social-neuroscience-interview.
2. Emily Singer, "New Evidence for the Necessity of Loneliness," *Quanta Magazine*, May 10, 2016, accessed September 5, 2019, https://www.quantamagazine.org/new-evidence-for-the-necessity-of-loneliness-20160510/.

原注

はじめに

1. Tom Hanks, *Boatlift*, YouTube, Directed by Eddie Resenstein and Rick Velleu (USA: Eyepop Productions, 2011), https://www.youtube.com/watch?v=MDOrzF7B2Kg.

第1章　目の前にあるのに気づかないもの

1. Bruce A. Austin, "Factorial Structure of the UCLA Loneliness Scale," *Psychological Reports* 53, no. 3 (December 1983): 883–89, https://doi.org/10.2466%2Fpr0.1983.53.3.883.
2. Louise C. Hawkley, Michael W. Browne, and John T. Cacioppo, "How Can I Connect With Thee? Let Me Count the Ways," *Psychological Science* 16, no. 10 (October 2005): 798–804, https://doi.org/10.1111%2Fj.1467-9280.2005.01617.x.
3. Stephanie Cacioppo, Angela J. Grippo, Sarah London, and John T. Cacioppo, "Loneliness: Clinical Import and Interventions," *Perspectives on Psychological Science* 10, no. 2 (2015): 238–49, https://doi.org/10.1177/1745691615570616.
4. Bianca DiJulio, Liz Hamel, Cailey Muñana, and Mollyann Brodie, "Loneliness and Social Isolation in the United States, the United Kingdom, and Japan: An International Survey," The Henry J. Kaiser Family Foundation, August 30, 2018, https://www.kff.org/other/report/loneliness-and-social-isolation-in-the-united-states-the-united-kingdom-and-japan-an-international-survey/.
5. G. Oscar Anderson and Colette E. Thayer, "Loneliness and Social Connections: A National Survey of Adults 45 and Older," AARP Foundation, 2018, http://doi.org/10.26419/res.00246.001.
6. "2018 Cigna U.S. Loneliness Index: Survey of 20,000 Americans Examining Behaviors Driving Loneliness in the United States," Cigna, May 2018, https://www.multivu.com/players/English/8294451-cigna-us-loneliness-survey/docs/IndexReport_1524069371598-173525450.pdf.
7. Parminder Raina, Christina Wolfson, Susan Kirkland, and Lauren Griffith, "The Canadian Longitudinal Study on Aging (CLSA) Report on Health and Aging in Canada: Findings from Baseline Data Collection 2010–2015," Canadian Longitudinal Study on Aging (CLSA), May 2018, https://www.clsa-elcv.ca/doc/2639.
8. "Australian Loneliness Report: A survey exploring the loneliness levels of Australians and the impact on their health and wellbeing," Australian Psychological Society and Swinburne University, Psychweek.org.au, November 17, 2018, https://researchbank.swinburne.edu.au/file/c1d9cd16-ddbe-417f-bbc4-3d499e95bdec/1/2018-australian_loneliness_report.pdf.
9. "All the Lonely People: Loneliness in Later Life," Age UK, September 25, 2018, https://www.ageuk.org.uk/latest-press/articles/2018/october/all-the-lonely-people-report/.
10. "Do Europeans Feel Lonely?," Eurostat, June 28, 2017, https://ec.europa.eu/eurostat/web/products-eurostat-news/-/DDN-20170628-1.

［著者］

ヴィヴェック・H・マーシー

Vivek H. Murthy, MD

医学博士

Photo: Meredith Nierman

2014年12月から2017年4月まで、第19代アメリカ公衆衛生局長官を務め、2021年3月より第21代として再任。「国家の医師」として、オピオイドのまん延、電子タバコ、感情面の健康とウェルビーイングなど、重要な公衆衛生問題への注意を促してきた。公衆衛生局士官部隊では副提督を務め、国民の健康を守るために尽力する6,600人の士官を率いた。政府の仕事に従事する前は、ワクチン開発と臨床試験参加に関する研究に取り組み、HIV/AIDS教育、農村部の健康、医師の権利擁護、臨床試験の最適化などに焦点を当てた数々の組織を立ち上げてきた。ハーバード大学で学士号を取得した後、イェール大学で医学博士号とMBAを取得。ブリガム・アンド・ウィメンズ病院とハーバード・メディカル・スクールでの内科研修医を経て、後にハーバード・メディカル・スクールで講師を務めた。妻のアリス・チェン博士と2人の子供とワシントンDCに暮らしている。

［訳者］

樋口武志

Takeshi Higuchi

1985年福岡生まれ。訳書に『「スーパーマリオブラザーズ」の音楽革命』(DU BOOKS)、『THE HEART OF BUSINESS（ハート・オブ・ビジネス)』、『異文化理解力』(ともに英治出版)、『無敗の王者 評伝ロッキー・マルシアノ』(早川書房)、字幕翻訳に『ミュータント・ニンジャ・タートルズ：影<シャドウズ>』など。

［英治出版からのお知らせ］

本書に関するご意見・ご感想を E-mail（editor@eijipress.co.jp）で受け付けています。
また、英治出版ではメールマガジン、Web メディア、SNS で新刊情報や書籍に関する記事、
イベント情報などを配信しております。ぜひ一度、アクセスしてみてください。

メールマガジン：会員登録はホームページにて
Web メディア「英治出版オンライン」：eijionline.com
X / Facebook / Instagram：eijipress

孤独の本質　つながりの力

見過ごされてきた「健康課題」を解き明かす

発行日	2023 年 11 月 19 日　第 1 版　第 1 刷
著者	ヴィヴェック・H・マーシー
訳者	樋口武志（ひぐち・たけし）
発行人	原田英治
発行	英治出版株式会社 〒150-0022 東京都渋谷区恵比寿南 1-9-12 ピトレスクビル 4F 電話　03-5773-0193　　FAX　03-5773-0194 www.eijipress.co.jp
プロデューサー	上村悠也
スタッフ	高野達成　藤竹賢一郎　山下智也　鈴木美穂　下田理 田中三枝　平野貴裕　桑江リリー　石﨑優木　渡邉吏佐子 中西さおり　関紀子　齋藤さくら　荒金真美　廣畑達也 木本桜子
装丁	竹内雄二
校正	株式会社聚珍社
印刷・製本	中央精版印刷株式会社

ISBN978-4-86276-298-6　C0030　Printed in Japan